QUESTIONNAIRE

COMMERCIAL

D'APRÈS

LE PROGRAMME DU MINISTRE DE LA GUERRE

POUR LA PRÉPARATION AUX EXAMENS

DU VOLONTARIAT D'UN AN

RENFERMANT

les commentaires des principales lois du Code de Commerce,
les nouvelles lois,
les modèles de tous les effets de commerce, de factures, de lettres de voiture,
de connaissements,
les modèles de contrats de société en nom collectif,
en commandite simple et par actions et anonyme,
la Bourse et ses opérations expliquées, les calculs de Banque,
les changes et les arbitrages de Banque,
les usages commerciaux, cotes de changes, monnaies, poids et mesures
des 30 principaux États du monde,
les commissionnaires en marchandises, les courtiers,
les commissionnaires de transports par terre et par eau, leurs obligations
et leurs priviléges,
les magasins généraux, warrants, récépissés,
les faillites, etc. etc.

OUVRAGE INDISPENSABLE

AUX

Capitalistes, Banquiers, Agents de change, Commissionnaires, Négociants
Comptables et aux Maisons d'enseignement commercial et industriel

PAR

C. FLEURY

PROFESSEUR A L'ÉCOLE LA MARTINIÈRE EN RETRAITE
FONDATEUR ET ANCIEN DIRECTEUR DES COURS LIBRES DE DROIT DE LYON
DIRECTEUR DE L'ÉCOLE DE COMMERCE
RUE DE L'HÔTEL-DE-VILLE, 106, A LYON

LYON

IMPRIMERIE SCHNEIDER FRÈRES

12, Quai de l'Hôpital, 12

—

1873

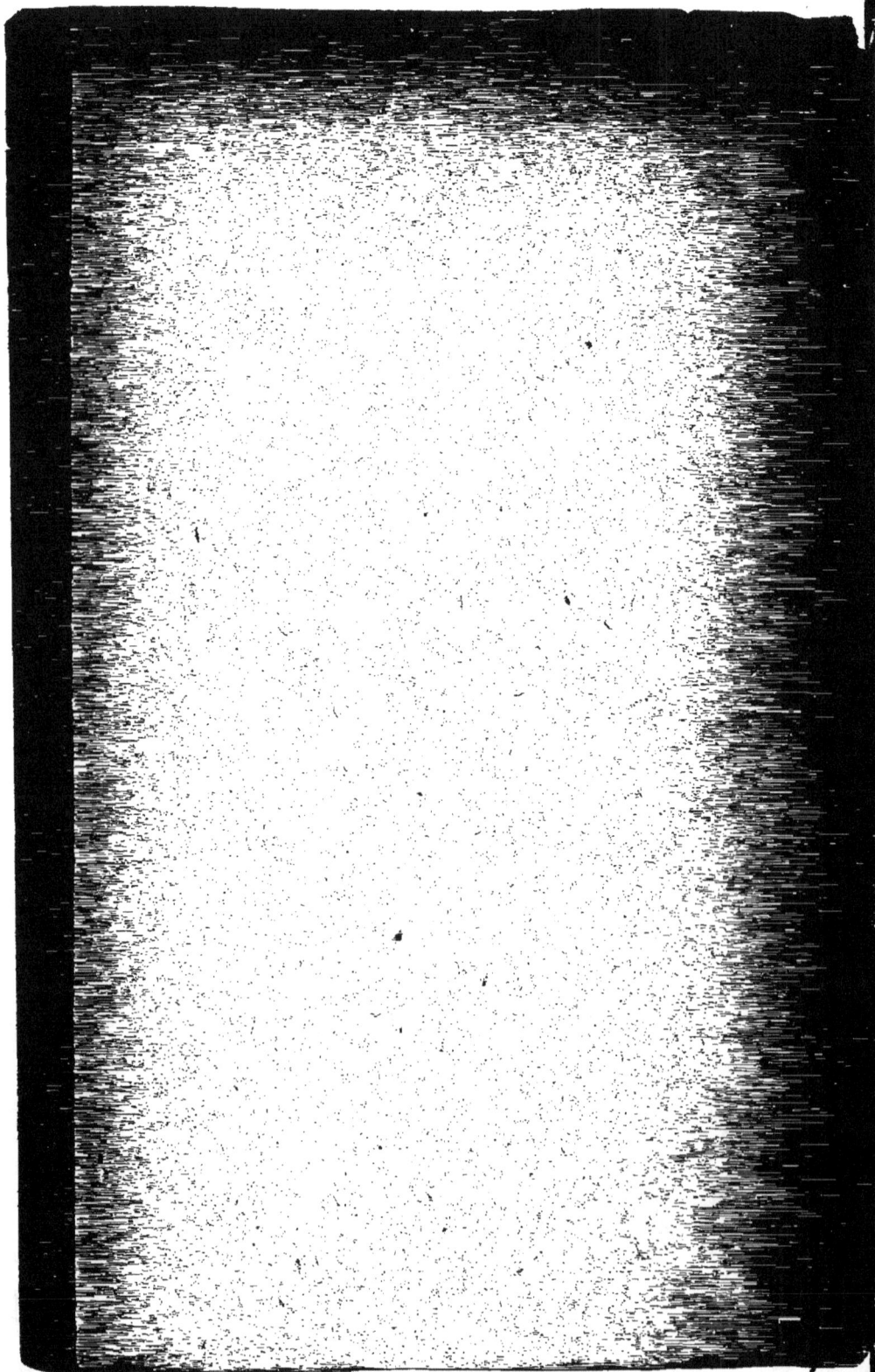

QUESTIONNAIRE

COMMERCIAL

D'APRÈS

LE PROGRAMME DU MINISTRE DE LA GUERRE

V

QUESTIONNAIRE
COMMERCIAL

D'APRÈS

LE PROGRAMME DU MINISTRE DE LA GUERRE

POUR LA PRÉPARATION AUX EXAMENS

DU VOLONTARIAT D'UN AN

RENFERMANT

les commentaires des principales lois du Code de Commerce,
les nouvelles lois,
les modèles de tous les effets de commerce, de factures, de lettres de voiture,
de connaissements,
les modèles de contrats de société en nom collectif,
en commandite simple et par actions et anonyme,
la Bourse et ses opérations expliquées, les calculs de Banque,
les changes et les arbitrages de Banque,
les usages commerciaux, cotes de changes, monnaies, poids et mesures
des 30 principaux États du monde,
les commissionnaires en marchandises, les courtiers,
les commissionnaires de transports par terre et par eau, leurs obligations
et leurs priviléges,
les magasins généraux, warrants, récépissés,
les faillites, etc. etc.

OUVRAGE INDISPENSABLE

AUX

Capitalistes, Banquiers, Agents de change, Commissionnaires, Négociants
Comptables et aux Maisons d'enseignement commercial et industriel

PAR

C. FLEURY

PROFESSEUR A L'ÉCOLE LA MARTINIÈRE EN RETRAITE

FONDATEUR ET ANCIEN DIRECTEUR DES COURS LIBRES DE DROIT DE LYON

DIRECTEUR DE L'ÉCOLE DE COMMERCE RUE DE L'HÔTEL-DE-VILLE, 106, A LYON

LYON

IMPRIMERIE SCHNEIDER FRÈRES

12, Quai de l'Hôpital, 12

1873

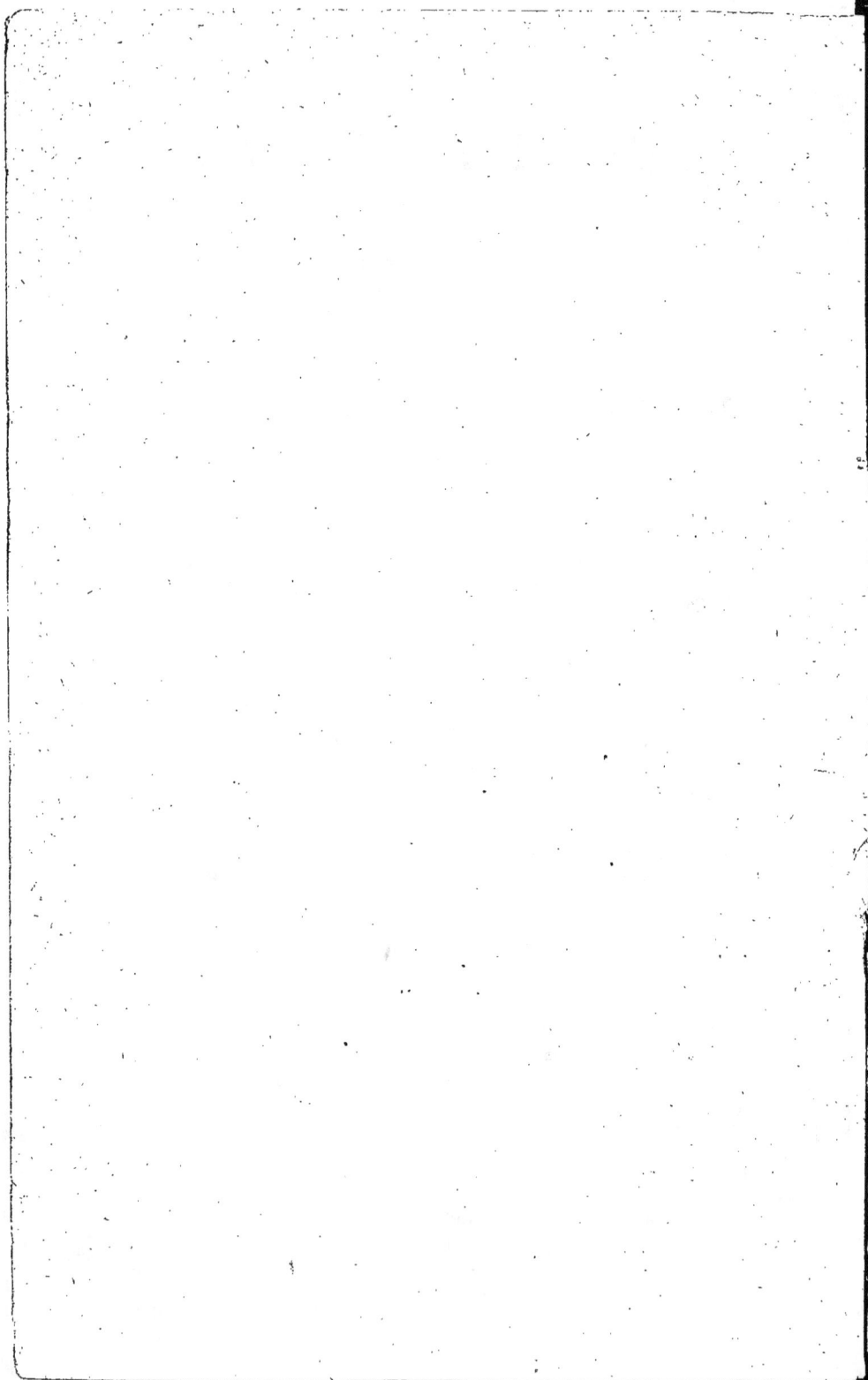

QUESTIONNAIRE COMMERCIAL

POUR SERVIR

A LA PRÉPARATION DES EXAMENS

DU VOLONTARIAT D'UN AN

d'après le programme de M. le Ministre de la guerre.

————o-o:-◦:-o-o————

Des Commerçants.

Qu'est-ce qu'un commerçant ?

Un commerçant est celui qui achète des objets en nature ou travaillés, pour les revendre en nature ou après les avoir travaillés, et qui fait du commerce ses occupations habituelles.

Quel âge doit-il avoir ?

Il doit être majeur ou mineur émancipé.

Qu'entend-on par être majeur ?

On est majeur, lorsqu'on a vingt et un ans accomplis, et qu'on jouit de toutes ses facultés intellectuelles.

Qu'entend-on par être mineur ?

On est mineur, lorsqu'on n'a pas encore vingt et un ans accomplis et qu'on ne peut faire aucun acte de commerce, ni vendre, ni hypothéquer ses biens.

Qu'entend-on par mineur émancipé ?

On est mineur émancipé, lorsqu'on a dix-huit ans accomplis et qu'on est autorisé par ses père et mère, ou à défaut par un conseil de famille, à faire le commerce. L'autorisation doit être homologuée par le président du tribunal civil et affichée dans la salle du tribunal de commerce.

La femme mariée peut-elle être marchande publique ?

Oui, la femme mariée peut être marchande publique, mais elle ne peut l'être qu'avec le consentement de son mari. Ce consentement peut être écrit ou tacite.

Doit-on considérer comme commerçante une femme mariée qui détaille les marchandises du commerce de son mari ?

La femme mariée n'est pas réputée marchande publique, si elle ne fait que détailler les marchandises du commerce de son mari; elle n'est réputée telle que lorsqu'elle fait un commerce séparé.

Si le mineur ou la femme mariée avaient fait le commerce sans avoir les autorisations exigées par la loi, quels seraient contre eux les droits des tiers ?

Dans le cas où le mineur et la femme mariée auraient fait le commerce sans avoir les autorisations exigées par la loi, leurs engagements seraient nuls et les tiers ne pourraient exercer aucun recours contre eux. Les lettres de change mêmes, souscrites par eux, seraient nulles et de nulle valeur.

Des Tribunaux de Commerce.

Quels sont les tribunaux appelés à juger les différends entre commerçants ?

Les tribunaux appelés à juger les différends entre commerçants et même entre commerçants et non commerçants, sont les tribunaux de commerce.

Comment ces tribunaux sont-ils composés ?

Ces tribunaux sont composés de juges titulaires et de juges suppléants, choisis parmi les commerçants ou anciens commerçants, et élus dans une assemblée de commerçants notables. Ils jugent en dernier ressort dans toutes les causes où le principal n'excède pas mille francs.

Qu'est-ce que la notabilité commerciale ?

La notabilité commerciale se compose d'un petit nombre de commerçants ou de négociants privilégiés, choisis par le préfet, pour nommer les membres des tribunaux de commerce.

Des Négociants, Armateurs, etc.

Qu'est-ce qu'un négociant ?

Le négociant est celui qui achète et vend des marchandises et qui fait le commerce en grand.

Qu'est-ce qu'un armateur ?

Un armateur est celui qui affrète un vaisseau et le charge de marchandises pour l'expédier à un port de commerce.

Qu'est-ce qu'un commissionnaire ?

Le commissionnaire est celui qui vend ou qui achète pour le compte d'autrui et qui reçoit une commission de tant pour cent de son commettant sur le montant de l'opération qu'il a faite. Lorsqu'il est *ducroire*, c'est-à-dire lorsqu'il est responsable de l'opération, il reçoit une commission double de la commission ordinaire.

Qu'est-ce qu'un courtier ?

Le courtier est celui qui, moyennant une prime ou une commission de tant pour cent, s'entremet pour l'achat ou la vente de certaines marchandises, pour faire prêter de l'argent sur place, ou pour les affrétements, les assurances. Les courtiers étaient autrefois nommés par ordonnance du roi, aujourd'hui, le courtage est libre, les courtiers sont patentés.

Les courtiers ne sont pas caution des opérations qu'ils font, et tout trafic pour leur compte leur est interdit.

Qu'est-ce qu'un agent de change ?

Un agent de change est un fonctionnaire ministériel nommé par le gouvernement, pour opérer la négociation des rentes, des effets publics, des reconnaissances de liquidation, des annuités, des actions de banque, de chemins de fer et d'industrie, des obligations de ville, de municipalité ou de compagnie légalement constituée et de tous papiers ou effets commerçables ayant un caractère d'authenticité.

La mission des agents de change se restreint aujourd'hui à la négociation des effets publics et des actions et obligations de chemins de fer et d'industrie.

Qu'est-ce qu'un banquier ?

Le banquier est celui qui fait le commerce de banque, qui escompte les effets de commerce, qui se charge des recouvrements d'effets, qui ouvre des comptes-courants et d'intérêts à ses commettants, qui paie les coupons d'actions et d'obligations, etc.

Qu'est-ce que escompter des effets?

Escompter des effets, c'est les acheter avant l'échéance, moyennant un escompte et quelquefois une provision qui constituent le bénéfice du banquier, à cause de l'avance d'argent qu'il fait contre les effets.

Qu'est-ce que négocier des effets?

Négocier des effets, c'est les vendre à un banquier ou à toute autre personne avant l'échéance, moyennant un escompte et une commission en faveur du banquier.

Qu'appelle t-on un bordereau d'escompte?

On appelle bordereau d'escompte un bulletin où se trouvent inscrits une certaine quantité d'effets, qu'on négocie chez un banquier, renfermant tous les calculs d'escompte faits à la négociation.

Des livres de commerce.

Quels sont les livres qui doivent être visés et paraphés par le président du tribunal de commerce?

Les livres de commerce, qui doivent être visés et paraphés par le président du tribunal de commerce, sont au nombre de deux : ce sont le journal et le livre des inventaires. Dans chaque canton, ces livres doivent être visés et paraphés par le maire ou l'adjoint.

Qu'est-ce que le livre-journal?

Le livre-journal est un relevé exact du brouillard; il en contient tous les articles. Ce livre doit présenter, jour pour jour, toutes les opérations de commerce du négociant, ses négociations, acceptations ou endossements d'effets, et généralement tout ce qu'il reçoit et paie, à quelque titre que ce soit, et qui énonce mois par mois les sommes employées aux dépenses de son commerce et de sa maison; le tout indépendamment des autres livres usités dans le commerce, qu'on nomme auxiliaires et qui ne sont pas indispensables.

Comment le journal doit-il être tenu?

La loi exige que le journal soit tenu sans ratures ni surcharges, sans blanc ni lacunes, sans transport ni marges, et par ordre de dates.

Ce livre peut-il faire foi en justice ?

Le livre-journal, régulièrement tenu, peut être admis par le juge au profit de celui qui l'a tenu, pour faire preuve de faits de commerce entre commerçants.

Que faut-il savoir pour bien tenir un journal ?

Pour être capable de tenir un journal, il faut savoir distinguer les débiteurs et les créanciers. Savoir quand il faut les débiter et les créditer, savoir qu'il y a six comptes généraux, qui représentent d'une manière toute spéciale le négociant dont on tient les livres, que chacun de ces comptes doit être débité de toutes les valeurs que le négociant reçoit et que chacun de ces comptes doit être crédité de toutes les valeurs que le négociant fournit. Ces six comptes sont : le compte de capital, marchandises générales, caisse, effets à recevoir, effets à payer, et pertes et profits ; savoir encore que toutes les personnes qui reçoivent une valeur et qui ne fournissent pas une valeur équivalente en retour doivent être débitées du montant de cette valeur, et que toutes les personnes qui fournissent une valeur et qui ne reçoivent pas une valeur équivalente en retour doivent être créditées du montant de cette valeur.

Sur quel livre rapporte-t-on les articles du journal ?

On doit rapporter tous les articles du journal sur le grand-livre.

A quoi sert le livre des inventaires ?

Le livre des inventaires sert à copier tous les ans l'inventaire général du commerçant ; il représente son actif et son passif, c'est-à-dire ce qu'il possède et ce qu'il doit.

Que représente l'actif d'un inventaire ?

L'actif représente le montant de toutes les marchandises qui restent en magasin au moment de l'inventaire, l'argent qui reste en caisse, les effets à recevoir qui restent en portefeuille et le montant de tous les débiteurs du commerce, ainsi que les meubles et les immeubles.

Que représente le passif d'un inventaire ?

Le passif représente le montant de tous les effets qui à payer restent en circulation au moment de l'inventaire, le montant de tous les créanciers, le montant du capital, ainsi que les pertes et profits annuels.

A quoi sert le livre de copie de lettres ?

Le livre de copie de lettres sert à copier les lettres que l'on envoie. Ces lettres doivent être copiées littéralement par ordre de date. Aujourd'hui, on se sert généralement de la presse à copier pour reproduire les lettres.

Que faut - il faire des lettres qu'on reçoit ?

Il faut les mettre en liasses, les classer par ordre de dates, et les conserver pendant dix ans, ainsi que tous les livres de commerce.

Des livres auxiliaires.

Quels sont les livres qu'on nomme auxiliaires ?

Dans les maisons de commerce importantes, il est nécessaire d'employer des livres auxiliaires, tels sont : le brouillard ou livre d'annotation, le grand-livre, le carnet d'échéances, le livre d'ordre, ou livre de numéros, ou entrée et sortie des marchandises, le livre de frais généraux et le livre de caisse. Ces livres ne sont pas exigés par la loi.

Pourquoi les livres auxiliaires ne sont-ils pas exigés par la loi ?

Parce que les livres auxiliaires, chacun dans sa spécialité, ne sont qu'une reproduction des opérations contenues au journal, et qu'avec l'aide du journal et du copie de lettres on peut toujours se rendre compte de toutes les opérations du commerçant.

Du brouillard ou livre d'annotation.

Le brouillard est le livre sur lequel on écrit toutes les opérations que le négociant fait, ainsi que toutes les conditions de ces opérations, sans déterminer les débiteurs ou les créanciers. Du brouillard, on passe ensuite les articles au journal.

Du grand-livre.

On ouvre sur le grand-livre par *Doit* et *Avoir*

les six comptes généraux d'abord, et ensuite les comptes personnels et les comptes particuliers.

Le mot *Doit* se place à gauche, le mot *Avoir* se place à droite de chaque compte ouvert sur le grand-livre.

Le côté gauche ou la page gauche de chaque compte représente le débit, c'est-à-dire ce que le compte doit, et le côté droit ou la page à droite représente le crédit, c'est-à-dire ce qu'il est dû à ce compte.

Tous les comptes qui sont débités ou crédités au journal doivent avoir un compte ouvert au grand-livre, où ils doivent être également débités ou crédités. Ainsi, toutes les opérations qui sont portées au journal doivent être transportées au grand-livre.

Chaque compte ouvert sur le grand-livre est un véritable tableau synoptique de la situation de la valeur ou de la personne qu'il représente.

Du carnet d'échéances. Le carnet d'échéances, que l'on appelle aussi le livre de copie d'effets, sert à inscrire, par ordre de mois, tous les effets à recevoir du côté du *doit* ou débit et aussi par ordre de mois, tous les effets à payer du côté de l'*avoir* ou crédit.

Ce livre doit être divisé en douze cases ou parties qui doivent représenter chacune un des mois de l'année.

On doit inscrire chaque effet à recevoir au moment où on le reçoit, et chaque effet à payer lorsqu'on le donne en paiement dans la case correspondante au mois de leur échéance.

Si le négociant veut connaître tous les effets à recevoir qu'il doit encaisser dans le mois de juin et tous les effets à payer qu'il doit acquitter dans le même mois, il doit consulter la case du mois de juin, où il trouvera du côté du débit tous les effets à recevoir à échéance pendant ce mois, et au crédit tous les effets à payer aussi à échéance pendant le même mois.

Du journal de caisse. Le journal de caisse est un livre spécialement réservé au mouvement de l'argent; il est ordinairement tenu dans les maisons de commerce par le caissier; il est tenu par débit et par crédit, en forme de journal. Tous les articles sont séparés et désignent ou le débiteur ou le créancier de la caisse. La balance peut en être faite tous les jours.

Toutes les sommes reçues doivent être portées sur la page gauche et être ressorties dans une colonne générale et toutes les sommes payées doivent être portées sur la page droite et être portées aussi dans une colonne générale.

De sorte que, lorsque l'on veut faire la balance de la caisse, on n'a qu'à faire l'addition du débit et l'addition du crédit, et la différence qui existe entre le débit et le crédit donne pour résultat la somme de l'argent qui reste en caisse.

Du livre d'ordre. Le livre d'ordre ou livre de numéros d'entrée et de sortie des marchandises est employé seulement dans les maisons de premier ordre. Il sert à donner un numéro d'ordre à toutes les marchandises qui entrent dans le magasin, ainsi qu'à toutes les marchandises qui en sortent.

Avec l'aide de ce livre, à l'inventaire, qui doit avoir lieu ordinairement chaque année, il est facile de se rendre compte de toutes les marchandises qui sont entrées en magasin et de toutes celles qui en sont sorties, et en faisant la différence, de pouvoir se rendre compte de toutes celles qui doivent rester encore en magasin.

On inscrira au débit, c'est-à-dire sur la page gauche du livre, les marchandises à leur entrée en magasin, en donnant à chaque colis un numéro d'ordre d'entrée, et au crédit, c'est-à-dire sur la page à droite et toujours parfaitement en regard du débit, on inscrira les mêmes marchandises à mesure qu'elles sortiront du magasin, en ayant le soin de répéter les numéros d'entrée. La différence entre l'entrée et la sortie constituera les marchandises qui doivent rester en magasin, c'est-à-dire qui sont invendues.

Du livre de frais généraux et de dépenses de ménage. Le livre de frais généraux sert à inscrire toutes les dépenses que l'on fait dans le commerce à mesure qu'elles ont lieu, telles que frais de loyer des magasins, impositions, patentes, chauffage, éclairage, frais d'employés, etc. A la fin de chaque mois on fait l'addition de ces frais et on en passe article au journal, en ayant le soin d'en débiter le compte de frais généraux et d'en créditer le compte de caisse. On peut aussi dans un commerce tenu par un négociant seul, avoir un livre de dépenses de ménage où on inscrira toutes les dépenses faites dans sa maison. A la fin de chaque mois, on en passera aussi article au journal, en débitant le compte de dépenses de ménage et en créditant le compte de caisse.

Le compte de frais généraux et le compte de dépenses de ménage ne sont que des subdivisions du compte de pertes et profits par lequel ils sont soldés à l'inventaire.

Le livre de dépenses de ménage est très-essentiel à un négociant, parce qu'il lui permet de se rendre compte exactement des dépenses qu'il fait dans son ménage.

Qu'entend - on par vendre ou acheter à terme ?

On entend par vendre ou acheter à terme, accorder ou se faire accorder un délai quelconque pour payer ; c'est-à-dire acheter ou vendre avec facture payable à 1, 2 ou 3 mois.

Qu'entend - on par vendre ou acheter au comptant ?

On entend par vendre au comptant, lorsqu'on reçoit le prix, en livrant la marchandise vendue, et on entend par acheter au comptant lorsqu'on paie le prix en recevant la marchandise achetée.

Sur quels livres toutes ces opérations de ventes et achats doivent - elles être enregistrées ?

Toutes ces opérations d'achat ou de vente au comptant, d'achat ou de vente à terme, doivent être enregistrées sur le journal, au terme de la loi, en ayant le soin de débiter le compte de marchandises générales, lorsque les marchandises entrent dans les magasins, et en ayant le soin de créditer le compte de marchandises générales lorsqu'elles en sortent.

Qu'est-ce que la tenue des livres ?

La tenue des livres est l'art de se rendre compte en quelques instants des opérations que l'on a faites dans la journée, opérations qui sont portées sur différents livres.

Combien y a - t - il de méthodes de tenue des livres ?

Il y a deux méthodes de tenue des livres, appelées la partie double et la partie simple.

Qu'est-ce que la tenue des livres en partie double ?

La tenue des livres en partie double est celle dont les articles du journal contiennent les débiteurs en même temps que les créanciers et dont le grand-livre renferme tous les comptes généraux.

Qu'est-ce que la tenue des livres en partie simple ?

La tenue des livres en partie simple est celle dont le journal ne renferme que les débiteurs ou les créanciers, et dont le grand-livre ne contient que des comptes personnels et ne possède aucun des comptes généraux. La tenue des livres en partie simple n'est pas approuvée par la loi, parce qu'elle ne permet pas au négociant de connaître à l'inventaire sa situation et de connaître ses bénéfices et ses pertes.

A quelle peine est exposé un commerçant qui tient ses livres en partie simple ?

Un commerçant qui tient ses livres en partie simple, dans le cas où il vient à faire faillite, peut être déclaré banqueroutier frauduleux, parce qu'il se trouve dans l'impossibilité de faire connaître sa situation.

Quels comptes doit-on ouvrir au grand-livre tenu en partie double ?

Dans la tenue des livres en partie double, on doit ouvrir au grand-livre les six comptes généraux, les comptes particuliers et les comptes personnels.

Quel est le principe de tous les autres comptes ?

Le principe de tous les autres comptes est le capital.

Que représente le capital ?

Le capital représente l'avoir brut du commerçant, c'est-à-dire son actif et son passif, ou ce qu'il possède et ce qu'il doit, — c'est le 1er des comptes généraux.

Quel est le deuxième compte général ?

Le 2e compte général est le compte de marchandises générales.

Que représente le compte de marchandises générales ?

Le compte de marchandises générales représente au débit les marchandises achetées et au crédit les marchandises vendues.

De quoi faut-il débiter le compte de marchandises générales ?

On débite le compte de marchandises générales de toutes les marchandises achetées.

De quoi faut-il le créditer ?

On doit le créditer de toutes les marchandises vendues.

Que représente le côté du doit ?

Le côté du *doit*, qu'on nomme aussi débit, représente les achats, c'est-à-dire toutes les marchandises entrées dans le magasin.

Que représente le côté de l'avoir ?

Le côté de l'*avoir*, qu'on nomme aussi crédit, représente les ventes, c'est-à-dire toutes les marchandises qui sortent du magasin.

Est-ce un compte qui peut procurer des bénéfices ou des pertes?

Oui, le compte de marchandises générales peut procurer des bénéfices ou des pertes.

Que faut-il faire pour connaître les bénéfices ou les pertes qu'on a faits?

Il faut additionner les achats au débit et additionner les ventes au crédit, faire l'inventaire des marchandises en magasin, à prix de facture, et, en cas de baisse, faire subir une dépréciation aux marchandises, réunir le montant des marchandises trouvées à l'inventaire à celui des ventes, et comparer les deux totaux à celui des achats; l'excédant de ces deux-ci sur l'autre fera connaître les bénéfices; la différence en moins au contraire fera connaître les pertes.

Ce compte peut-il se subdiviser et quels sont les comptes qui forment ses subdivisions?

Ce compte peut se subdiviser en compte de matières premières, main-d'œuvre, frais de fabrication, marchandises en commission chez un tel, marchandises d'un tel en commission chez nous, marchandises en foire de Beaucaire, marchandises de compte à 1/2 ou de compte à 1/3, etc.

Quel est le troisième compte général?

Le 3e compte général est le compte de caisse.

Que représente le compte de caisse?

Le compte de caisse représente l'or, l'argent, les billets de banque, les mandats sur la poste, les mandats ou bons sur le trésor.

De quoi débite-t-on le compte de caisse?

On débite le compte de caisse de toutes les sommes que l'on reçoit.

De quoi le crédite-t-on?

On le crédite de toutes les sommes que l'on paie.

Qu'entendez-vous par débiter un compte?

Débiter un compte, c'est porter du côté du *doit* ou débit la somme dont ce compte est débiteur.

Qu'entendez-vous par le créditer?

Créditer un compte, c'est porter du côté de l'*avoir* ou crédit la somme dont ce compte est créancier.

Quel est le côté du compte de caisse qui représente les sommes reçues?

C'est le compte du *doit* qui est toujours le côté gauche du grand-livre.

Quel est le côté du compte de caisse qui représente les sommes payées ?

C'est le côté de l'*avoir* qui est toujours le côté droit du grand-livre.

Que faut-il faire pour savoir l'argent qui reste en caisse ?

Il faut faire le total du débit et du crédit, retrancher les sommes payées des sommes reçues, et la différence trouvée doit représenter les espèces qui restent en caisse.

Quel est le quatrième des comptes généraux ?

Le 4e compte général est le compte des effets à recevoir.

Que représente ce compte ?

Le compte d'effets à recevoir représente tous les effets qui nous ont été souscrits et passés à notre ordre, toutes les lettres de change que nous avons tirées.

De quoi faut-il le débiter ?

On le débite de tous les effets que l'on reçoit en paiement, et des traites que l'on tire soi-même sur ses débiteurs.

De quoi faut-il le créditer ?

On le crédite de tous les effets que l'on négocie et de tous ceux que l'on encaisse à l'échéance.

Que représente le côté du doit ?

Le côté du *doit* représente tous les effets dont on doit recevoir le montant à l'échéance.

Que représente le côté de l'avoir ?

Le côté de l'*avoir*, représente tous les effets que nous avons négociés et ceux que nous avons encaissés à leur échéance.

Dans quel cas peut-on recevoir un effet à recevoir ?

On peut recevoir un effet à recevoir lorsqu'on vend des marchandises à quelqu'un qui ne peut pas nous les payer comptant ; il nous souscrit un billet à ordre, ou nous lui faisons accepter une lettre de change tirée sur lui, ce qui revient au même.

Dans quel cas peut-on donner un effet à recevoir ?

On peut donner un effet à recevoir : 1o lorsqu'on achète des marchandises que l'on ne peut où que l'on ne veut pas payer comptant ; on endosse alors l'effet au profit de celui qui nous a vendu ; 2o lorsque l'on a besoin d'argent, on le négocie à un banquier, qui nous en paie la valeur en espèces, moins l'escompte, qu'il nous retient ; 3° enfin, lorsque l'échéance de l'effet est arrivée, on le rend au souscripteur ou au tiré, qui en acquitte le montant.

Quel est le cinquième des comptes généraux ?

Le cinquième des comptes généraux est le compte des effets à payer.

Que représente le compte d'effets à payer ?

Le compte d'effets à payer représente tous les effets que nous avons souscrits et toutes les traites tirées sur nous, que nous avons acceptées.

De quoi le débite-t-on ?

On le débite de tous les effets à payer, que l'on acquitte à l'échéance.

De quoi le crédite-t-on ?

On le crédite de tous les billets à ordre que l'on souscrit et de toutes les traites que l'on accepte.

Dans quel cas peut-on donner un effet à payer ?

On peut donner un effet à payer lorsqu'on achète des marchandises et que l'on ne veut ou ne peut pas les payer comptant ; lorsque l'on fait faire des travaux, ou bien encore lorsque l'on contracte un emprunt.

Dans quel cas cet effet qui est sorti de chez nous peut-il y rentrer ?

Cet effet peut rentrer chez nous lorsque son échéance est arrivée ; nous en payons le montant et nous le retirons pour éviter qu'on nous le représente une deuxième fois.

Quand on accepte une lettre de change, quel compte faut-il créditer ?

Il faut créditer le compte d'effets à payer.

Pourquoi faut-il créditer le compte d'effets à payer lorsqu'on accepte une lettre de change ?

Parce qu'on prend, par l'acceptation, l'engagement d'acquitter la lettre de change qu'on tire sur nous, à l'échéance, parce que, après l'avoir acceptée, nous la renvoyons au tireur. Cette lettre de change, sortant de chez nous, c'est alors absolument comme si nous avions souscrit un billet à ordre.

De quelle formule se sert-on pour accepter une lettre de change ?

On écrit au bas de la lettre de change : accepté pour la somme de..... On met la date et sa signature.

Si les billets que l'on souscrit, les lettres de change que l'on accepte, etc. n'étaient pas payés à leur échéance et qu'ils fussent sur papier libre, pourrait-on les faire protester ?

Oui, on peut faire protester les effets sur papier libre, mais il faut auparavant les faire timbrer, et alors le fisc percevra une amende de 6 % sur la valeur nominale des effets. Cette amende sera payée ou par le souscripteur ou par le tireur.

Combien y a-t-il de valeurs dans un effet ?

Il y a deux valeurs dans un effet : la valeur nominale et la valeur négociée ou relative.

Qu'entend-on par valeur nominale ?

On entend par valeur nominale la valeur qui est écrite en toutes lettres sur le corps de l'effet.

Qu'entend-on par valeur négociée ?

On entend par valeur négociée la valeur de l'effet escompté par rapport au nombre de jours ou de mois qu'il a encore à rester en circulation avant d'arriver à son échéance.

Comment fait-on pour obtenir la valeur négociée de la valeur nominale d'un effet ?

On multiplie la somme de l'effet par le nombre de jours compris entre le jour de la négociation et le jour de son échéance, et l'on divise le produit de cette multiplication par le diviseur fixe correspondant au taux de l'escompte.

Quel est le sixième des comptes généraux ?

Le sixième compte général est le compte de pertes et profits.

De quoi le débite-t-on ?

On débite le compte de pertes et profits de tous les escomptes perdus, des frais de nourriture, d'entretien, d'employés, de servantes, de réparations, et enfin de tout l'argent qui sort de chez nous pour quelque motif que ce soit, pour n'y rentrer d'aucune façon.

De quoi le crédite-t-on ?

On crédite ce compte de tous les bénéfices que l'on fait par les escomptes ou de toute autre façon ; puis, à l'inventaire, lorsqu'on solde les comptes, on le crédite de tous les bénéfices résultant du solde des comptes généraux ou particuliers, par le débit de ces mêmes comptes.

Le compte de pertes et profits peut-il se subdiviser, et quels sont les comptes qui forment ses subdivisions ?

Oui, et les comptes qui forment le plus ordinairement les subdivisions de pertes et profits sont : frais généraux, dépenses de ménage ou personnelles, menus frais, dépenses générales, revenus de maison, etc.

Qu'entend-on par subdiviser un compte ?

On entend par subdiviser un compte, établir d'autres comptes qui se rattachent à celui-ci et qui sont soldés par lui.

Par quel compte solde-t-on le compte de pertes et profits à l'inventaire ?

Le compte de pertes et profits est soldé par le compte de pertes et profits annuels, et le compte de pertes et profits annuels est lui-même soldé par le compte de balance de sortie.

Qu'est-ce que le compte de balance de sortie ?

Le compte de balance de sortie est un compte fictif qu'on ouvre pour faciliter les opérations de l'inventaire. C'est lui qui est chargé de payer tous ceux à qui nous devons, et de recevoir de tous ceux qui nous doivent. C'est, en un mot, le tableau synoptique de la situation du commerçant.

Des comptes particuliers.

Qu'entend-t-on par comptes particuliers ?

On entend par comptes particuliers des comptes que l'on ouvre à un ou à plusieurs objets, comme mobilier, immeubles, bois, vins, huiles, etc.

Quand est-il nécessaire d'ouvrir un compte particulier ?

Il est nécessaire d'ouvrir un compte particulier toutes les fois que l'on achète des marchandises qui sont en dehors du commerce habituel que l'on fait, si l'on tient à connaître le résultat de l'opération. Ainsi, par exemple, si nous sommes marchands de bois, et que, par hasard, nous achetions des vins pour les revendre, il faut ouvrir un compte particulier à ces vins, sous leur propre nom : Vin de Roussillon, etc.

Dans les comptes généraux et dans les comptes particuliers y a-t-il des comptes matériels et des comptes fictifs ?

Oui, les comptes matériels sont ceux qui représentent quelque chose de palpable, tels sont les comptes de caisse, de marchandises générales, d'effets à recevoir et à payer, de mobilier, d'immeubles, etc. etc. •

Les comptes fictifs sont ceux qui ne représentent que des chiffres, tels sont les comptes de pertes et profits, de capital, de frais généraux, etc.

Le compte d'immeubles peut-il se subdiviser et jouer le même rôle chez un agriculteur que celui que joue le compte de marchandises générales chez un commerçant ?

Oui, il peut se subdiviser. On peut ouvrir, comme subdivision de ce compte des comptes à prés, vignes, bois, terres, exploitations, etc. Tous ces comptes se rattacheront à leur principe, c'est-à-dire au compte d'immeubles, comme les comptes généraux et particuliers se rattachent au compte de capital dans la comptabilité ordinaire.

Des comptes personnels.

Qu'est-ce qu'un compte personnel ?

Un compte personnel est un compte que l'on ouvre à une personne et sous son nom propre.

Y a-t-il plusieurs espèces de comptes personnels ?

Oui, il y en a plusieurs espèces, qui sont : les comptes courants ordinaires, les comptes courants et d'intérêts, les comptes de consignation, les comptes à 1/2, à 1/3, à 1/4, à 1/5, en participation, en commandite, etc.

Qu'entend-on par comptes courants ordinaires ?

On entend par comptes courants ordinaires, des comptes qui ne produisent intérêts, pour aucune des sommes qui les composent.

Qu'entend-on par comptes courants et d'intérêts ?

On entend par comptes courants d'intérêts des comptes qui produisent des intérêts réciproques ou inégaux.

Qu'entend-on par compte de consignation ?

On entend par compte de consignation, des comptes qu'on ouvre à ceux qui nous envoient des marchandises pour leur compte et que nous ouvrons à nous-mêmes pour les marchandises que nous envoyons en consignation chez des correspondants. Ainsi, on dira marchandises d'un tel en consignation chez nous, et marchandises en consignation chez un tel.

2

Qu'entend-on par compte en participation ?

On entend par compte en participation, des comptes qu'on ouvre à une opération, dans laquelle on a pris une part quelconque. Il y a des opérations en participation en banque et en marchandises.

Qu'entend-on par compte à 1/2, à 1/3, à 1/4, etc. ?

On entend par compte à 1/2, à 1/3, à 1/4, un compte que l'on ouvre à une marchandise que l'on achète de moitié, de tiers, et de quart avec un, deux ou trois associés, et dans laquelle chacun des associés supporte les pertes et partage les bénéfices par moitié, par tiers, ou par quart.

Qu'entend-on par compte à livrer ?

On entend par compte à livrer, un compte que l'on ouvre aux marchandises qui ne sont livrables qu'à une époque déterminée. Ainsi, les huiles et les 3/6 ou esprits de vin sont des marchandises sur lesquelles on fait beaucoup d'opérations à livrer.

Si l'on recevait des marchandises à vendre pour le compte d'un autre, faudrait-il en débiter le compte de marchandises générales ?

Non, il faudrait ouvrir deux comptes ; le premier sous le titre de : marchandises d'un tel en consignation chez nous, le deuxième sous le titre de : un tel son compte courant.

De quoi débiterait-on le compte de marchandises d'un tel en consignation chez nous ?

On débiterait le compte de marchandises d'un tel en consignation chez nous de tous les frais que nous aurions payés à leur arrivée chez nous.

De quoi le créditerait-on ?

On le créditerait de toutes les ventes partielles.

De quoi le débiterait-on encore ?

On le débiterait encore de tous les frais que ces marchandises pourraient occasionner pendant l'opération, et l'opération étant finie, on le débiterait de la commission qui nous serait due à tant pour % suivant convention entre les parties.

Par quel compte pourrait-il se solder ?

Il ne peut se solder que par le compte d'un tel son compte courant qui devra être crédité du solde.

Combien y a-t-il de sortes de comptes de marchandises ?

Il y en a plusieurs sortes, qui sont : marchandises générales, marchandises de compte à 1/2, à 1/3, à 1/4, marchandises à l'entrepôt à Vaise ou à Perrache, marchandises d'un tel en consignation chez nous, marchandises en consignation chez un tel, marchandises à livrer, etc.

Un marché peut-il être cassé par les parties qui l'ont conclu ?

Oui, toutes les fois que les parties intéressées y consentent.

Comment appelle-t-on cette rétractation ?

On appelle cette rétractation une résiliation.

Comment une rétractation peut-elle avoir lieu ?

Une rétractation ne peut avoir lieu que lorsqu'il est impossible à l'une des parties contractantes d'accomplir le marché, alors, elle donne des dédommagements.

Qu'entend-on par expédition ?

On entend par expédition, envoyer des marchandises que l'on a vendues d'une place sur une autre, à son acheteur.

Par quelle voie peut-on expédier ?

On peut expédier par terre, par mer ou les canaux et par les chemins de fer.

De quoi sont accompagnées les expéditions par terre ?

Elles sont accompagnées d'une lettre de voiture.

Qu'est-ce qu'une lettre de voiture ?

La lettre de voiture est un acte par lequel le voiturier s'engage à transporter une certaine quantité de marchandises d'un lieu dans un autre, moyennant tant pour % kilos et dans un délai convenu.

De quoi sont accompagnées les expéditions par mer ?

Elles sont accompagnées d'un connaissement qui remplace la lettre de voiture.

Qu'entend-on par tare ?

On appelle tare le poids de l'enveloppe dans laquelle les marchandises nous arrivent, ou le déchet de ces mêmes marchandises. Le poids de l'enveloppe et le déchet doivent être déduits du poids brut.

Combien y a-t-il de sortes de balances ?

Il y a deux sortes de balance : 1º la balance de vérification, qui a lieu ordinairement dans un certain nombre de maisons de commerce, tous les mois, quelquefois tous les six mois, et même tous les ans. 2º La balance des comptes à l'inventaire.

Comment se fait la balance de vérification ?

Pour faire la balance de vérification, c'est-à-dire pour pouvoir se rendre compte si les écritures de chaque mois sont justes, il faut d'abord additionner son journal depuis le commencement du mois jusqu'à la fin, de manière à obtenir l'addition générale de toutes les opérations qui ont eu lieu pendant tout le mois ; faire ensuite l'addition générale de tous les débits des comptes et de tous les crédits des comptes du grand-livre. L'addition du journal, l'addition de tous les débits du grand livre et l'addition de tous les crédits du grand-livre doivent donner trois résultats parfaitement égaux, c'est-à-dire trois sommes exactement semblables. Ce résultat obtenu prouve que les écritures du journal ont été portées au grand-livre exactement.

Qu'est-ce que c'est que balancer un compte ?

Balancer un compte à l'inventaire, c'est chercher la différence qui existe entre le débit et le crédit de ce compte. Si la somme la plus forte est au débit, il faut porter la différence au crédit afin de rendre le crédit égal au débit ; si, au contraire, la somme la plus forte est au crédit, il faut porter la différence au débit, afin de rendre le débit égal au crédit. Si le compte ne présente ni pertes, ni bénéfices, on le solde, dans ce cas, par balance de sortie ; si le compte présente des pertes et des bénéfices, on le solde par pertes et profits.

Quelle est la force probante des livres de commerce ?

Les livres de commerce, régulièrement tenus, peuvent être admis par le juge pour faire preuve entre commerçants pour faits de commerce.

Y a-t-il une pénalité contre le commerçant qui n'aurait pas observé les formalités exigées par la loi relativement à ses livres ?

Les livres que les commerçants sont obligés de tenir et pour lesquels ils n'auraient pas observé les formalités prescrites, ne pourront être représentés, ni faire foi en justice, au profit de ceux qui les auront tenus; et en cas de faillite, ils seront déclarés banqueroutiers frauduleux et pourront être condamnés de six mois à un an de prison.

N'y a-t-il pas lieu de distinguer le cas où le procès existe entre deux commerçants ou entre un commerçant et un non commerçant ?

Non, le tribunal de commerce est toujours saisi de l'affaire, lors même que le procès a lieu entre un commerçant et un non commerçant.

Dans quel cas la communication des livres peut-elle être ordonnée ?

La communication des livres ne peut être ordonnée en justice que dans les affaires de succession, communauté, partage de société, et en cas de faillite.

Qu'est-ce qu'on entend par communication des livres ?

On entend par communication, la remise des livres aux parties intéressées, pour être feuilletés et examinés en entier. Dans les trois cas énoncés dans l'article ci-dessus, cette communication est nécessaire, parce que les co-héritiers, les associés ou les créanciers doivent connaître l'état et l'ensemble des affaires et de la fortune du défunt, de leur co-associé ou du failli; mais hors ces cas, la loi ne devait pas permettre qu'on pût, sous un léger prétexte, pénétrer les opérations et les secrets des commerçants.

Le juge a-t-il le droit dans le cours d'une contestation de se faire représenter les livres de commerce ?

Dans le cours d'une contestation, la représentation des livres peut *être ordonnée* par le juge, *même d'office*, à l'effet d'en extraire ce qui concerne le différend.

Qu'est-ce qu'on entend par représentation des livres ?

On entend par représentation des livres, l'examen qui peut en être fait par la partie intéressée, seulement, en ce qui concerne le différend. Le commerçant ne doit pas se dessaisir de ses livres, et il doit s'opposer à ce que ses livres, comme dans l'article précédent, ne soient communiqués pour les feuilleter et pour les visiter.

Des Sociétés.

Combien y a-t-il de sortes de sociétés ?

Il existe dans le commerce six sortes de sociétés: 1° La société en nom collectif ; 2° la société en commandite simple; 3° la société en commandite par action ; 4° la société anonyme ; 5° la société à responsabilité limitée ; 6° la société en participation.

Qu'est-ce que la société en nom collectif ?

La société en nom collectif est celle où plusieurs personnes sont associées sous une raison sociale, et sont responsables et solidaires les unes pour les autres, jusqu'à la concurrence de tout ce qu'elles possèdent.

Tous les associés peuvent-ils être en nom dans la raison sociale ?

Oui, tous les associés en nom collectif peuvent être en nom dans la raison sociale, quelquefois il n'y a que le principal associé, ou seulement les principaux associés qui soient en nom.

Les associés qui ne sont pas en nom dans la raison sociale, sont-ils responsables et solidaires ?

Oui, tous les associés, lors même qu'ils ne sont pas en nom, sont responsables et solidaires.

Une personne étrangère à la société peut-elle faire partie de la raison sociale ?

Non, les noms des associés peuvent seuls faire partie de la raison sociale. Il faut ajouter que tous les associés étant solidaires, le public serait induit en erreur si on plaçait dans la raison sociale le nom d'une personne qui ne figurerait pas dans le contrat de société.

Un seul des associés peut-il engager toute la société, s'il a signé sous la raison sociale ?

Oui, un seul des associés peut engager toute la société, s'il a signé sous la raison sociale, même pour des faits qui ne sont pas faits de commerce, si les tiers porteurs peuvent prouver qu'ils ont été de bonne foi.

Comment peut-on constater l'existence de la société en nom collectif ?

La société en nom collectif peut être constatée par un acte public ou sous signature privée, en se conformant, dans ce dernier cas, à l'article 1325 du code civil. Cet article veut que les actes sous seing privé qui contiennent des conditions synallagmatiques, c'est-à-dire qui lient également toutes les parties, soient rédigés en autant d'originaux qu'il y a de parties ayant un intérêt distinct.

Quelle formalité doit-on remplir pour l'acte de société en nom collectif ?

L'extrait des actes de société en nom collectif doit être remis dans la quinzaine de sa date au greffe du tribunal de commerce de l'arrondissement, dans lequel est établie la maison du commerce social, pour être transcrit sur le registre et affiché pendant trois mois dans la salle des audiences. Si la société a plusieurs maisons de commerce situées dans divers arrondissements, la remise, la transcription et l'affiche de cet extrait seront faites au tribunal de commerce de chaque arrondissement.

Que doit contenir l'extrait des actes de société ?

L'extrait doit contenir : les noms, prénoms, qualités et demeures des associés, la raison de commerce de la société, la désignation de ceux qui sont autorisés à gérer, administrer et signer pour la société, le montant des valeurs fournies par chacun des associés, l'époque où la société doit commencer et celle où elle doit finir.

De la société en commandite.

Qu'est-ce qu'une société en commandite simple ?

La société en commandite simple est une société en nom collectif qui possède un commanditaire ou bailleur de fonds.

Le commanditaire est-il responsable et solidaire ?

Le commanditaire n'est responsable que jusqu'à la concurrence de sa commandite, et il n'est pas solidaire, à moins qu'il ne fasse des actes de gestion, alors il devient un associé en nom collectif et devient alors responsable et solidaire jusqu'à la concurrence de tout ce qu'il possède.

Le commanditaire peut-il être employé pour les affaires de la société, en vertu d'une procuration?

Non, l'associé commanditaire ne peut faire aucun acte de gestion pour le compte de la maison, ni être employé pour les affaires de la société, même en vertu d'une procuration.

L'associé commanditaire a-t-il le droit de concourir aux délibérations de la société?

Oui, l'associé commanditaire a le droit de s'intéresser à la société et de concourir aux délibérations de la société.

Le nom d'un associé commanditaire peut-il faire partie de la raison sociale?

Dans aucun cas, le nom d'un associé commanditaire ne peut faire partie de la raison sociale.

De la société en commandite par actions.

Qu'est-ce que la société en commandite par actions?

La société en commandite par actions est celle où le capital est divisé en actions. Les actionnaires qui ne sont responsables que jusqu'à la concurrence de leurs actions, nomment un gérant qui gère les affaires de la société, sous une raison sociale. Le gérant est seul responsable.

Les actionnaires peuvent-ils faire des actes de gestion?

Non, les actionnaires ne peuvent faire aucun acte de gestion, autrement ils deviendraient responsables et solidaires.

Par qui le conseil d'administration est-il nommé?

Le conseil d'administration est nommé par les actionnaires.

Les administrateurs ne peuvent-ils faire des actes de gestion?

Non, les administrateurs ne peuvent faire aucun acte de gestion; dans le cas où ils feraient un acte de gestion, ils deviendraient responsables et solidaires conjointement avec le gérant. Ils ne peuvent que surveiller le gérant et rendre compte aux actionnaires de sa gestion.

Comment les actions doivent-elles être divisées?

Les sociétés en commandite par action ne peuvent diviser leur capital en actions ou coupons d'actions de moins de cent francs, lorsque ce capital n'excède pas deux cent mille francs, et de moins de cinq cents francs lorsqu'il est supérieur.

A quelle époque la société en commandite par actions peut-elle être définitivement constituée ?

La société en commandite par actions ne peut être définitivement constituée qu'après la souscription de la totalité du capital social et le versement par chaque actionnnaire du quart au moins du montant des actions par lui souscrites.

Comment la souscription et les versements peuvent-ils être constatés ?

Cette souscription aux actions et ces versements sont constatés par une déclaration du gérant dans un acte notarié.

Quelles sont les pièces qui doivent être annexées à cette déclaration ?

A cette déclaration, sont annexés la liste des souscripteurs, l'état des versements effectués, l'un des doubles de l'acte de société, s'il est sous seing privé, et une expédition, s'il est notarié et s'il a été passé devant un notaire, autre que celui qui a reçu la déclaration.

Comment sera fait l'acte sous seing privé?

L'acte sous seing privé, quel que soit le nombre des associés, sera fait en double original, dont l'un sera annexé, comme il est dit au paragraphe qui précède, à la déclaration de souscription du capital et de versement du quart, et l'autre restera déposé au siége social.

A quelle époque les actions et coupons d'actions sont-ils négociables ?

Les actions et coupons d'actions sont négociables après le versement du quart.

A quelle époque les actions et coupons d'actions peuvent-ils être convertis en actions au porteur ?

Il peut être stipulé, mais seulement par les statuts constitutifs de la société, que les actions ou coupons d'actions pourront, après avoir été libérés de moitié, être convertis en actions au porteur par délibération de l'assemblée générale.

Jusqu'à quelle époque les souscripteurs primitifs restent-il responsables ?

Soit que les actions restent nominatives après la délibération de l'assemblée générale, soit qu'elles aient été converties en actions au porteur, les souscripteurs primitifs qui ont aliéné leurs actions et ceux auxquels ils les ont cédées avant le versement de moitié, restent tenus au paiement du montant de leurs actions pendant un délai de deux ans, à partir de la délibération de l'assemblée générale.

Que faut-il faire lorsque un associé fait un apport qui ne consiste pas en numéraire ou stipule à son profit des avantages ?

Lorsqu'un associé fait un apport qui ne consiste pas en numéraire, ou stipule à son profit des avantages particuliers, la première assemblée générale fait apprécier la valeur de l'apport ou la cause des avantages stipulés.

La société peut-elle être constituée avant l'approbation de l'apport ou des avantages?

Non, la société n'est définitivement constituée qu'après l'approbation de l'apport ou des avantages, donnée par une autre assemblée générale, après une nouvelle convocation.

Comment devra procéder la seconde assemblée générale ?

La seconde assemblée générale ne pourra statuer sur l'approbation de l'apport ou des avantages qu'après un rapport, qui sera imprimé et tenu à la disposition des actionnaires cinq jours au moins avant la réunion de cette assemblée.

Comment les délibérations doivent-elles être prises ?

Les délibérations sont prises par la majorité des actionnaires présents. Cette majorité doit comprendre le quart des actionnaires et représenter le quart du capital social en numéraire.

Les associés qui font l'apport ou qui ont stipulé des avantages ont-ils voix délibérative ?

Non, les associés qui font l'apport ou qui ont stipulé des avantages n'ont point voix délibérative pour l'approbation de cet apport ou de ces avantages.

Qu'arrive-t-il si l'assemblée n'approuve pas l'apport ni les avantages?

A défaut d'approbation, la société reste sans effet à l'égard de toutes les parties.

Dans le cas d'approbation qu'arrivera-t-il dans le cas

L'approbation donnée par l'assemblée générale à l'apport ou aux avantages ne fait pas *où il y aura eu dol ou fraude dans l'apport ou dans les avantages?*

obstacle à l'exercice ultérieur de l'action qui peut être intentée pour cause de dol ou de fraude.

Du conseil de surveillance.

De combien de membres doit être composé le conseil de surveillance ?

Par qui doit être nommé le conseil de surveillance ?

Le conseil de surveillance doit être composé de trois actionnaires au moins dans chaque société en commandite par actions.

Le conseil de surveillance doit être nommé par l'assemblée générale des actionnaires, immédiatement après la constitution définitive de la société, et avant toute opération sociale.

Pour combien de temps le 1er conseil de surveillance est-il nommé?

Le premier conseil de surveillance ne peut être nommé que pour un an. Il est soumis à la réélection aux époques et suivant les conditions déterminées par les statuts.

Le conseil de surveillance est-il responsable?

Les membres du conseil de surveillance n'encourent aucune espèce de responsabilité en raison des actes de leur gestion et de leurs résultats. Chaque membre du conseil de surveillance est responsable cependant de ses fautes personnelles, dans l'exécution de son mandat, conformément aux règles du droit commun.

Quelles sont les attributions des membres du conseil de surveillance ?

Les membres du conseil de surveillance vérifient les livres, la caisse, le portefeuille et les valeurs de la société.

La répétition de dividende peut-elle être exercée contre les actionnaires ?

Aucune répétition de dividende ne peut être exercée contre les actionnaires, si ce n'est dans le cas où la distribution en aura été faite en l'absence de tout inventaire ou en dehors des résultats constatés par l'inventaire.

Dans quel temps se prescrit l'action en répétition de dividende?

L'action en répétition de dividende, dans le cas où elle est ouverte, se prescrit par cinq années, à partir du jour fixé pour la distribution du dividende.

Le conseil de surveillance a-t-il le droit de convoquer une assemblée générale?

Le conseil de surveillance a le droit de convoquer l'assemblée générale et, conformément à son avis, de provoquer la dissolution de la société.

Tout actionnaire a-t-il le droit de prendre communication des inventaires, etc. ?

Oui, tout actionnaire peut prendre par lui ou par un fondé de pouvoir, au siége social, communication du bilan, des inventaires et du rapport du conseil de surveillance, et cela quinze jours au moins avant la réunion de l'assemblée générale.

De la société anonyme.

Qu'est-ce que la société anonyme ?

La société anonyme n'existe point sous une raison sociale ; elle n'est désignée par le nom d'aucun des associés, elle est qualifiée par la désignation de l'objet de son entreprise. Ainsi, la compagnie de Terrenoire, la compagnie du Phénix, le Crédit Lyonnais, etc.

Comment cette société est-elle administrée?

Cette société est administrée par des mandataires à temps, associés ou non associés, salariés ou gratuits.

Les gérants et les administrateurs sont-ils responsables ?

Les gérants et les administrateurs ne sont responsables que de l'exécution du mandat qu'ils ont reçu, ils ne sont ni responsables, ni solidaires ; ils ne sont passibles que de la perte du montant de leur intérêt dans la société.

La société anonyme a-t-elle besoin de l'autorisation du gouvernement?

Depuis la loi du 24 juillet 1867, sur les sociétés, la société anonyme est dispensée, pour sa création, de l'autorisation du gouvernement.

Comment se divise le capital de la société anonyme?

Le capital de la société anonyme se divise en actions et même en coupons d'actions d'une valeur égale.

Quelle forme peut avoir l'action?

L'action peut être établie sous la forme d'un titre au porteur ; dans ce cas, la cession s'opère par la tradition du titre.

Les actions peuvent-elles être nominatives?

Oui, les actions des sociétés anonymes peuvent aussi être nominatives ; dans ce cas la cession s'en opère, sur un registre à souche, au siége de la société.

Peut-on créer une société anonyme sous seing privé ?

Oui, les sociétés anonymes peuvent se former sans l'autorisation du gouvernement par un acte sous seing privé, fait en double original. L'extrait des actes constituant ces sociétés doit être remis dans la quinzaine de leur date au greffe du tribunal de commerce de l'arrondissement dans lequel est établie la société, pour être transcrit sur le registre et affiché pendant trois mois dans la salle des audiences.

Ces formalités doivent être observées sous peine de nullité envers les intéressés, mais le défaut d'aucune d'elles ne peut, en aucun cas, être opposé à des tiers par des associés.

Y a-t-il un nombre d'associés exigés pour la société anonyme ?

Oui, la société anonyme ne peut être constituée si le nombre des associés est inférieur à 7.

Quelles sont les formalités à remplir pour la constitution définitive de la société anonyme ?

La société anonyme ne peut être légalement constituée qu'après une convocation d'une assemblée générale imposée à la diligence des fondateurs et postérieurement à l'acte qui constate la souscription du capital social et le versement du quart du capital qui doit être en numéraire. Cette assemblée nomme les premiers administrateurs; elle nomme également, pour la première année, les commissaires chargés de faire un rapport à l'assemblée générale de l'année suivante, sur la situation de la société, sur le bilan, et sur les comptes présentés par les administrateurs.

Quelle est la durée des fonctions des administrateurs ?

Les administrateurs ne peuvent être nommés pour plus de six années ; ils sont rééligibles, sauf stipulations contraires.

A quelle époque la société est-elle constituée ?

La société est constituée à partir de l'acceptation des administrateurs, acceptation qui doit être constatée dans le procès-verbal de la séance de l'assemblée générale.

De combien d'actions les administrateurs doivent-ils être propriétaires ?

Les administrateurs doivent être propriétaires d'un nombre d'actions déterminé par les statuts ; ces actions sont affectées en totalité à la garantie de la gestion des administrateurs.

Dans quelle circonstance la dissolution de la société peut elle être provoquée ?

En cas de perte des 3/4 du capital social, les administrateurs sont tenus de provoquer la réunion de l'assemblée générale de tous les actionnaires, à l'effet de statuer sur la question de savoir s'il y a lieu de prononcer la dissolution de la société. La résolution de l'assemblée est, dans tous les cas, rendue publique.

Tout intéressé a-t-il le droit de réclamer la dissolution de la société ?

A défaut par les administrateurs de réunir l'assemblée générale, comme dans le cas où cette assemblée n'aurait pu se constituer régulièrement, tout intéressé peut demander la dissolution de la société devant les tribunaux.

Les administrateurs peuvent-ils avoir des intérêts directs ou indirects dans la société anonyme dont ils sont les administrateurs ?

Non, il est interdit aux administrateurs de prendre ou de conserver un intérêt direct ou indirect dans une entreprise ou dans un marché fait avec la société ou pour leur compte, à moins qu'ils n'y soient autorisés par l'assemblée générale.

Il est rendu chaque année à l'assemblée générale un compte spécial de l'exécution des marchés ou entreprises par elle autorisés.

Qu'elle est l'étendue de la responsabilité des commissaires ?

L'étendue et les effets de la responsabilité des commissaires envers la société sont déterminés d'après les règles du mandat.

Les sociétés anonymes anciennes peuvent-elles se transformer en société anonyme, régie d'après la loi du 24 juillet 1867 ?

Les sociétés anonymes anciennes continuent à être soumises, pendant toute leur durée, aux dispositions qui les régissent ; elles pourront cependant se transformer en sociétés anonymes nouvelles, en obtenant l'autorisation du gouvernement. Les sociétés à responsabilité limitée pourront également se convertir en sociétés anonymes dans les termes de la présente loi, en se conformant aux conditions stipulées pour la modification de leurs statuts.

Des assemblées générales.

A quelle époque doivent avoir lieu les assemblées générales ?

Il est tenu au moins chaque année une assemblée générale à l'époque fixée par les statuts.

Comment les délibérations sont-elles prises ?

Dans toutes les assemblées générales, les délibérations sont prises à la majorité des voix.

A quelle époque est-il dressé un état sommaire de la situation ?

Toute société anonyme doit dresser, chaque semestre, un état sommaire de sa situation active et passive, et cet état doit être mis à la disposition des commissaires.

Les actionnaires ont-ils le droit de se faire donner communication des inventaires, etc. ?

Oui, quinze jours au moins avant la réunion de l'assemblée, tout actionnaire peut prendre, au siège social, communication des inventaires et de la liste des actionnaires, et se faire délivrer copie du bilan résumant l'inventaire et du rapport des commissaires.

Doit-il être fait un fonds de réserve ?

Il est fait annuellement, sur les bénéfices nets, un prélèvement d'un vingtième au moins affecté à la formation d'un fonds de réserve, et ce prélèvement cesse d'être obligatoire lorsque le fonds de réserve a atteint le dixième du capital social.

Annulation des sociétés en commandite.

Peut-on demander l'annulation des sociétés en commandite ?

Oui. Tout actionnaire a le droit de demander l'annulation de toute société en commandite, constituée contrairement aux prescriptions relatées plus haut, elle est nulle et de nul effet à l'égard des intéressés. Les associés ne peuvent cependant opposer cette nullité aux tiers.

Lorsqu'une société en commandite est annulée, quels sont ceux qui peuvent être déclarés responsables ?

Lorsque la société est annulée, les membres du 1er conseil de surveillance peuvent être déclarés responsables, ainsi que le gérant, des dommages résultant, pour la société ou pour les tiers, de l'annulation de la société.

Ceux dont les apports ou les avantages n'auraient pas été ratifiés peuvent-ils être déclarés responsables ?

La même responsabilité peut être prononcée contre ceux des associés dont les apports ou les avantages n'auraient pas été vérifiés ou approuvés.

Pénalités.

Quelle est l'amende dont est frappée l'émission d'actions d'une société constituée contrairement aux prescriptions de la présente loi ?

L'émission d'actions ou de coupons d'actions d'une société constituée contrairement aux prescriptions de la loi du 24 juillet 1867, est punie d'une amende de 500 à 10,000 fr.

Quels sont ceux qui sont frappés de cette amende ?

Le gérant qui commence les opérations sociales avant l'entrée en fonctions du conseil de surveillance ;

Ceux qui, en se présentant comme propriétaires d'actions ou de coupons d'actions qui ne leur appartiennent pas, ont créé frauduleusement une majorité factice dans une assemblée générale, sans préjudice de tous dommages et intérêts, s'il y a lieu, envers la société ou envers des tiers.

Quelle peine peut encore être ajoutée à l'amende ?

La peine de 15 jours à 6 mois de prison peut encore être ajoutée.

De quelle amende se trouvent frappés ceux qui négocient des actions faites contrairement à la loi et ceux qui participent à ces négociations ?

Est punie encore de 500 francs à 10,000 francs d'amende la négociation d'actions dont la valeur ou la forme serait contraire aux dispositions de la loi ou pour lesquelles le versement du quart n'aurait pas été effectué.

— 33 —

Quelle peine encourent ceux qui emploient le dol, la fraude et la mauvaise foi pour provoquer des souscriptions. etc?

Sont punis d'un emprisonnement d'un an au moins et de cinq ans au plus et d'une amende de 50 fr. au moins et de 5,000 fr. au plus :

1° Ceux qui, par simulation de souscriptions ou de versements, ou par publication faite de mauvaise foi, de souscriptions et de versements qui n'existent pas, ou de tous autres faits faux, ont obtenu ou tenté d'obtenir des souscriptions ou des versements !

2° Ceux qui, pour provoquer des souscriptions ou des versements, ont de mauvaise foi publié les noms des personnes désignées contrairement à la vérité comme étant ou devant être attachées à la société à un titre quelconque ;

3° Les gérants, qui, en l'absence d'inventaires ou au moyen d'inventaires frauduleux, ont opéré entre les actionnaires des dividendes fictifs,

Les membres du conseil de surveillance sont-ils responsables des délits commis par le gérant ?

Non, les membres du conseil de surveillance ne sont pas civilement responsables des délits commis par le gérant.

A quoi sont tenues les sociétés antérieures à la loi du 17 juillet 1856 ?

Les sociétés, antérieures à la loi du 17 juillet 1856, qui est abrogée, sont tenues, dans un délai de six mois, de constituer un conseil de surveillance, conformément aux dispositions qui précèdent ; à défaut de constitution du conseil de surveillance dans le délai ci-dessus fixé, chaque actionnaire a le droit de faire prononcer la dissolution de la société.

Actions dans les Sociétés.

De l'Enregistrement et du Timbre.

Chaque titre ou certificat d'action, dans une société, compagnie ou entreprise quelconque, financière, commerciale, industrielle ou civile, que l'action soit d'une somme fixe ou d'une quotité, qu'elle soit libérée ou non libérée, émis à partir du 1er janvier 1851, sera assujetti au timbre proportionnel de 50 cent. par 100 francs du capital nominal pour les sociétés, compagnies ou entreprises, dont la durée n'excédera pas dix ans, et 1 % pour celles dont la durée dépassera dix années.

A défaut de capital nominal, le droit se calculera sur le capital réel, dont la valeur sera déterminée d'après les règles établies par les lois de l'enregistrement.

L'avance en sera faite par la compagnie, quels que soient les statuts.

La perception de ce droit proportionnel suivra les sommes et valeurs de 20 francs en 20 francs inclusivement et sans fractions.

Au moyen du droit établi par l'article précédent, les cessions de titre ou de certificat d'action seront exemptés de tout droit et de toutes formalités d'enregistrement.

Les titres ou certificats d'action seront tirés d'un registre à souche. Le timbre sera apposé sur la souche et le talon.

Le dépositaire du registre sera tenu de le communiquer aux préposés de l'enregistrement, selon le mode prescrit par la loi, et sous les peines y énoncées (50 francs d'amende).

Le titre ou certificat d'action, délivré par suite de transfert ou de renouvellement, sera timbré à l'extraordinaire ou visé pour timbre, gratis, si le titre ou certificat primitif a été timbré.

Toute société, compagnie ou entreprise qui sera convaincue d'avoir émis une action en contravention aux articles et règlements de la

présente loi sera passible d'une amende de 12 %
du montant de cette action.

L'agent de change ou le courtier qui aura
concouru à la cession ou au transfert du titre
ou certificat d'action non timbré sera passible
d'une amende de 10 % du montant de l'action.

Il est accordé un délai de six mois pour faire
timbrer à l'extraordinaire ou viser pour timbre,
sans amende, et au droit proportionnel de 5 cent.
par 100 francs, conformément à la loi, les titres
ou certificats d'action qui auront été en contravention aux lois existantes, délivrés antérieurement au 1er janvier 1851.

Le droit sera perçu sur la présentation du
registre à souche ou tout autre, constatant la
délivrance du certificat, et l'avance en sera faite
par la compagnie, la société ou l'entreprise.

Le délai expiré de six mois, la société, la
compagnie ou l'entreprise sera, en cas de contravention, passible de l'amende déterminée par
la loi.

L'avis officiel de l'acquittement du droit, inséré dans le *Moniteur*, équivaudra à l'apposition
du timbre pour les titres ou certificats énoncés
au premier paragraphe de cet article.

La loi ne sera pas applicable au renouvellement de certains titres énoncés. Ces renouvelle-
ments resteront assujettis au timbre déterminé
par cet article, et les cessions de titres, ainsi
renouvelés, au droit d'enregistrement fixé par
les lois anciennes, s'il résulte du titre nouveau
que le titre primitif avait été émis antérieurement au 1er janvier 1851.

Les sociétés, compagnies ou entreprises pourront s'affranchir des obligations imposées par les
lois et règlements, en contractant avec l'Etat

un abonnement pour toute la durée de la société.

Le droit sera annuel et de 5 cent. par 100 francs du capital nominal de chaque action émise ; à défaut de capital nominal, il sera de 5 cent. par 100 francs du capital réel, dont la valeur devra être déterminée conformément à la loi.

Le paiement du droit sera fait à la fin de chaque trimestre, au bureau d'enregistrement du lieu où se trouvera le siége de la société, de la compagnie ou de l'entreprise.

Même, en cas d'abonnement, les autres règlements resteront applicables. Un règlement d'administration publique déterminera les formalités à suivre pour l'application du timbre sur les actions.

Chaque contravention aux dispositions de ce règlement sera passible d'une amende de 50 fr.

Seront dispensées du droit les sociétés, compagnies ou entreprises abonnées qui, dans leur abonnement, se seront mises ou auront été mises en liquidation.

Celles qui postérieurement à leur abonnement, n'auront dans les deux dernières années, payé ni dividendes, ni intérêts; elles seront aussi dispensées du droit, tant qu'il n'y aura pas de répartition de dividendes ou d'intérêts.

Les dispositions des articles précédents ne s'appliquent pas aux actions dont la cession n'est parfaite à l'égard du tiers, qu'au moyen des conditions déterminées par le code civil, ni à celles qui en ont été formellement dispensées par une disposition de la loi.

Dans le cas de renouvellement d'une société ou compagnie constituée pour une durée n'excédant pas dix années, les certificats d'actions seront de nouveau soumis à la formalité du timbre, à moins que la société ou compagnie n'ait contracté un abonnement qui, dans ce cas, se trouvera prorogé pour la nouvelle durée de la société.

De la Société à responsabilité limitée.

Qu'est-ce que la société à responsabilité limitée?

La société à responsabilité limitée est celle dans laquelle aucun des associés n'est tenu au delà de sa mise. Cette société pourrait se former sans l'autorisation du gouvernement, mais la loi du 24 juillet 1867 l'a interdite.

Comment cette société est-elle administrée?

Cette société est administrée, par un ou plusieurs mandataires à temps, révocables, salariés ou gratuits, mais pris parmi les associés qui ne peuvent pas être moindres de 7, pour que la société puisse être constituée.

Quel doit-être le capital social?

Le capital social ne peut excéder 20,000,000. La société ne peut être définitivement constituée qu'après la souscription du capital social et le versement du quart qui doit être en numéraire.

Pour quel temps les administrateurs sont-ils nommés?

Une assemblée générale des actionnaires nomme les administrateurs pour six années; ils sont rééligibles à moins de stipulations contraires et doivent toujours être propriétaires, par parts égales, d'un vingtième du capital social.

Les actions formant ce vingtième sont affectées à la garantie de la gestion des administrateurs; elles sont nominatives, inaliénables, frappées d'un timbre indiquant l'inaliénabilité et déposées dans la caisse sociale.

A quelles formalités les administrateurs étaient-ils tenus?

Dans la quinzaine de la constitution de la société, les administrateurs étaient tenus de déposer au greffe du tribunal de commerce :

1° Une expédition de l'acte de société et de l'acte constatant la souscription du capital et du versement du quart.

2° Une copie certifiée des délibérations prises par l'assemblée générale des actionnaires et de la liste nominative des souscripteurs, contenant les noms, prénoms, qualité, demeure et le nombre d'actions de chacun d'eux ; dans le même délai de quinzaine, un extrait des actes des délibérations de l'assemblée devait être transcrit, publié et affiché.

De la Société en participation.

Qu'est-ce que la société en participation ?

La société en participation est une société dont la durée n'est pas déterminée, cette durée est seulement relative à la durée d'une ou de plusieurs opérations de commerce, soit en banque, soit en marchandises, pour lesquelles elle a été contractée. C'est donc l'association accidentelle ou momentanée de deux ou plusieurs personnes pour des opérations isolées ou déterminées. Cette société cesse donc en même temps que ces opérations.

Quel compte faut-il ouvrir aux opérations en participation ?

Cette société se trouve représentée sous le titre de marchandises de compte à 1/2, de compte à 1/3 ou de compte à 1/4, suivant qu'il y a deux, trois ou quatre associés.

Dans la société en participation, il entre ordinairement deux espèces d'associés : les uns connus et qui se chargent de l'opération, de l'achat et de la vente, si ce sont des marchandises; et les autres inconnus et qui participent seulement aux dépenses, aux bénéfices et aux pertes. Ce sont les premiers qui contractent avec les tiers.

Quelles sont les formalités auxquelles la société en participation est assujettie?

La société en participation n'a rien de commun avec la société en nom collectif, car là loi ne l'assujettit à aucune espèce de formalités ; le contrat de société et la publication ne sont pas exigés; les livres et la correspondance ainsi que la preuve testimoniale servent à régler tous les différends qui peuvent surgir entre les associés.

Société à capital variable.

Dispositions particulières relatives aux sociétés.

Il peut être stipulé dans les statuts de toute société, que le capital social sera susceptible d'augmentation par les versements successifs faits par les associés ou l'admission d'associés nouveaux, et de diminution par la reprise totale ou partielle des apports affectés.

Les sociétés dont les statuts contiendront la stipulation ci-dessus sont soumises, indépendamment des règles générales qui leur sont propres, suivant leur forme spéciale, aux dispositions suivantes :

Le capital social ne pourra être porté par les statuts constitutifs de la société au-dessus de la somme de deux cent mille francs ; il pourra être augmenté par les délibérations de l'assemblée générale, prises d'année en année ; chacune des augmentations ne pourra être supérieure à deux cent mille francs.

Les actions et coupons d'actions ne peuvent être inférieurs à cinquante francs, ils doivent être nominatifs, même après leur entière libération. Ils ne sont négociables qu'après la constitution définitive de la société.

La négociation ne pourra avoir lieu que par voie de transfert sur les registres de la société, et les statuts pourront donner, soit au Conseil d'administration, soit à l'assemblée générale, le droit de s'opposer au transfert.

Une somme, au-dessous de laquelle le capital ne pourra être réduit par la reprise des apports autorisés, devra être déterminée par les statuts.

La société ne sera définitivement constituée, qu'après le versement du dixième.

Quelle que soit la forme d'une société, elle sera valablement représentée par les administrateurs.

La mort, la retraite, l'interdiction ou la déconfiture de l'un des associés n'emportera pas la dissolution de la société.

Modèle de contrat de Société en nom collectif.

Par-devant Me Dugueyt et son collègue, notaires à Lyon, département du Rhône, .

Ont comparu :

M. Fleury (Claude), négociant, demeurant à Lyon, rue de Lyon, 42, d'une part,

Et M. Perret aîné, aussi négociant, demeurant place Bellecour, 1, d'autre part,

Lesquels désirant former entre eux une société en nom collectif, pour faire ensemble le commerce des soieries, en ont arrêté les conditions ainsi qu'il suit :

Art. 1er.—Les sieurs Fleury (Claude) et Perret aîné s'associent, par ces présentes, pour faire le commerce des soieries.

Art. 2. — Cette société est contractée pour dix années consécutives, qui commenceront le premier mars 1873, et finiront à pareil jour de l'année 1883.

Cependant, la société pourra être dissoute avant cette époque, s'il convient aux associés ou à l'un d'eux, et dans ce dernier cas, l'associé qui voudra se retirer ne pourra le faire que trois mois après avoir prévenu son co-associé.

Art. 3. — Le siège de la société est fixé à Lyon, place Tholozan, 26, dont le bail est passé pour dix années au nom des deux associés.

Art. 4. — La raison sociale sera Fleury et Perret et la signature sociale portera ces mêmes noms; chacun des associés pourra en faire usage, mais elle n'obligera la société que lorsqu'elle sera employée pour les affaires de la société; en conséquence, tous billets, lettres de change et généralement tous engagements exprimeront la cause pour laquelle ils auront été souscrits.

Art. 5. — Les livres de commerce seront tenus aussi indistinctement par les deux associés ; le sieur Fleury tiendra seul la caisse.

Art. 6. — Chacun des associés sera intéressé pour moitié dans la société; en conséquence, c'est dans cette proportion qu'ils partageront les bénéfices et qu'ils supporteront les pertes de la société.

Art. 7. — Le fonds capital de la société est de la somme de 200,000 fr., composée : 1° de 100,000 fr., formant la mise de fonds du sieur Fleury, et de pareille somme de 100,000 fr., aussi en numéraire, formant la mise de fonds du sieur Perret.

Ces mises de fonds seront constatées et réalisées le 1er mars prochain, jour où la société commencera.

Art. 8. — Les sommes que chacun des associés versera au delà de sa mise, ce qui toutefois ne pourra avoir lieu que du consentement de son co-associé, lui porteront intérêt à raison de 6 % sans retenue, à compter du jour où le versement aura été effectué ; il ne pourra les retirer qu'en prévenant son co-associé un an d'avance.

Art. 9. — Aucun des associés ne pourra, pendant le cours de la présente société, faire aucune affaire commerciale pour son compte particulier.

Art. 10. — Les loyers des lieux nécessaires à la maison de commerce, les appointements des commis, enfin toutes les dépenses relatives au commerce seront à la charge de la société.

Art. 11. — Chaque année, au 1er février, il sera fait l'inventaire de la société en deux doubles, et les bénéfices seront partagés également entre les associés.

Art. 12. — Avant l'expiration de sa durée, la société sera dissoute par le décès de l'un des associés.

L'inventaire sera fait entre l'associé survivant, la veuve et les représentants du prédécédé; le partage aura lieu d'après cet inventaire.

Le survivant des associés aura la faculté de conserver l'établissement dont la valeur sera fixée par des arbitres, et le paiement en sera fait en quatre portions égales, dont la première portion sera payée six mois après le décès, et les trois autres de 6 en 6 mois, avec les intérêts à 5 0/0 par an, à compter du jour du décès.

Art. 13. — En cas de dissolution de la société, par l'expiration du temps convenu pour sa durée, ou avant son terme par le fait de l'un des associés, les associés s'entendront à l'amiable sur la liquidation et le partage de la société.

Art. 14. — En cas de contestations entre les associés, elles seront jugées par des arbitres choisis ou nommés par le président du Tribunal de Commerce de Lyon, et les parties seront tenues d'exécuter leur décision, comme jugement en dernier ressort, sans pouvoir en appeler, ni se pourvoir en cassation.

Dont acte, pour l'exécution duquel les parties élisent domicile à Lyon.

Fait et passé le ...

Modèle de contrat de Société en commandite simple.

Par devant Me Dugueyt et son collègue, notaires à Lyon, département du Rhône,

Ont comparu :

MM. Fleury (Claude) et Aimé Perret, tous deux associés en nom collectif suivant contrat passé à la date du pour le commerce des soieries dont le siége social est place Tholozan, 26, à Lyon, d'une part,

Et M. Faure (Léopold), demeurant aussi à Lyon, rue de Lyon, 56, d'autre part,

Il a été convenu ce qui suit :

Art. 1er — MM. Fleury et Perret admettent le sieur Faure à titre d'associé en commandite pour un tiers dans le commerce de soieries qu'ils exercent.

Art. 2.— La société aura lieu sous la raison sociale: Fleury, Perret et Cⁱᵉ, elle durera pendant 10 années consécutives à compter du 1ᵉʳ mars 1873, et finira à pareil jour de l'année 1883. Elle a son siége place Tholozan, 26, à Lyon.

Art. 3. — Le fonds social de la société Fleury et Perret, étant de 200.000 fr. la somme de cent mille fr. sera fournie à titre de commanditaire par le sieur Faure.

Art. 4. — Les apports dans la société de MM. Fleury et Perret doivent être faits en numéraire.

Art 5. — La société n'entrera dans le loyer de la maison commune des associés qu'à raison seulement des magasins et du bureau.

Art. 6. — Les pertes et profits seront répartis entre les associés dans la proportion de leurs intérêts, mais le sieur Faure, simple commanditaire, ne sera passible des pertes que jusqu'à concurrence de sa mise.

Art. 7.— Les sieurs Fleury et Perret auront seuls la signature sociale, mais leurs engagements ne tomberont à la charge de la société qu'autant qu'ils auront été contractés pour les affaires sociales, et inscrits à leur date sur les registres de la société.

Art. 8. — Les écritures de la société seront tenues en parties doubles.

Art. 9. — Le sieur Faure pourra prendre communication des écritures et de tous les autres documents de la société, quand bon lui semblera.

Art. 10. — Il sera fait chaque année dans le mois de février un inventaire de l'actif et du passif, et un compte général des affaires de la société.

Art. 11. — La totalité des bénéfices restera en masse de compte pour accroître le fonds social, jusqu'à l'expiration du terme de la société.

Art. 12. — En cas de décès du sieur Faure, son épouse prendra sa place dans la société, et si elle était décédée elle-même ou en cas de refus de sa part, la société aurait une année pour rembourser la somme de cent mille francs, montant de sa commandite.

Art. 13. — Aucun des associés ou intéressés dans la société ne pourra céder ses droits sans l'agrément de ses co-associés.

Art. 14. — Lors de la dissolution de la société, par quelque événement qu'elle arrive, les sieurs Fleury et Perret se réservent la faculté de retenir le fonds d'établissement social avec les marchandises et les ustensiles en dépendant, au prix d'estimation qui en sera faite.

Art. 15. — Faute d'exercice de la faculté établie dans l'article précédent, le fonds d'établissement et les marchandises et ustensiles en dépendant, seront vendus pour le compte de la société, de la manière qui sera jugée la plus convenable.

Art. 16. — Dans tous les cas, la liquidation de la société appartiendra aux sieurs Fleury et Perret.

Art. 17. — En cas de contestations, soit entre les associés, soit avec leurs veuves, héritiers ou ayants cause, au sujet de la présente société, elles seront jugées par deux arbitres choisis ; sinon, la nomination aura lieu par le président du Tribunal de commerce de Lyon. Les parties, leurs héritiers et ayants cause, seront tenus d'exécuter leur décision comme jugement en dernier ressort.

Art. 18. — Pour faire publier le présent acte de société, conformément à la loi, tout pouvoir est donné au porteur de son expédition.

Et pour son exécution, les parties élisent domicile dans leurs domiciles respectifs, à Lyon.

Fait et passé en triple exemplaire.

Lyon, le

Modèle de contrat de Société en commandite par actions.

Par-devant M⁰ Dugueyt et son collègue, notaires à Lyon,
Ont comparu :

M. Louis-Théodore Deschamps, maître de forges, demeurant rue de Bourbon, 15, à Lyon,

(La copie certifiée de tous les souscripteurs, leurs noms, prénoms, qualité, demeure et le nombre d'actions souscrites par chacun, dont le total 3,000 actions est de 15,000,000 fr., doit être annexée à l'acte notarié).

Et M. Domeck (Joseph-Henri), ingénieur, demeurant rue du Garet, 6, à Lyon,

Lesquels ont établi, ainsi qu'il suit, les statuts de la société commerciale actuelle, en nom collectif et en commandite et par actions, de la compagnie des fonderies et forges de Givors:

CHAPITRE PREMIER.

Société commerciale en nom collectif,
en commandite et par actions.

TITRE PREMIER.

Formation de la Société, son objet, son siége, sa durée, sa dénomination et sa raison sociale; sa constitution définitive.

Art. 1er. — Il est formé par les présentes une société commerciale, en nom collectif et en commandite par actions, savoir :

En nom collectif pour M. Domeck (Joseph-Henri), ingénieur, comparant comme seul associé responsable et gérant, sauf approbation de l'assemblée générale, et en commandite à l'égard de tous les autres comparants et de toutes personnes qui deviendront propriétaires d'une ou de plusieurs des actions ci-après créées, comme simples commanditaires.

Les commanditaires ne seront engagés que pour le montant de leurs actions et jamais au delà. Ils ne pourront être soumis à aucun appel de fonds au delà de leurs mises sociales, ni à aucun rapport de dividendes perçus.

Art. 2. — Cette société a pour objet la possession, l'exploitation et la jouissance des établissements industriels et concessions de mines de fer apportées en société par M. Deschamps, la réduction des minerais de fonte, la conversion de la fonte en fer, toutes les fabrications qui s'y rattachent et les opérations qui se lient à ces industries.

Art. 3.— Le siége de l'administration sera à Givors, dans les bureaux de l'administration qui se trouvent au siége de l'établissement.

Art. 4. — La société a pour durée vingt années qui partiront du 10 mai 1873 jusqu'au 10 mai 1893. La dissolution ne pourra avoir lieu que dans le cas prévu à l'article 39 « Dissolution et liquidation. »

Art. 5. — Le Gérant a la signature sociale, il peut la déléguer par procuration avec l'approbation du Conseil de surveillance.

Les engagements pris par le Gérant ou ses délégués n'obligent la société qu'autant qu'ils ont été contractés pour les affaires sociales et dans la mesure des opérations pour lesquelles la société est constituée.

Art. 6. — La compagnie prendra la dénomination : Compagnie des Fonderies et Forges de Givors, sous la raison sociale Domeck et Cie.

Art. 7. — La société est et demeure constituée définitivement à compter de ce jour, attendu l'attribution qui est faite ci-après aux comparants en représentation de leurs apports de la totalité des actions qui sont créées par le présent acte.

Les opérations sociales partiront du 10 mai 1873, jour de l'entrée en jouissance,

TITRE II.

Apports sociaux.

Art. 8. — M. Deschamps apporte dans la présente société les valeurs suivantes :

1º Les fonderies et forges de Givors ainsi que les terrains sur lesquels elles sont établies, situés à Givors et compris dans le périmètre désigné sur le plan annexé aux présentes. Ce périmètre est indiqué sur ledit plan par une ligne rouge qui y est tracée.

Ce plan tracé sur une feuille de 1 fr. 80 c. et qui sera enregistré avant ou avec le présent acte, a été revêtu d'une mention d'annexe signée par les comparants et par les notaires.

2° Toutes les constructions, mobilier industriel, hauts fourneaux, ateliers, forges, fours, machines, travaux d'art, et droits inhérents de toute nature appartenant à M. Deschamps.

3° Tous les droits acquis à l'usine jusqu'à ce jour pour les procédés nouveaux appliqués à la fabrication du fer et de la fonte, et notamment le système dont M. Deschamps est l'inventeur, et qu'il applique dans son usine pour les prises du gaz aux hauts fourneaux ou coke, leur descente et leur utilisation pour le puddlage sans que M. Deschamps garantisse d'autres droits que ceux qu'il a lui-même, déclarant ne s'en réserver aucun.

Art. 9. — M. Deschamps s'oblige à purger les immeubles par lui apportés en société de tous droits de priviléges et hypothèques de toute nature, à faire remplir à ses frais les formalités nécessaires pour y parvenir, et à en justifier au gérant par la remise de toutes les pièces qui les constateront ; et s'il existe ou survient, pendant l'accomplissement des formalités, des inscriptions sur lesdits immeubles, M. Deschamps s'oblige à en rapporter main-levée et certificat de radiation dans les trois mois, à partir de la dénonciation qui lui en sera faite, et à supporter tous frais extraordinaires auxquels la radiation de ces inscriptions pourrait donner lieu.

De plus, M. Deschamps s'oblige à faire dresser par acte, à la suite des présents et dans un délai de trois mois à compter de ce jour, l'établissement de l'origine et de la libération des immeubles apportés en société.

Il demeure expressément convenu que les trois-quarts des titres d'actions qui vont être ci-après attribués à M. Deschamps en représentation de son apport, ne lui seront délivrés qu'après la réalisation dudit établissement de propriété et la justification de l'accomplissement des formalités ci-dessus prescrites.

Art. 10. — De leur côté, tous les autres comparants agissant comme actionnaires, apportent à la société une somme totale de quinze cent mille francs représentés par trois mille actions de 500 francs chacune.

Ces quinze cent mille francs dont la moitié est payée comptant entre les mains du gérant, et l'autre moitié suivant délibération de l'assemblée générale ; tout retard dans le paiement sera passible de l'intérêt à 5 %.

TITRE III.

Fonds social, actions.

Art. 11. — Le fonds social se compose de toutes les valeurs mobilières et immobilières désignées sous le titre deuxième.

Il se divise en sept mille actions, donnant droit chacune à un sept-millième de tout l'avoir social.

Ces sept mille actions sont attribuées aux comparants, en représentation des apports faits par chacun d'eux dans les proportions suivantes,

Savoir :

A M. Deschamps, quatre mille actions, ci...   4.000

Aux commanditaires souscripteurs, trois mille

    actions, ci 3.000

                           Total. . .   7.000

Art. 12. — La propriété des actions qui viennent d'être créées, sera établie par une inscription sur les livres de la société.

Il sera délivré aux actionnaires un certificat d'inscription détaché d'un registre à souche, signé par le gérant.

Art. 13. — Chaque action est indivisible, la société ne reconnaît qu'un seul propriétaire pour chaque action.

Si pour quelque cause que ce soit, une action devient la propriété de plusieurs personnes, elles seront tenues de se faire représenter par une seule d'entre elles ; dans le cas de décès d'un actionnaire, ses héritiers, créanciers ou ayants droit seront tenus également de se faire représenter par une seule personne, pendant l'indivision de la succession.

Art. 14. — Les droits et obligations attachés à l'action suivent le titre dans quelque main qu'il passe.

La possession d'une action emporte l'adhésion de plein droit aux statuts de la société.

Les héritiers ou créanciers d'un actionnaire ne peuvent, sous quelque prétexte que ce soit, provoquer l'apposition des scellés sur les biens et valeurs de la société, ni s'immiscer en aucune manière dans son administration.

Ils devront pour l'exercice de leurs droits, s'en rapporter aux inventaires sociaux et aux délibérations de l'assemblée générale.

TITRE IV.

De la gérance et du conseil de surveillance.

Art. 15. — Le Gérant est investi des pouvoirs attachés à sa qualité pour la gestion et l'administration des affaires sociales.

Toutefois, les constructions nouvelles dont la dépense excéderait cent mille francs ;

Les emprunts hypothécaires, les acquisitions, échanges ou ventes d'immeubles d'une importance de plus de trente mille francs,

Ne pourront avoir lieu qu'après avoir été préalablement annoncés à l'assemblée générale, et s'il n'y a pas d'opposition de sa part, conformément à l'article 26.

Il en sera de même pour les intérêts à prendre par action, part, commandite ou autrement, dans le but de faciliter le développement des affaires sociales, dans toutes entreprises, établissements ou sociétés se rattachant aux opérations de la société.

Art. 16. — Le Gérant aura droit à un traitement annuel et à un intérêt sur les bénéfices, le tout proposé par le Conseil de surveillance et approuvé par l'assemblée générale.

En aucun cas, les héritiers ou ayants droit du Gérant ne pourront requérir aucune apposition de scellés sur les biens de la société, ni former opposition, ni réclamer la liquidation, ni, en un mot, entraver la marche de la société pour quelque cause et sous quelque prétexte que ce soit.

Néanmoins, la société devra, dans le plus court délai possible, faire prononcer la dissolution de la société en ce qui concerne seulement le Gérant décédé ou qui se retire, sans que cette disposition partielle puisse entraîner, en aucune manière, la dissolution ou la liquidation de la société, ni aucune modification aux statuts autre que le choix d'un nouveau Gérant.

Art. 19. — Il sera choisi, parmi les actionnaires propriétaires de quarante actions au moins, un Comité de surveillance composé de six membres.

Les membres de ce Conseil seront élus pour trois ans, par l'assemblée générale des actionnaires, et seront renouvelables par tiers chaque année.

Pour la première application de cette disposition, le sort indiquera l'ordre de sortie qui, ensuite, aura lieu d'après l'ancienneté.

Les membres du Conseil pourront être réélus.

Le Conseil de surveillance choisit son président qui, en cas d'absence, est remplacé par le membre le plus âgé.

Art. 20. — La mission des membres du Conseil de surveillance, qui n'entraîne aucune responsabilité vis-à-vis des tiers, consiste :

A vérifier les livres, soit au siége social, soit aux usines, sans pouvoir en exiger le déplacement, à vérifier les comptes, les inventaires, le portefeuille, la caisse, enfin à faire tout ce qu'il jugera convenable pour arriver à l'exécution rigoureuse des présents statuts.

Il pourra convoquer l'assemblée générale des actionnaires pour lui faire ses observations et provoquer la révocation du Gérant, suivant les circonstances.

Art. 21. — Le Conseil de surveillance se réunira, soit au siége de la société, soit en tel autre lieu qui sera fixé par lui, aussi souvent qu'il le jugera convenable, mais au moins deux fois par mois, à jour fixe, suivant le règlement qu'il fixera.

La présence de trois membres sera nécessaire pour la validité des délibérations.

Les décisions seront prises à la majorité des voix ; en cas de partage, la voix du président sera prépondérante.

Les délibérations seront consignées sur un registre tenu à cet effet, et signées par le président et le secrétaire.

Art. 22. — Les fonctions des membres du Conseil de surveillance sont gratuites ; néanmoins, il leur est accordé des jetons de présence dont la valeur est fixée par la première assemblée générale.

Art. 23. — En cas de démission ou de mort de l'un des membres du Conseil, il est pourvu provisoirement à son remplacement par les autres membres.

La nomination du nouveau membre sera soumise à la ratification de la première assemblée générale.

Il ne restera en fonctions que pendant le temps qu'y serait resté le membre qu'il remplacera.

TITRE V.

Des assemblées générales des actionnaires.

Art. 24. — Les assemblées générales ordinaires auront lieu chaque année dans le lieu et à l'époque que choisira le Gérant d'accord avec le Conseil de surveillance.

Avis en sera donné aux actionnaires, au moins quinze jours à l'avance par les soins du gérant, soit par lettre à domicile, soit par avis dans les journaux.

Les assemblées générales extraordinaires réclamées par le Conseil de surveillance, en vertu de l'art 20, pourront l'être par les soins du président de ce Conseil, dans les mêmes termes et délai que pour les assemblées générales ordinaires.

Art. 25. —Les assemblées générales ordinaires ou extraordinaires se composent de tous les actionnaires, propriétaires de 20 actions au moins.

Lorsque les assemblées générales ont pour objet de statuer sur des questions relatives :

A la dissolution anticipée de la société ou à sa prorogation;

A l'augmentation du fonds social ;

Aux modifications quelconques à apporter aux statuts;

A l'association ou fusion avec une autre compagnie ;

A la révocation du gérant ;

Elles ne seront régulièrement constituées et ne délibéreront valablement sur une première convocation qu'autant que les actionnaires présents en personne, ou par mandataire, représenteraient les deux tiers au moins du fonds social.

Dans les autres cas, le tiers au moins du fonds social représenté pourra délibérer valablement.

Les convocations d'assemblées extraordinaires devront indiquer l'objet de la réunion.

Art. 26. — Si les conditions prescrites par l'article précédent ne sont pas remplies sur une première convocation, il en est immédiatement fait une deuxième, et les membres présents à cette nouvelle réunion délibèrent valablement quel que soit leur nombre et celui des actions représentées, mais seulement sur les affaires à l'ordre du jour de la première assemblée.

Néanmoins, pour les objets réservés à la délibération des assemblées extraordinaires, il ne pourra être statué, même dans une seconde ou ultérieure réunion, que si la moitié au moins du capital social est représentée.

Art. 27. — Nul ne peut représenter un actionnaire à l'assemblée générale, s'il n'est lui-même membre de cette assemblée; la forme des pouvoirs à donner au mandataire, sera déterminée par le gérant.

L'assemblée générale est présidée par le président du conseil de surveillance, et en son absence par un des membres de ce conseil.

Les deux plus forts actionnaires présents rempliront les fonctions de scrutateurs. Le secrétaire est désigné par le bureau, le procès-verbal de l'assemblée sera signé par le président et le secrétaire.

Art. 28. — Les délibérations des assemblées, soit ordinaires, soit extraordinaires, sont prises à la majorité absolue des voix des membres présents ; chaque actionnaire a autant de voix qu'il possède de fois vingt actions par lui-même, ou comme mandataire, sans toutefois qu'un actionnaire puisse avoir droit à plus de dix voix, soit par lui-même, soit aux noms de ceux qu'il représente.

Art. 29. — L'assemblée générale régulièrement constituée représente l'universalité des actionnaires.

Les délibérations prises dans les conditions prescrites par les présents statuts sont obligatoires pour tous les actionnaires, même les absents et dissidents.

Elles sont constatées par des procès-verbaux, signés par les membres du bureau, sur un registre spécial.

Les copies ou extraits de ces procès-verbaux à produire en justice, à des tiers ou ailleurs, sont signés par le président du conseil de surveillance, ou le membre de ce conseil spécialement désigné, à cet effet, par le conseil pour le remplacer.

Art. 30. — L'assemblée générale ordinaire entend le rapport du conseil de surveillance et celui du gérant sur les opérations de la société et la situation, ainsi que le compte de l'exercice écoulé.

Elle reçoit communication de ces comptes et des inventaires ; elle les discute et approuve, s'il y a lieu.

Elle nomme les membres du Conseil de surveillance en remplacement de ceux dont les fonctions sont expirées ou qu'il y a lieu de remplacer par suite de décès, de démissions ou autres causes.

Ces nominations sont faites au moyen de vote par assis et levé, à moins que dix actionnaires n'exigent qu'il soit procédé par voie de scrutin secret.

Dans l'un ou dans l'autre cas, ces nominations auront lieu à la majorité absolue des suffrages pour le pemier tour, et à la majorité relative pour le second.

Elle entend les propositions du Gérant sur les dépenses de constructions nouvelles excédant cent mille francs, et sur les questions d'emprunt et d'acquisition excédant trente mille francs, le tout conformément à l'article 15 des présents statuts.

Enfin, elle prononce, en se renfermant dans les limites des présents statuts, sur toutes les propositions qui lui seront faites par le Gérant, et généralement sur tous les intérêts de la société, sauf les exceptions portées dans l'article 25 qui précède, et qui devront être soumises à une assemblée générale extraordinaire.

L'assemblée générale ne peut, au surplus, délibérer que sur les questions mises à l'ordre du jour par le Gérant ou par le Conseil de surveillance.

Art. 31. — Dans le cas où les questions à l'ordre du jour d'une assemblée générale n'auraient pas pu être toutes examinées dans une première séance, le bureau pourra, séance tenante, pour la continuation de la délibération, proroger l'assemblée à l'un des cinq premiers jours suivants ; sans autre convocation que l'avis immédiatement donné de vive voix par le président du Conseil et constaté par le procès-verbal de la séance.

La non présence à la nouvelle séance de l'assemblée de l'un ou de plusieurs des membres présents aux séances précédentes ne viciera, en aucune façon, les délibérations qui seraient prises dans les séances suivantes, pourvu, bien entendu, que dans ces séances, les membres et actionnaires présents en personne ou par leurs mandataires, représentent le nombre d'actions déterminé par les articles vingt-cinquième et vingt-sixième ci-dessus transcrits.

TITRE VI.

Inventaires et comptes annuels, fonds de réserve, dividendes.

Art. 32. — Il sera fait chaque année un inventaire de l'actif et du passif de la société.

Cet inventaire annuel sera soumis à l'assemblée générale ordinaire.

Art. 33. — Sur les bénéfices résultant de l'inventaire annuel il est prélevé, avant toute répartition de dividendes, une somme que déterminera l'assemblée générale sur la proposition du Gérant, pour constituer un fonds de réserve destiné notamment à compenser la dépréciation réelle dans la valeur des bâtiments, machines, de tout le matériel d'exploitation et généralement de tout l'actif social ;

Et en outre, à faire face aux dépenses, charges et accidents imprévus ou extraordinaires de la société, ainsi qu'à l'amélioration de l'entreprise.

Cette somme ne pourra être moindre de dix pour cent des bénéfices constatés par l'inventaire.

Le surplus desdits bénéfices est, après réduction de la part d'intérêts attribuée au Gérant par l'article 17, réparti également entre toutes les actions.

Art. 34. — Le paiement des bénéfices a lieu à l'époque ou aux époques fixées par l'assemblée générale, aux lieux désignés par le Gérant, par avis à domicile ou par une insertion dans l'un des journaux désignés pour la publication des actes de la société dans l'arrondissement de Lyon.

Art. 35. — Lorsque le fonds de réserve aura atteint le chiffre de cinq cent mille francs, le prélèvement annuel sur les bénéfices pourra cesser d'avoir lieu ; mais ce prélèvement reprendra son cours aussitôt que ce chiffre de cinq cent mille francs aura été entamé.

Art. 36. — Le fonds de réserve sera placé en rentes sur l'État français, Bons du trésor français, obligations des villes, compagnies de chemins de fer et compagnies industrielles françaises, ou en actions de la Banque de France,

TITRE VII.

Modifications, dissolution et liquidation.

Art. 37. — Si l'expérience fait connaître la nécessité ou la convenance d'augmenter le fonds social ou d'apporter des modifications aux présents statuts, l'assemblée générale, constituée et délibérant conformément à l'article 25, est autorisée à y pourvoir.

Art. 38. — La dissolution de la société et la liquidation peuvent être prononcées sur la proposition du Gérant, par une délibération prise en assemblée générale extraordinaire, dans le cas où les pertes faites par la société s'élèveraient à la somme d'un million.

La société serait dissoute de plein droit, si les pertes atteignaient le chiffre de deux millions de francs.

Art. 39. — Lorsqu'il y aura lieu de procéder à la liquidation de la société, soit à son terme, soit par suite de dissolution anticipée, l'assemblée générale déterminera le mode de liquidation à suivre, les pouvoirs et le traitement des liquidateurs.

Tout l'actif social provenant de cette liquidation, sera, y compris le fonds de réserve, réparti également entre toutes les actions.

Pendant le cours de la liquidation, tous les droits et pouvoirs de l'assemblée générale subsisteront, comme pendant le cours de la société, pour tout ce qui concerne cette liquidation.

TITRE VIII.

Contestations. — Dispositions générales.

Art. 40. — Toutes contestations, soit entre les actionnaires et la société, soit entre les actionnaires eux-mêmes, à raison des affaires commerciales, seront jugées à Lyon par un tribunal arbitral de trois membres, sur lesquels les contestants se mettront d'accord, sinon nommés d'office par le tribunal de commerce de cette ville.

Les actionnaires ne pourront, en aucun cas, exercer d'action individuelle, et seront représentés, soit en demandant, soit en défendant, par le conseil de surveillance en exercice lors du litige, ou par un comité spécial désigné en assemblée générale.

Art. 41. — Pour faire publier les présentes, tout pouvoir est donné au porteur d'une expédition ou d'un extrait.

Art. 42. — Pour l'exécution entière des présentes, tous les comparants font élection de domicile attributif de juridiction, à Lyon, en l'étude de M⁰ Dugueyt, notaire, celui de la société ou en celle de tout successeur en son office.

Art. 43. — Les frais de la présente constitution en société en commandite par actions, ceux des formalités de purge, de publicité et les droits d'enregistrement des présentes et d'abonnement du timbre des actions pour la première année, seront supportés par M. Deschamps,

Dont acte.

Fait et passé à Lyon, dans le domicile de M⁰ Dugueyt, sis rue du Plat,

L'an mil huit cent soixante-treize, et le premier mai.

Lecture faite, les parties ont signé avec le notaire.

(Suivent les signatures).

Le présent contrat doit être enregistré.

Modèle d'un contrat de Société anonyme.

STATUTS

déposés aux minutes de M⁰ Messimy, notaire à Lyon.

BUT. — DURÉE ET SIÈGE DE LA SOCIÉTÉ.

Art. 1ᵉʳ. — Il est formé entre les souscripteurs des actions créées ci-après une société anonyme, sous la dénomination de: Ecole de Commerce, sous le patronage de la chambre de commerce de Lyon.

Art. 2. — L'objet de la société est : la création, la propriété avec tous les droits et charges qui en dépendent et l'exploitation à Lyon, d'une école appelée à enseigner les matières qui constituent l'instruction et l'éducation commerciales.

Art. 3. — La durée de la société est fixée à trente années consécutives à partir du jour de sa constitution définitive, sauf les cas de dissolution ci-après.

Art. 4. — Le siége de la société est à Lyon.

CAPITAL SOCIAL, ACTIONS ET VERSEMENTS.

Art. 5. — Le capital de la société est fixé à un million cent vingt mille francs ; il est divisé en deux mille deux cent quarante actions de cinq cents francs chacune. Ces deux mille deux cent quarante actions représentant le fonds social, sont souscrites par les actionnaires ci-après, dans les proportions indiquées à la fin des présents statuts.

Le fonds social pourra être augmenté au moyen de la création de nouvelles actions, qui ne pourront être émises au-dessous du pair.

Cette augmentation de fonds social ne pourra avoir lieu qu'en vertu d'une délibération générale des actionnaires, dans la forme prescrite par l'article 28 des statuts.

Art. 6. — Chaque action donne droit à une part égale dans la propriété du fonds social et dans les bénéfices de l'exploitation.

Art. 7. — Conformément à l'article 33 du code de commerce, les actionnaires ne sont passibles que de la perte du montant de leur action.

Art. 8. — Le montant des actions est payable à Lyon : 125 fr. avant la constitution de la société ; 125 fr. dans les trois mois qui suivront le jour de cette constitution ; et les 250 fr. formant le solde, au fur et à mesure des besoins de la société, aux époques et dans la proportion fixées par le Conseil d'administration, mais dans le délai d'un mois après un avis inséré dans les journaux désignés à cet effet par le Conseil.

Les actionnaires auront la faculté de se libérer par antici-pation du montant intégral de leurs actions, mais sans aucune bonification d'intérêt.

Art. 9. — Le premier versement est constaté par un récé-pissé provisoire qui, aussitôt après la constitution de la société, sera échangé contre un titre définitif sur lequel seront mentionnés les versements ultérieurs.

Art. 10. — Tout versement en retard est passible de l'in-térêt à raison de 5 % l'an.

Les numéros des actions en retard sont publiés dans les journaux choisis à cet effet, et quinze jours après cet avis et un simple acte de mise en demeure, donné par lettre char-gée, les titres non acquittés sont vendus à la bourse de Lyon, par le ministère d'un agent de change, aux risques et périls des souscripteurs.

Les titres ainsi vendus deviennent nuls de plein droit ; il en sera délivré aux acquéreurs de nouveaux, sous les mêmes numéros.

Le prix de la vente s'impute sur ce qui est dû à la société par l'actionnaire exproprié, qui reste passible du déficit ou profite de l'excédant.

Art. 11.— Les actions sont nominatives. Elles sont déta-chées d'un registre à souche et portant un numéro d'ordre. Elles sont signées par deux administrateurs désignés par le Conseil d'administration et revêtues du sceau de la société.

Les actions sont indivisibles à l'égard de la société qui n'en reconnaît aucun fractionnement.

Art. 12. — La transmission des actions s'opère par une déclaration de transfert inscrite sur un registre tenu à cet effet, et signé du cédant et du cessionnaire, ou de leurs mandataires, avec le visa d'un administrateur.

Art. 13. — Le cessionnaire ou propriétaire d'action est réputé de plein droit avoir donné son adhésion aux statuts de la société.

Les représentants, créanciers ou ayants droit quelconques d'un actionnaire ne peuvent, sous aucun prétexte, mettre fin à la société, provoquer l'apposition des scellés sur les biens et valeurs lui appartenant, en demander l'inventaire, le partage ou la licitation, ni s'immiscer en aucune manière dans son administration.

Ils doivent s'en rapporter aux inventaires sociaux et aux délibérations de l'assemblée générale.

ADMINISTRATION.

Art. 14. — La société est administrée par un Conseil composé de dix personnes ayant leur domicile à Lyon, sur lesquelles trois membres de la Chambre de commerce sont désignés par elle, et sept actionnaires sont nommés en assemblée générale, au scrutin secret et à la majorité absolue des membres présents.

Leurs fonctions sont gratuites ; toutefois il peut leur être alloué des jetons de présence dont la valeur n'excédera pas cinq francs.

Art. 15. — La durée des fonctions des administrateurs est de cinq années. Le Conseil d'administration est renouvelé tous les ans, par cinquième. Les membres sortants sont désignés par le sort pendant les quatre premières années, et ensuite par l'ancienneté. Ils peuvent être réélus.

Chaque administrateur doit être propriétaire de cinq actions au moins, qui restent inaliénables pendant toute la durée de ses fonctions, et sont déposées dans la caisse de la société.

Art. 16. — Chaque année, le Conseil d'administration nomme, parmi ses membres, un président, un vice-président et un secrétaire qui peuvent être réélus.

Le Conseil se réunit au moins une fois par mois, et en outre, toutes les fois que les intérêts de la société l'exigent. Il est convoqué par le président.

En cas d'absence du président et du vice-président, le Conseil désigne celui de ses membres qui doit présider.

Le président de la Chambre de commerce est de plein droit président honoraire du Conseil d'administration, avec voix consultative.

Art. 17. — Dans le cas où, pendant l'intervalle qui s'écoule entre deux assemblées générales, le nombre des administrateurs élus se trouve réduit au-dessous de cinq, par suite de décès, de démissions ou autres causes, le Conseil pourvoit provisoirement aux vacances, jusqu'à la prochaine assemblée générale, qui procède à l'élection définitive. Les administrateurs ainsi nommés ne restent en exercice que pendant le temps qui restait à courir de l'exercice de leurs prédécesseurs.

Art. 18. — Pour qu'une délibération soit valable, la moitié au moins des membres en exercice doit assister au Conseil.

Les délibérations sont prises à la majorité des membres présents ; en cas de partage, la voix du Président est prépondérante. Les délibérations sont transcrites sur un registre tenu au siége de la société, et signées par les administrateurs qui y ont pris part.

Les copies ou extraits de ces délibérations à produire en justice ou ailleurs sont signés par deux administrateurs.

Art. 19. — Le conseil d'administration a les pouvoirs les plus étendus pour l'administration des biens et des affaires de la société ; il détermine le mode de placement de fonds, il ordonne les appels de fonds dans les cas et les limites prévus par l'art. 8.

Il prend connaissance de toutes les affaires de la société.

Il nomme le directeur et les professeurs, et ratifie la nomination faite par le directeur à tous autres emplois, prononce toutes révocations, fixe les traitements ou salaires, ainsi que les dépenses générales de l'administration.

Il fait les règlements particuliers de l'administration.

Il se fait présenter, au moins une fois par trimestre, un état de situation de la société.

Il arrête les comptes de la société et propose les répartitions de dividendes, sauf l'approbation de l'assemblée générale.

Il peut traiter, transiger, compromettre, donner tous désistements et mainlevées, avec ou sans paiement.

Il nomme chaque mois un de ses membres qui surveille les opérations de la société, vérifie la caisse et le portefeuille, prend connaissance des écritures et fait son rapport au conseil d'administration.

Il peut déléguer tout ou partie de ses pouvoirs, soit à un ou plusieurs de ses membres, soit au Directeur.

Le Président du conseil d'administration représente la société en justice, tant en demandant qu'en défendant; en conséquence, c'est à sa requête ou contre lui que doivent être intentées toutes actions judiciaires concernant la société.

Art. 20. — Les administrateurs de la société ne contractent, à raison de leurs fonctions, aucune obligation personnelle ou solidaire relativement aux engagements de la société, ils ne sont responsables que de l'exécution de leur mandat.

Art. 21. — Il est nommé chaque année, en assemblée générale, deux commissaires associés ou non, chargés de remplir la mission de surveillance prescrite par la loi, et de faire un rapport à l'assemblée générale sur la situation de la société pendant l'année, sur les comptes et sur l'inventaire présentés par le conseil d'administration.

Ces commissaires peuvent toujours, en cas d'urgence, convoquer l'assemblée générale.

Ils se réunissent au siége social toutes les fois qu'ils le jugent convenable, pour prendre communication des livres, examiner les opérations de la société, et vérifier l'état qui doit être dressé chaque semestre de la situation active et passive de la société.

Art. 22. — Le conseil d'administration est assisté d'un conseil de perfectionnement dont les membres, désignés par lui, peuvent être pris en dehors des actionnaires.

Ce conseil a pour mission de proposer les programmes d'enseignement, d'étudier les moyens de les améliorer sans cesse et de les rendre essentiellement conformes au but que se propose la société.

Art. 23. — De même que les administrateurs de la société, les commissaires et les membres du Conseil de perfectionnement exercent leurs fonctions gratuitement; mais il peut leur être alloué des jetons de présence.

ASSEMBLÉES GÉNÉRALES.

Art. 24. — Une assemblée générale des actionnaires aura lieu chaque année au mois de décembre.

L'assemblée est convoquée par lettre, adressée officieusement au domicile des actionnaires, au moins dix jours à l'avance, et par un avis inséré également dix jours à l'avance dans deux journaux de Lyon.

L'assemblée peut, en outre, être convoquée extraordinairement, soit par le Conseil d'administration, soit par les commissaires dans la forme prescrite ci-dessus.

Art. 25. — L'assemblée est présidée par le président du conseil d'administration, et, en cas d'absence, par le vice-président ou par celui des membres désignés par le conseil.

Les deux plus forts actionnaires présents sont scrutateurs; le bureau, ainsi constitué, désigne le secrétaire.

Art. 26. — Les assemblées générales sont valablement constituées lorsqu'elles réunissent le quart au moins des actions, sauf le cas où les présents statuts exigent une majorité exceptionnelle.

Si cette condition n'est pas remplie sur une première convocation, il en est fait une nouvelle dans le délai d'un mois, et la seconde assemblée, ainsi convoquée, délibère valablement, quel que soit le nombre des actions présentes ou représentées.

Art. 27. — Les délibérations sont prises à la majorité absolue des voix.

L'ordre du jour de l'assemblée est arrêté par le conseil d'administration.

Il ne peut être porté à l'ordre du jour et mis en délibération que des propositions communiquées au conseil dix jours au moins avant la réunion, et présentées par cinq actionnaires représentant au moins vingt voix.

Art. 28. — L'assemblée générale, spécialement convoquée à cet effet, peut, à la majorité des trois quarts des voix des membres présents ou représentés, possédant au moins les deux tiers des actions, voter la création d'actions nouvelles ou l'émission d'obligations, sur la proposition du conseil d'administration et l'avis favorable de la chambre de commerce, et après avoir entendu les commissaires. Elle peut également et sous les mêmes conditions, apporter aux présents statuts toutes les modifications dont l'utilité sera reconnue.

Si la première assemblée générale ne réunit pas un nombre d'actions suffisant pour délibérer valablement, il est fait une nouvelle convocation dans le délai d'un mois, et la seconde assemblée délibère valablement, quel que soit le nombre des actions présentes ou représentées.

Art. 29. — L'assemblée générale annuelle entend le rapport des commissaires sur la situation de la société, sur l'état de l'inventaire et des comptes présentés par les administrateurs.

Elle discute, approuve ou rejette les comptes.

Elle détermine, s'il y a lieu, la quotité du dividende à répartir.

Elle pourvoit au remplacement des administrateurs sortants et nomme les commissaires de l'exercice prochain.

Elle prend toutes délibérations sur toutes les affaires de la société, en se conformant aux présents statuts.

Art. 30. — Les décisions prises en assemblée générale sont inscrites sur un registre tenu et signé par les membres du bureau.

Une feuille de présence, signée par chaque actionnaire assistant à l'assemblée et certifiée par le bureau demeure annexée à la minute du procès-verbal.

Art. 31. — Les copies ou extraits à produire en justice ou ailleurs des décisions de l'assemblée générale, sont signés par le président et un autre membre du conseil d'administration.

INVENTAIRES, BÉNÉFICES, RÉSERVE.

Art. 32. — Chaque année, au 30 septembre, les comptes de la société sont arrêtés, et il est fait un inventaire contenant l'indication des biens mobiliers et immobiliers, et de toutes les valeurs actives et passives de la société.

Les comptes et l'inventaire sont communiqués aux commissaires, quarante jours au moins avant l'assemblée générale, qui les approuve ou les rejette, et fixe le dividende après avoir entendu le rapport des commissaires.

Art. 33. — Sur les bénéfices nets de chaque année, et avant toute répartition d'intérêt et de dividende aux actions, il est fait un prélèvement de 10 % destiné à former un fonds de réserve qui subsistera pendant toute la durée de la société, sauf à servir, en cas de perte et avant tout appel de fonds, à l'extinction des dettes et obligations de la société. Toute attribution à la réserve cesse dès qu'elle a atteint 20 % du fonds social.

Si, après avoir été complété, le fonds de réserve vient à être entamé, la retenue ci-dessus prescrite reprend son cours.

Art. 34. — Après ce prélèvement, les bénéfices nets sont employés à servir annuellement aux actionnaires l'intérêt à 5 % par an des sommes par eux versées.

Le surplus est réparti par moitié entre les actionnaires et le personnel de l'Ecole dans la proportion des traitements des divers fonctionnaires et employés.

Art. 35. — Le paiement des intérêts et dividendes a lieu aux époques fixées par le Conseil d'administration dans l'année qui suit la clôture de l'exercice.

DISSOLUTION, LIQUIDATION, DISPOSITIONS GÉNÉRALES.

Art. 36. — L'assemblée générale, spécialement convoquée à cet effet, peut, sur l'initiative du Conseil d'administration, et l'avis favorable de la Chambre de commerce, et après avoir entendu les commissaires, décider la prolongation ou

5

la dissolution anticipée de la société : mais elle n'est régulièrement constituée que lorsque les membres représentent les deux tiers au moins du capital social.

Art. 37. — Dans tous les cas de dissolution de la société, l'assemblée générale règle le mode de liquidation, nomme un ou plusieurs liquidateurs, détermine leurs pouvoirs, s'il y a lieu, leur fixe un traitement.

Elle conserve néanmoins, elle-même, pendant la liquidation, les mêmes pouvoirs que pendant l'existence de la société.

Toutes les valeurs de la société seront réalisées par les liquidateurs, et le produit net en sera réparti aux actionnaires.

Art. 38. — Les liquidateurs pourront, avec l'autorisation de l'assemblée générale et l'avis conforme de la Chambre de commerce, faire le transport à un tiers de l'ensemble des biens, des droits et obligations, tant actifs que passifs, de la société dissoute.

Art. 39. — Dans le cas de contestation sur l'exécution des présents statuts, ou à raison des affaires sociales, entre les actionnaires et la société, elles sont préalablement soumises à des arbitres avant d'être déférées à la juridiction des tribunaux de Lyon.

Lyon, le   187 .

PROROGATION DE SOCIÉTÉ EN NOM COLLECTIF.

Par-devant Mᵉ Dugueyt et son collègue, notaires à Lyon,

Ont comparu :

M. François Ponchon, nogociant, demeurant à Lyon, d'une part,

Et M. Louis Marcillac, négociant, demeurant à Lyon, d'autre part,

Lesquels ont, par ces présentes, continué et prorogé pour six années entières et consécutives, qui commenceront le premier mars prochain et finiront à pareil jour de l'année mil huit cent soixante et dix-neuf, la société contractée entre eux pour six années, qui finiront le premier mars prochain, à l'effet de faire le commerce des soieries, par acte passé en minute devant Me Lombard et son collègue, notaires à Lyon.

Cette continuation de société est consentie, de part et d'autre, aux mêmes charges et conditions que celles qui sont portées en l'acte de société ci-dessus énoncées.

Le fonds capital de la continuation de société sera constaté par l'inventaire qui sera fait à l'expiration de l'ancienne société.

Cette continuation de société sera publiée et affichée partout où besoin sera. Dont acte.

Fait et passé.

RÉSILIATION DE SOCIÉTÉ.

Par-devant Me Dugueyt et son collègue, notaires à Lyon,

Ont comparu :

M. François Ponchon, négociant, demeurant à Lyon, d'une part,

Et M. Louis Marcillac, négociant, demeurant à Lyon, d'autre part,

Lesquels ont, par ces présentes, consenti et accepté respectivement la résiliation pure et simple, à compter de ce jour, de la société qu'ils avaient contractée ensemble pour le commerce des soieries, par acte sous signatures privées, le 1er mars 1867 ;

Consentant que cette société demeure nulle et résiliée, à compter de ce jour, sans aucune indemnité de part ni d'autre, reconnaissant avoir fait entre eux le partage de la société ; en conséquence, ils se quittent et se déchargent réciproquement de toutes choses généralement quelconques au sujet de cette société.

Fait et passé, Lyon, le   187

Impôts

Sur les valeurs mobilières françaises et étrangères.

Lois des 30 mars, 25 mai et 29 juin 1872.

1o *Le droit de timbre.* — Il est fixé à 1 % du capital nominal, plus le double décime, pour les sociétés ayant une durée de plus de 10 ans. Il peut être transformé en un droit annuel d'abonnement de 0, 05 centimes par 100 francs du capital nominal, plus le double décime. Ce droit étant payé par les compagnies, les porteurs n'ont donc pas à s'en occuper.

2o *Le droit de transmission.* — La loi du 29 juin, en augmentant les charges qui incombent aux valeurs mobilières, a abaissé l'importance de cet impôt et l'a fixé de la façon suivante :

Titres au porteur : 0. 20 centimes p. % francs sur le capital versé (au lieu de 0, 30 centimes sur le capital nominal), droit annuel payable par semestre.

Titres nominatifs : 0, 50 centimes pour % francs du capital versé (au lieu de 0, 60 centimes du capital nominal), droit payable au moment du transfert ou de la conversion.

Ce droit s'établit : pour les titres au porteur sur le cours moyen de l'année précédente et pour les titres nominatifs sur le prix du jour, déduction faite, dans les deux cas, des verséments non effectués.

3o *L'impôt sur le revenu.* — La loi du 29 juin 1872 a établi un impôt de 3 % sur le revenu des valeurs mobilières, c'est-à-dire sur le montant de leurs intérêts et dividendes.

Pour établir la manière dont ces trois impôts se répartissent, prenons pour exemple une obligation de 300 francs rapportant 15 francs d'intérêt. Elle aura à payer annuellement, si elle est au porteur :

1º Droit de timbre payé par la compagnie....... 0, 00
2º Droit de transmission — 0, 20 pour 100 francs. 0, 60
3º Impôt sur le revenu — 3 % sur 15 francs..... 0, 45

Total................ 1, 05

Soit 52 centimes 1/2 par semestre.

Si l'obligation est nominative, elle aura payé, au moment du transfert ou de la conversíon, le droit fixe de 0, 50 centimes pour 100 francs de capital nominal, soit 1 franc 50 centimes. La retenue qu'elle aura à subir ne sera plus pour elle que celle de l'impôt de 3 % sur le revenu, soit 0, 45 centimes ou 0, 22 1/2 par coupon semestriel.

Il y a donc avantage au point de vue de l'impôt à prendre des titres nominatifs, si on doit les conserver plus de deux ans et demi.

La rente française est affranchie de tout impôt.

Valeurs étrangères mobilières.

Les impôts qui frappent les valeurs mobilières étrangères sont les mêmes que ceux qui atteignent les valeurs mobilières françaises ; la forme seule sous laquelle les droits se prélèvent est différente.

Un décret du 24 mai 1872 a décidé que les compagnies étrangères auraient la faculté de procéder par voie d'abonnement. Cet abonnement est la condition nécessaire pour l'admission à la cote française des valeurs étrangères. Si les compagnies s'y refusent. elles perdent le bénéfice de la cote, mais le fisc ne perd pas ses droits qu'il cherche à percevoir par tous les moyens possibles.

Fonds d'état étrangers.

Droit de timbre.—Les fonds d'États étrangers subissent un seul impôt : le droit de timbre.

La loi du 25 mai, en édictant des peines contre les contrevenants, a fixé ce droit de la façon suivante :

Pour chaque titre représentant un capital nominal de 500 francs et au-dessous, à................... 0.75

Pour chaque titre de 500 francs à 1000 francs.... 1.50

Pour chaque titre au-dessus de 1000 francs jusqu'à 2000 francs et ainsi de suite à raison de 1 franc 50 pour 1000 francs ou fraction de 1000 francs........ 3.00

Prenant pour exemple la rente italienne, on aura à payer :

Somme de rente.	Capital nominal.	Impôt.
5 francs	100 francs	0.75
10 —	200 —	0.75
25 —	500 —	0.75
50 —	1000 —	1.50
100 —	2000 —	3.00
200 —	4000 —	6.00
500 —	10000 —	15.00
1000 —	20000 —	30.00

Des effets de commerce.

Combien y a-t-il de sortes d'effets de commerce?

Il y a six sortes d'effets. 1º La simple promesse ; 2º le billet à ordre ; 3º la lettre de change ; 4º le mandat ; 5º le bon au porteur ; 6º le chèque.

Qu'est-ce que la simple promesse?

La simple promesse est un effet qui n'est pas usité dans le commerce et qui s'emploie plus particulièrement dans les affaires civiles, parce que ce billet n'étant pas à ordre, n'est pas négociable et que le porteur de cet effet est obligé de le conserver dans son portefeuille jusqu'à l'échéance, sans pouvoir le donner en paiement.

Par qui la simple promesse est-elle confectionnée?

La simple promesse est confectionnée par le débiteur au bénéfice de son créancier, et plus particulièrement par des personnes qui ne tiennent pas à ce que leur signature, soit mise en circulation.

Modèle de la simple promesse.

Lyon, le 1er *janvier* 1873.   **B. P. F.** 5000.

Au premier Mars prochain, je promets payer à Monsieur Lagrange, Joseph, la somme de Cinq mille francs, *valeur reçue en espèces,*

Signé : PERRET, Jean.

Le 1er *mars, jour de l'échéance de l'effet, que doit faire M. Lagrange, porteur de la simple promesse ?*

Le 1er mars qui est le jour de l'échéance de la simple promesse, M. Lagrange doit se présenter avec son effet au domicile de M. Perret, Jean, pour en réclamer le paiement et acquitter l'effet après en avoir reçu le montant en espèces.

M. Lagrange écrira donc au dos de l'effet.

Dos de la simple promesse.

Pour acquit

Lyon, le 1er *mars* 1873.

LAGRANGE, Joseph.

Les espèces ayant été remises à Lagrange, Joseph, par Perret, Jean, Lagrange devra lui remettre le billet acquitté.

La simple promesse ne peut être considérée comme un effet de commerce, elle ne peut être protestée ni donner lieu à des poursuites devant le tribunal de commerce. En cas de non paiement, si le billet n'excède pas 200 francs, on peut assigner devant le juge de paix; si la somme dépasse 200 francs, il faut assigner devant le tribunal civil.

Du billet à ordre.

Qu'est-ce que le billet à ordre?

Le billet à ordre est celui qui, à l'aide de ces mots, payez à l'ordre de, c'est-à-dire selon l'ordre que je vous en donnerai ultérieurement, peut circuler dans le commerce, en le transmettant de tiers en tiers, par la voie de l'endossement.

Le billet à ordre doit être écrit sur papier timbré, autrement, s'il n'était pas payé à son échéance et qu'il fût nécessaire de le faire protester, le fisc percevrait une amende dont le taux s'élève à 6 % du capital. Cette amende est supportée par le souscripteur de l'effet, s'il s'agit d'un billet à ordre ou d'une simple promesse, et par le tireur s'il s'agit d'une lettre de change, d'un mandat ou d'un chèque.

Que doit contenir le billet à ordre?

Le billet à ordre est daté, il énonce, la date du pays dans lequel il a été consenti, le nom de la personne qui le souscrit, le nom de celle au profit de laquelle il a été souscrit, la somme pour laquelle il a été souscrit, cette somme doit être écrite en toutes lettres, l'époque à laquelle cette somme est payable; et la valeur qui a été donnée en retour, c'est-à-dire la cause pour laquelle il a été souscrit.

Modèle d'un billet à ordre.

Lyon, le 1ᵉʳ janvier 1873.   **B. P. F. 5000.**

Au premier Mars prochain, je paierai à Monsieur Lagrange, Joseph, ou à son Ordre, la somme de Cinq mille francs *valeur reçue en marchandises.*

Signé : PERRET, Jean.

L'acquit du billet à ordre doit se faire de la même manière que celui de la simple promesse.

Comment transmet-on la propriété des billets à ordre,

La propriété du billet à ordre est transmissible par la voie de l'endossement, le porteur du billet à ordre, c'est-à-dire celui à qui le billet a été souscrit peut en transmettre la propriété à une autre personne par la voie de l'endossement et la propriéété en est transmissible indéfiniment.

Modèle du dos du billet à ordre souscrit par Perret à l'ordre de Lagrange.

Endossement du billet à ordre.

Payez à l'ordre de Monsieur Deschamps, valeur reçue comptant.

Lyon, le 15 janvier 1873.
LAGRANGE Joseph.

Payez à l'ordre de Monsieur Magnillat, valeur reçue en Marchandises.

Lyon, le 25 janvier 1873.
DESCHAMPS.

Payez à l'ordre de Messieurs Garnier frères, valeur reçue en compte.

Lyon, le 20 février 1873.
MAGNILLAT.

Pour acquit.
Lyon, le 1ᵉʳ Mai 1873.
GARNIER frères et Cⁱᵉ

Qu'est-ce qu'une broche ?

Une broche est un effet de peu de valeur, par exemple des effets de 30 fr. 45 fr. ou 75 fr., sont ce qu'on appelle des broches.

Quelle est la responsabilité de celui qui endosse un billet à ordre ?

En endossant un effet de commerce, on en garantit le paiement à celui au profit de qui on opère la cession, dans le cas où le souscripteur de l'effet ne le paierait pas à l'échéance.

Comment se nomme celui qui fait le billet à ordre ?

Celui qui fait le billet à ordre est le débiteur et se nomme souscripteur.

Comment se nomme celui à l'ordre de qui le billet à ordre a été souscrit ?

Celui à l'ordre de qui le billet a été souscrit est le créancier, et il se nomme le preneur.

Comment se nomme celui qui endosse le billet à une autre personne ?

Celui qui endosse le billet à une autre personne, c'est-à-dire qui lui en transmet la propriété par la voie de l'endossement, se nomme l'endosseur.

Comment se nomme celui à qui le billet à ordre a été endossé ?

Celui à qui le billet à ordre a été endossé, c'est-à-dire celui à qui la propriété du billet a été transmise par la voie de l'endossement se nomme le porteur.

Billet à ordre à domicile.

Cette deuxième stipulation, qui comprend deux modèles de billets, savoir : l'un exprimé à mon domicile et l'autre au domicile d'un tiers, s'emploie ordinairement par celui qui trouve plus d'avantage ou plus de facilité à négocier son billet payable sur une autre place que sur la sienne, ou qui, par convenance réciproque avec un créancier ou un preneur, préfère se libérer dans l'endroit où il a des fonds à recevoir et dont il peut disposer par traite, dans la crainte d'un refus d'acceptation.

Modéle du billet à ordre à mon domicile.

Paris, le 1ᵉʳ avril 1873.   **B. P. F. 4000.**

En foire prochaine de Beaucaire, je paierai à mon domicile ci-bas, à l'ordre de MM. Dupré frères et Cⁱᵉ, la somme de Quatre mille francs, *valeur reçue en espèces.*

    à mon domicile   LAGRANGE père.
Baraque n° 204, sur le pré
      à Beaucaire.

Modèle d'un billet à ordre au domicile d'un tiers.

Lyon, le 1ᵉʳ avril 1873.   **B. P. F. 4000.**

Au trente-un mai prochain, je paierai au domicile ci-bas, à l'ordre de MM. Dupré frères et Cⁱᵉ, la somme de Quatre mille francs, *valeur reçue en Marchandises.*

    chez Messieurs   LAGRANGE père.
Roman père et fils, négociants,
      à Paris.

Arrêts.

1° Lorsqu'un billet à domicile est payable en un lieu autre que celui d'où il est tiré, lorsque par suite il offre une remise de place en place, ce billet a le caractère de lettre de change, tellement que les tribunaux de commerce sont compétents pour en connaître; encore bien que les parties ne soient ni boutiquiers ni négociants (Arrêt de la Cour de Bruxelles, du 17 février 1807).

2° L'article 16 du titre 5 de l'ordonnance de 1673, qui rend les tireurs et les endosseurs responsables dans tous les cas, s'ils ne prouvent la provision à l'échéance, ne s'applique pas aux billets à domicile (Arrêt de la Cour de Cassation du 1er septembre 1807).

Billet à ordre avec élection de domicile.

Cette troisième stipulation, où le mot élection de domicile est inséré, s'exige ordinairement d'un marchand colporteur, ou de tout autre individu dont le domicile est incertain. Dès lors, en cas de non-paiement de l'effet, le créancier porteur du titre a le droit de faire assigner son débiteur au lieu du paiement qu'il a choisi (celui de sa résidence) plutôt qu'à son domicile fictif, ce qui lui procure la facilité de l'attirer devant ses juges naturels, et d'obtenir plus promptement et à moins de frais sa condamnation.

Modèle du billet à ordre avec élection de domicile.

Lyon, le 1er janvier 1873.   **B. P. F.** 4000.

Le quinze mai prochain, je paierai au domicile ci-bas, où je fais élection de domicile, et à l'ordre de MM. Dupré frères et Cie, la somme de Quatre mille francs, *valeur pour solde de tout compte.*

chez Messieurs   …… ……   BERNARD Auguste.
Bonnard neveux et Cie,
à Lyon.

Billet à ordre solidaire.

Le corps du billet étant écrit de la main de Lagrange père, il est dispensé de la répétition de l'approbation de la somme au-dessus de sa signature, tandis qu'il en est différemment pour Bernard neveu, qui n'est que simple signataire.

Cette quatrième stipulation (du billet solidaire) est réclamée quand on veut assujettir un débiteur à donner caution, ou qu'on veut aussi faire régler deux débiteurs pour le même objet. Par cette manière de règlement, on peut, en cas de non paiement à l'échéance, se dispenser de le faire constater par un acte de protêt, parce qu'étant seul endosseur et porteur, l'effet ne périme pas ; et que dans le cas contraire, si la caution ou l'un des débiteurs était endosseur ou garant par aval, le protêt deviendrait indispensable.

L'usage des billets solidaires n'est pas ancien, il date du commencement du dix-huitième siècle. A cette époque les traitants et gens d'affaires immiscés dans les finances de l'Etat s'en servaient sous le nom de billets de compagnie, billets solidaires, suivant l'auteur du Praticien des Juges et Consuls, qui a écrit en 1709.

Modèle du billet à ordre solidaire.

Lyon, le 1er janvier 1873.   **B. P. F.** 4000.

Au premier mai prochain, nous paierons solidairement, ou l'un pour l'autre, à l'ordre de MM. *Dupré frères et* Cie, *la somme de* Quatre mille francs, *valeur reçue comptant.*

Bon pour la somme   LAGRANGE, *père.*
de Quatre mille francs.
Bernard neveu.

Arrêts.

1° Celui qui a souscrit un billet conjointement avec un autre ne peut être dispensé de le payer, sous prétexte qu'il n'a point reçu l'argent du prêteur, et que le co-obligé a pris l'entière somme prêtée, peu importe que le prêteur même convienne de ce fait. (arrêt de la Cour de cassation du 23 germinal an X — 13 avril 1802).

2º Le billet écrit de la main d'un débiteur solidaire est nul à l'égard de ceux de ses co-débiteurs qui n'ont fait que le signer sans approuver la somme (arrêt de la Cour de Bruxelles, du 23 juillet 1811).

3º Lorsque, dans un billet à ordre causé valeur reçue comptant et souscrit en même temps par un individu marchand et un autre qui ne l'est pas, la solidarité n'est pas stipulée, le souscripteur non marchand est soumis à la solidarité généralement prescrite contre les signataires de billets à ordre ou de lettres de change (arrêt de la Cour de Paris, du 18 mai 1812).

4º Le principe consacré par l'art. 187 du code de commerce, que la solidarité d'un billet à ordre ou d'une lettre de change est soumise aux règles particulières du commerce, ne reçoit pas application quand il s'agit de solidarité convenue par une marchande publique. (arrêt de la Cour de cassation du 6 mai 1816).

Billet à ordre souscrit par mari et femme.

Cette cinquième stipulation, du billet à ordre souscrit par le mari et la femme, est fort rare, parce qu'en général les femmes sont peu disposées à s'engager ; mais néanmoins l'occasion peut s'en présenter lorsqu'un créancier, pour assurer sa créance, exige la garantie de la femme, qui souvent ne peut la refuser dans la crainte du danger des intérêts communs.

Par cette prévoyance le créancier a toute sécurité en cas de faillite du mari, puisqu'il peut exercer son recours sur les droits dotaux de la femme qui, lorsque son mari est marchand, est justiciable des tribunaux de commerce par action principale. (Bruxelles, Sirey. t. 9 p. 407) jugé en ce sens. (Paris, Sirey, t. 12, p. 318).

Modèle du billet à ordre souscrit par mari et femme

Lyon, le 1ᵉʳ janvier 1873. **B. P. F.** 4000.

Dans six mois, ma femme, que j'autorise par le présent, et moi, promettons de payer solidairement l'un pour l'autre, un seul pour tous, à l'ordre de MM. Dupré frères et Cⁱᵉ, la somme de Quatre mille francs, *valeur en compte et pour solde.*

Bon pour quatre mille francs,   Lagrange père.
approuvant le contenu ci-dessus.
   Lagrange, née Richard.

Arrêts.

1° La Cour de Bruxelles a de nouveau consacré ce principe à l'égard de la femme non commerçante qui souscrit une lettre de change conjointement avec un négociant. (Sirey, t. 13. p. 240).

2° Le billet souscrit solidairement par la femme et le mari est nul à l'égard de la femme, s'il ne contient pas l'approbation de la somme écrite en toutes lettres de la main de la femme, quoique le billet ait été écrit par le mari solidaire. Le billet ne peut pas même servir comme commencement de preuve par écrit. (Arrêt de rejet de la Cour de cassation du 22 avril 1818).

Le billet à ordre diffère de la lettre de change et du mandat, parce qu'il est ordinairement payable dans la ville où il a été souscrit, et qu'il n'y a que deux personnes qui y figurent : le souscripteur et le preneur.

Toutes les dispositions relatives aux lettres de change et concernant l'échéance, l'endossement, la solidarité, l'aval, le paiement, le paiement par intervention, le protêt, les devoirs et droits du porteur, le rechange ou les intérêts sont applicables aux billets à ordre, sans préjudice des dispositions relatives aux cas prévus par les art. 636, 637, 638 du code de commerce.

Art. 636. — Lorsque les lettres de change ne seront reputées que simples promesses, aux termes de l'art. 112, ou lorsque les billets à ordre ne porteront que des signatures d'individus non négociants, et n'auront pas pour occasion des opérations de commerce, trafic, change, banque ou courtage, le tribunal de commerce sera tenu de renvoyer au tribunal civil, s'il en est requis par le défendeur.

Art. 637. — Lorsque ces lettres de change et ces billets à ordre porteront en même temps des signatures d'individus négociants et d'individus non négociants, le tribunal de commerce en connaîtra ; mais il ne pourra prononcer la contrainte par corps, contre les individus non négociants, à moins qu'ils ne se soient engagés à l'occasion d'opérations de commerce, trafic, change, banque ou courtage.

Art. 638. — Ne seront point de la compétence des tribunaux de commerce, les actions intentées contre un propriétaire, cultivateur ou vigneron, pour vente de denrées provenant de son cru ; les actions intentées contre un commerçant, pour paiement de denrées et achetées pour son usage particulier. Néanmoins, les billets souscrits par un commerçant seront censés faits pour son commerce, et ceux des receveurs, payeurs, percepteurs ou autres comptables de deniers publics, seront censés faits pour leur gestion, lorsqu'une autre cause n'y sera point énoncée.

La contrainte par corps a été abolie par la loi du 22 juillet 1867. Les articles 2059 à 2070 sont abrogés ; l'article 2059 n'a pas été abrogé. Il y a stellionat, lorsqu'on vend ou qu'on hypothèque un immeuble dont on sait n'être pas propriétaire. N. 1599, 2124. Lorsqu'on présente comme libres des biens hypothéqués ou que l'on déclare des hypothèques moindres que celles dont ces biens sont chargés, N. 2144. 2134. Pr. 905. 60. 540.

Ainsi, depuis la loi du 22 juillet 1867 tous ceux qui à l'é-
chéance ne paieront pas les effets de commerce par eux
souscrits ne pourront être contraints par corps. Les stellio-
nataires et les banqueroutiers frauduleux pourront seuls être
contraints par corps.

De la lettre de change.

Qu'est-ce qu'une lettre de change ?

La lettre de change ou traite est un effet à ordre qui est tiré par le créancier lui-même sur son
débiteur, pour se rembourser d'une somme qui
lui est due, en d'autres termes, c'est un effet de
commerce par lequel on donne l'ordre à une personne qui nous doit et qui demeure dans un autre lieu, de payer à une autre personne que l'on
désigne, la somme que nous devrions recevoir
nous-mêmes. C'est donc une cession de créance
que nous faisons en vendant à un tiers ce que
notre débiteur nous doit, et le titre qui constate
cette vente ou cette cession s'appelle lettre de
change.

Dans quel lieu la lettre de change doit-elle être datée ?

Aux termes de la loi, la lettre de change doit
être datée du lieu où elle a été faite et elle doit
être tirée d'une place sur une autre place.

De quelle époque date la lettre de change ?

La lettre de change a apparu pour la première
fois, sous le règne de Louis XI, lorsque de nouvelles règles furent établies pour la bonne foi du
commerce.

Que doit énoncer la lettre de change ?

La lettre de change doit énoncer :

1º Le nom de celui à qui il est dû, c'est le tireur ;

2º Le nom de celui qui doit, c'est le tiré ;

3º Le nom de celui à qui elle est transmise ou
à l'ordre de qui elle est passée, c'est le bénéficiaire ou le porteur d'ordre.

4º Le montant de la somme pour laquelle on
tire. Cette somme doit être écrite tout à la fois

6

en toutes lettres dans le corps du billet et en chiffres dans le B. P. F. afin d'éviter les altérations.

5° L'époque à laquelle cette somme est payable, la cause pour laquelle elle a été tirée, c'est à-dire en quelle valeur le porteur d'ordre en a versé le montant au tireur, en espèces, en marchandises, en compte, ou pour solde de compte.

Tous les mots contenus dans la lettre de change doivent être écrits en toutes lettres.

La lettre de change doit en outre faire mention si l'on tire par seule de change ou par 1re, 2e, 3e et 4e de change.

On tire une traite par seule de change, lorsqu'on ne suppose pas être obligé de fournir une seconde de change; en ce cas, en remplacement des mots, payez par cette première de change, on substitue ceux-ci: *par cette seule de change.*

Et s'il arrivait que ce titre vînt à s'égarer, on réclamerait alors un duplicata qui équivaudrait à une seconde de change et qui n'éprouverait de changement dans la rédaction que par le mot *duplicata* qui remplace ceux de seconde de change. Ainsi on mettra: au 1er Mars prochain, payez par ce duplicata (la seule de change ne l'étant).

Modèle d'une lettre de change.
Tirée par seule de change.

Seule de change.

Lyon, le 1er janvier 1873.　　　　　**B. P. F.** 5000.

　　Au premier mars prochain, il vous plaira payer à Monsieur Garnier, négociant, ou à son ordre, la somme de Cinq mille francs, valeur reçue en marchandises suivant ou sans avis de

LAGRANGE *père.*

à Monsieur Perret, Jean, négociant,
　　à Paris.

Les endossements de la lettre de change se font de la même manière que ceux du billet à ordre.

Quel est le tireur de la lettre de change ci-dessus ?

Le tireur de la lettre de change ci-dessus est Lagrange père, il est le créancier et c'est lui qui a créé la lettre de change.

Quel est le tiré ?

Le tiré est Perret, Jean, c'est le débiteur et c'est lui qui doit payer la lettre de change à l'échéance.

Quel est le bénéficiaire ou preneur ?

Le bénéficiaire ou porteur d'ordre ou preneur est Garnier, négociant, c'est lui qui a le droit de transmettre la propriété de la lettre de change à un autre par la voie de l'endossement.

A quelles échéances la traite peut-elle être tirée ?

La traite peut être tirée :

1º A un ou plusieurs mois de date.

2º A une ou plusieurs usances de date (on entend par usance le terme de 30 jours).

3º A un ou plusieurs jours de date.

4º A jour fixe.

5º A vue.

6º A un ou plusieurs jours de vue.

7º A un ou plusieurs mois de vue.

8º A une ou plusieurs usances de vue.

Les traites se font aussi par première, seconde, troisième et même quatrième, lorsqu'on les réclame.

La stipulation d'une seconde de change est la copie littérale de la première, à l'exception qu'après le mot de seconde de change, on ajoute : « *la première ne l'étant ;* » ces mots qui sont de rigueur, sont fermés par une parenthèse suivant l'exemple donné ci-après. Il en sera de même pour une troisième, en relatant la première et la seconde ne l'étant, et ainsi de suite :

Il y a deux cas qui exigent une seconde, une troisième et même une quatrième de change.

Le premier cas, c'est lorsque la première est perdue ou qu'on présume qu'elle n'a pu parvenir à sa destination pour cause de force majeure. En conséquence, le porteur en réclame une seconde ou une troisième que le tireur adresse séparément par lettres et même par courriers différents, à celui à qui on veut en faire passer la valeur.

Le second cas, c'est lorsque le tireur présume que la traite qu'il négocie, ou dont il fait remise, restera longtemps avant d'être présentée à l'acceptation ; en ce cas, le tireur envoie la première pour être acceptée et il négocie ou remet avec plus de certitude la seconde ou la troisième, puisqu'il doit compter sur un débiteur de plus.

Si celui à l'ordre de qui une traite a été fournie, réclame une seconde, une troisième, et même une quatrième de change, le tireur ne peut les refuser ; mais il n'est pas tenu de les fournir sur papier timbré, ce droit étant à la charge du réclamant.

Modèle de lettre de change

Tirée par première et seconde de change

Première.

Lyon, le 1er janvier 1873.   **B. P. F.** 4000.

A trois mois de date, payez par cette première de change, à l'ordre de Messieurs Garnier frères, négociants, la somme de Quatre mille francs, *valeur reçue comptant, que vous passerez suivant l'avis de*

LAGRANGE *père.*

à Messieurs
Bernard *neveux, négociants*
à Paris.

Modèle d'une seconde de change.

Seconde

Lyon, le 1er janvier 1873.   **B. P. F.** 4000.

A trois mois de date, payez par cette seconde de change (la première ne l'étant) à l'ordre de Messieurs Garnier frères, négociants, la somme de Quatre mille francs, valeur reçue comptant que vous passerez suivant l'avis de

LAGRANGE père.

à Messieurs
Bernard neveux, négociants
à Paris.

Copie de première de change.

De quelle utilité se trouve la copie d'une première de change ?

L'utilité d'une copie de première de change est la même que celle d'une seconde de change, dont il a été fait mention précédemment ; mais, néanmoins, il est nécessaire de faire connaître le motif qui a fait naître l'idée de créer un pareil titre, afin que dans l'occasion on puisse l'employer fructueusement.

Par exemple, si on tire une traite sur son débiteur et qu'on soit tout de suite obligé de la négocier, on doit, si l'on suspecte sa solvabilité et qu'on n'ose lui réclamer une seconde craignant de le blesser, dresser une copie de première, afin de pouvoir envoyer de suite l'original à l'acceptation pour obtenir un débiteur de plus, ce qui procure une plus grande sécurité pour la négociation de la copie de première.

Cette copie, qui équivaut à une seconde de change n'éprouve aucun changement dans l'énoncé du corps de l'effet, mais on remplacera simplement les mots de première de change, portés à gauche et en tête de l'effet, par ceux de *copie de première.*

Les endossements sont aussi littéralement copiés jusques et y compris celui du cédant, après lequel on met *jusqu'ici copie ;* alors, les endossements subséquents, suivant la règle et d'après la nature de la cession.

Cette précaution doit, à plus forte raison, être prise pour une traite venant de l'étranger, à cause du laps de temps qu'il faudrait pour se procurer la seconde ; mais cet inconvénient est rare, parce que le tireur ou le premier endosseur a toujours soin de joindre la seconde à la première.

Modèle d'une copie de première.

Copie de première

Lyon, le 1er janvier 1873.   *B. P. F.* 4000.

A deux mois de date, payez par cette première de change, à mon ordre, la somme de Quatre mille francs, *valeur en moi-même que passerez suivant l'avis de*

LAGRANGE père.

à Messieurs
Gauthier frères, négociants
à Marseille.

L'original à l'acceptation chez M. Demoustier et fils, négociants à Marseille, à qui au besoin.

Lettre de change à domicile.

Une lettre de change peut être tirée sur un individu et être payable au domicile d'un tiers (art. 111, C. de commerce).

Cette formule a lieu lorsqu'un créancier réclame en paiement à un débiteur de la même ville une traite sur une place étrangère, ou quand le débiteur préfère s'acquitter dans une autre ville où il a des fonds à toucher, et qu'il ne peut ou n'ose, pour sa libération, réclamer par anticipation, à son correspondant, un crédit d'acceptation.

Modèle d'une lettre de change à domicile.

Première

Lyon, le 1ᵉʳ janvier 1873.   **B. P. F. 4000.**

Fin mai prochain, payez par cette première de change, à Monsieur Durand ou à son ordre, la somme de Quatre mille francs, *valeur reçue comptant, que vous passerez suivant l'avis de*

LAGRANGE *père.*

à Messieurs	*Accepté pour quatre*
Gauthier frères, négociants à Marseille.	*mille francs, payables*
au domicile	*au domicile de* **MM.**
de **MM.** *Villermoz, négociants*	*Villermoz, négociants*
à Paris:	*à Paris.*

Marseille, 10 janvier 1873.

GAUTHIER *frères.*

Lettre de change pour compte.

Qu'est-ce qu'une lettre de change pour compte ?

Les mots pour compte, qui sont insérés sur une traite, désignent assez clairement que le tireur n'est que mandataire d'un tiers dont il a reçu l'ordre de fournir pour son compte.

Par exemple : Sabran, de Bordeaux, doit à Bonnet, de Lyon, le montant d'une expédition payable en papier sur Paris. Le premier n'ayant pas en portefeuille les valeurs nécessaires pour couvrir le dernier, ou ne voulant pas se démunir de celles qu'il possède, l'autorise à fournir pour son compte sur B. Fould, banquier à Paris. Par ce virement, Sabran se libère en se dispensant de faire des négociations qui peuvent momentanément être onéreuses sur sa place, lorsqu'elles ne le sont pas sur la place de Bonnet, tireur. Aussi, les banquiers se servent-ils souvent de ce moyen pour leurs opérations de banque et pour ne pas augmenter le nombre de leurs traites dans la circulation, parce qu'une trop grande émission est toujours nuisible au crédit.

Ainsi Bonnet, de Lyon, ayant reçu l'ordre de Sabran, de Bordeaux, de tirer pour son compte sur B. Fould, de Paris, prévient ce dernier de ses dispositions, et reçoit, suivant l'usage, la réponse que tout honneur est réservé à ses traites, par le débit et pour le compte de Sabran, de Bordeaux. De cette manière, si Sabran, de Bordeaux, venait à faire faillite, le tiré ne pourrait avoir, d'après sa lettre, aucun recours contre Bonnet, de Lyon, qui n'est que simple mandataire de Sabran.

Mais dans le cas de la faillite de B. Fould, de Paris, Bonnet devient passible du paiement de ses traites envers les endosseurs et le porteur seulement, d'après la modification faite par l'art. 115 du code de commerce, loi du 19 mars 1817.

Modèle d'une lettre de change pour compte.

Première

Lyon, le 1er janvier 1873. **B. P. F.** 4000.

A deux mois de date, payez par cette première de change, à l'ordre de MM. Labori et Cie, la somme de Quatre mille francs, valeur reçue comptant, que passerez au compte de M. Sabran, suivant son avis et le mien.

BONNET.

à Monsieur
B. Fould, *banquier*
à Paris.

Peut-on passer une lettre de change devant notaire ?

Oui, si le tireur ne sait écrire ou se trouve dans l'impossibilité d'écrire, la lettre de change peut se faire devant un notaire. Ce moyen n'est guère usité, on emploie ordinairement le moyen de la procuration.

Peut-on faire aussi un endossement devant un notaire ?

Oui, on peut également faire un endossement devant un notaire.

Lettre de change

Faite au moyen de la procuration pour remplacer la lettre de change devant le notaire.

Qu'est-ce qu'une lettre de change faite par procuration ?

La lettre de change faite au moyen de la procuration a été préférée et adoptée par les négociants, à la lettre de change devant notaire, parce que ce moyen ne fait opérer aucun changement dans la stipulation du titre, qui conserve toujours le vrai type commercial de la lettre de change, et parce qu'il procure plus de facilité pour la transmission ou la négociation, que ne présentent les titres passés devant notaire.

En conséquence, un créancier peut exiger de son débiteur qu'il autorise un tiers, par procuration spéciale passée devant notaire, à signer le titre par lequel il s'engage ; ce même tiers, fondé de pouvoir par le débiteur, rédigera et signera le titre, suivant la formule usitée dans le commerce ; ce qui équivaudra à la propre signature du débiteur ou à toute lettre de change passée devant notaire, ou même souscrite par la main même du débiteur.

Ce moyen est journellement usité parmi les négociants et principalement parmi les banquiers. Or, en le pratiquant on ne s'écarte pas de l'usage qui est le plus généralement répandu, et s'il faut le dire, de celui qui ferme la porte aux inconvénients des contestations que la lettre de change passée devant notaire peut présenter par rapport à l'acceptation, à la transmission, au paiement, ou enfin à la réclamation qu'on pourrait faire d'une seconde de change, si la première était perdue.

Comme les notaires ne délivrent les procurations qu'en brevets originaux, et qu'ils ne conservent aucune minute, on doit avoir l'attention, lorsqu'on fait passer une procuration devant notaire, d'y faire stipuler que le tiers pourra, le cas échéant, fournir une seconde et même une troisième de change, s'il y était requis légalement par le porteur du titre.

On doit encore principalement observer que la procuration étant délivrée en brevet original, le notaire ne peut en conserver la minute, et que par conséquent cette procuration doit rester entre les mains du créancier comme le vrai gage authentique de l'engagement du débiteur.

Les lettres de change peuvent être souscrites par un fondé de pouvoir, sans que l'essence en soit altérée. (Arrêt de la Cour de cassation, du 22 ventose an XII (13 mars 1803).

Lettre de change par procuration.

Première

Lyon, le 1er janvier 1873.   B. P. F. 4000.

 Au trente-un mars prochain, il vous plaira payer, par cette première de change, à l'ordre de Monsieur J.-C. Desvignes, la somme de Quatre mille francs, valeur reçue comptant, que passerez suivant l'avis de

    Par procuration de Lagrange père,

     Signé: GAUTHIER *neveu.*

 à Messieurs
Charles Montaland père et fils
  à Marseille.

La procuration peut être également employée pour les reçus, les reconnaissances, et toutes espèces d'engagements de commerce.

De l'acceptation.

L'acceptation d'une lettre de change est l'engagement que prend le tiré de la payer à son échéance.

Il était très-rare, autrefois, qu'un négociant réclamât l'acceptation de ses lettres de change, le tiré à qui on aurait demandé l'acceptation se serait formalisé de cette demande, qu'il aurait regardée comme un manque de confiance envers lui, tandis qu'aujourd'hui il est d'usage que tout tireur fasse accepter ses lettres de change, l'acceptation rendant la négociation des lettres de change beaucoup plus facile.

L'acceptation se met au bas de la lettre de change, et se formule ainsi par le tiré : Accepté pour la somme de (cette somme en toutes lettres), le tiré met aussi la date et sa signature.

Le tiré après avoir mis son acceptation sur la lettre de change, renvoie au tireur la lettre de change acceptée par le plus prochain courrier.

Modèle de la lettre de change *avec acceptation.*

Première

Lyon, le 1ᵉʳ janvier 1873.　　　　　B. P. F. 4000.

　Au 1ᵉʳ mai prochain, il vous plaira payer par cette première de change, à mon ordre, la somme de Quatre mille francs, *valeur reçue en moi-même, que vous passerez suivant ou sans autre avis de*

　　　　　　　　　　　　　LAGRANGE père.

　　　Accepté pour la somme de quatre mille francs.

　　　　　Marseille, le 5 janvier 1873.

　　à Monsieur　　　　　*Signé :* DELESSERT neveu.
Delessert neveu, négociant,
　à Marseille.

Lettre de change *avec un besoin.*

Il peut arriver que le tireur, en tirant une lettre de change sur un débiteur douteux, indique *un besoin* dans la lettre de change ; c'est-à-dire qu'il indique le nom d'une personne officieuse à laquelle on pourrait s'adresser pour obtenir le paiement de l'effet, dans le cas où le tiré refuserait de payer.

Le besoin a pour but d'éviter les frais d'un compte de retour, et de ne pas exposer la signature du tireur à tomber en discrédit.

Le besoin indiqué sur la lettre de change fait que la personne chez laquelle on l'indique, intervient soit à l'acceptation, soit au paiement.

De sorte que si le tiré refuse, soit d'accepter la lettre de change, soit de la payer à l'échéance, le porteur doit s'adresser, avant de faire protester la lettre de change, au domicile du besoin indiqué, ou de tous les besoins indiqués, dans le cas où il y en aurait plusieurs.

Modèle de la lettre de change *avec un besoin.*

Seconde

Au premier avril prochain.   B. P. F. 4000.

  Au 1ᵉʳ avril prochain, il vous plaira payer, par cette seconde de change (la première ne l'étant pas) à l'ordre de Monsieur Deschamps, négociant à Marseille, la somme de Quatre mille francs, *valeur reçue en compte, que vous passerez suivant l'avis de*

                              LAGRANGE père.

    à Monsieur
Grandperret, négociant   *Et au besoin, chez M. Sarrand,*
        à Marseille.   *négociant, rue Paradis,* 107, *Marseille.*

De l'Aval.

Nous admettons maintenant que le banquier auquel nous voulons négocier un effet ne nous connaisse pas, ou qu'il nous trouve d'une solvabilité douteuse, c'est-à-dire peu en état de garantir le paiement dans le cas où le tiré ne paierait pas à l'échéance, alors il exigera un *Aval*, c'est-à-dire la signature d'une personne qui intervienne comme caution.

Cette personne qui devra intervenir comme caution, devra être connue du banquier, et elle garantira le paiement de la lettre de change, en apposant sa signature au bas de l'effet, à la suite de ces mots : pour Aval, avec la date et la signature.

Modèle d'une lettre de change avec aval.

Première

Lyon, le 1er janvier 1873.   *B. P. F.* 4000.

 Au vingt mai prochain, il vous plaira payer, par cette première de change, à l'ordre de Monsieur de Rivaz, négociant à Paris, la somme de Quatre mille francs, valeur reçue comptant et que vous passerez suivant l'avis de

        LAGRANGE *père.*

    Pour aval.

    Lyon, le 2 janvier 1873.

     Signé : DESCOURS et Cie.

 à Messieurs

Gauthier frères, négociants

  à Paris.

De la Provision.

Qu'est-ce que la provision ?

La loi exige que le tireur, lorsqu'il met une lettre de change en circulation, ait au préalable provision entre les mains du tiré.

La provision est donc la somme qui doit être affectée au paiement de la lettre de change à l'échéance. Il y a provision entre les mains du tiré, si le tiré est débiteur envers le tireur d'une somme égale à celle du montant de l'effet.

Le tiré ne peut refuser d'accepter la lettre de change que lorsqu'il n'est pas débiteur envers le tireur, ou qu'il ne doit pas la totalité de la somme pour laquelle on tire sur lui, ou qu'il ne la doit qu'à une échéance postérieure à l'échéance de la lettre de change. S'il accepte la lettre de change tirée sur lui, quoiqu'il ne soit pas débiteur envers le tireur, cette acceptation s'appelle *acceptation à découvert*, et du moment où le tiré a accepté l'effet, qu'il soit débiteur ou non, il devient débiteur envers le porteur d'ordre ; il est obligé de payer la lettre de change au jour de l'échéance s'il veut éviter le protêt.

Du Protêt.

Combien y a-t-il de sortes de protêts ?

Il y a trois sortes de protêts : le protêt faute d'acceptation, le protêt faute de paiement et le protêt pour cause de perquisition.

Le protêt faute d'acceptation a lieu lorsque le tiré refuse d'accepter la lettre de change que le tireur a tirée sur lui, et qu'il lui a envoyée à acceptation.

Le protêt faute de paiement a lieu lorsque le porteur d'ordre d'une lettre de change arrivée à son échéance, se présente chez le tiré, et que ce dernier refuse de la payer.

Le protêt faute de paiement doit avoir lieu le lendemain de l'échéance de l'effet, soit qu'il soit un billet à ordre, soit qu'il soit une lettre de change; si le porteur laisse passer ce délai, il perd tout recours contre les endosseurs et même contre le tireur, à moins que ce dernier ne puisse justifier qu'il avait fait provision. Ce protêt est suivi ordinairement d'un compte de retour.

Le protêt pour cause de perquisition a lieu lorsque le tireur a indiqué un domicile inconnu pour le tiré; le porteur du billet, après avoir fait des recherches infructueuses, fait faire le protêt, et les frais sont toujours à la charge du tireur.

Le protêt est obligatoire, aucune formalité ne peut le remplacer, il est dressé à la requête du porteur de l'effet par un huissier accompagné de deux témoins.

Le protêt est donc un acte qui constate d'une manière légale que le tiré ou le souscripteur (ces deux termes deviennent synonymes du moment où la lettre de change est acceptée) a refusé de payer le montant de l'effet à l'échéance.

De l'Allonge.

Qu'est-ce que l'allonge? L'allonge est une bande de papier qui doit être de la largeur de l'effet, on colle cette allonge à l'extrémité d'un effet qui, par suite des nombreux endossements qui s'y trouvent contenus, ne peut en contenir de nouveaux. D'un côté, au recto, elle énonce dans quel but elle a été placée, et de l'autre, au verso, elle contient de nouveaux endossements.

Modèle d'une Allonge.

Même côté que le corps de la lettre de change.

Pour servir d'allonge à la lettre de change ci-jointe, tirée par Monsieur Lagrange père, sur Gauthier frères négociants à Paris, au profit de De Rivaz à Paris, ladite lettre de change de la somme de Quatre mille francs.

Paris, le 15 mars 1873.

Au verso de l'Allonge, on continue les endossements jusqu'à l'échéance de l'effet.

Du Mandat.

Qu'est-ce qu'un mandat?

Le mandat est un effet par lequel une personne ordonne à une autre personne, qui est ordinairement son débiteur, de payer à une autre personne une somme déterminée.

Le mandat peut être à ordre, dans ce cas le mandat est une véritable lettre de change, dont la propriété se transmet par la voie de l'endossement. Dans le cas où le mandat n'est pas à ordre, ce n'est plus qu'une simple promesse, le porteur seul peut en encaisser le montant; il ne peut le donner en paiement parce qu'il n'est pas transmissible par la voie de l'endossement.

Modèle du mandat à ordre.

Lyon, le 1ᵉʳ janvier 1873.　　　　　　**B. P. F. 2,500.**

　A vue, il vous plaira payer, par le présent mandat, à l'ordre de MM. Montessuy et Cⁱᵉ, la somme de Deux mille cinq cents francs, valeur reçue en compte et que vous passerez sans autre avis de

　　　　　　　　　　LAGRANGE *père.*

　　à Monsieur
Bernard, négociant,
　　　à Paris..

Modèle du mandat qui n'est pas à ordre.

Lyon, le 1ᵉʳ janvier 1873.　　　　　　**B. P. F. 2,500.**

　A vue, il vous plaira payer, par le présent mandat, à MM. Montessuy et Cⁱᵉ, la somme de Deux mille cinq cents francs, valeur reçue en compte, et que vous passerez sans autre avis de

　　　　　　　　　　LAGRANGE *père.*

　　à Monsieur
Bernard, négociant,
　　　à Paris.

Ce mandat qui n'est point à ordre, ne peut être transmissible par la voie de l'endossement, c'est donc entre les mains de celui au bénéfice de qui il a été fait qu'il doit être acquitté.

Mais dans le cas où le porteur ne pourrait faire acte de présentation à l'échéance, il ne lui est pas moins facultatif de se faire représenter par un tiers pour encaisser le montant de son mandat, et à cet effet, le tiers peut avoir qualité de recevoir, soit par la voie de la correspondance, soit par autorisation apposée sur le mandat.

7

Modèle de l'autorisation sur mandat.

J'autorise Monsieur Bernard, négociant à Paris, à payer pour mon compte le présent mandat à Monsieur Laurent.

Paris, le 5 janvier 1873.

MONTESSUY et Cie.

Du mandat au porteur.

Qu'est-ce qu'un mandat au porteur ?

Le mandat au porteur est quelquefois réclamé par celui qui ne veut pas être connu, ou faire circuler sa signature ; il peut être encore réclamé, lorsqu'il s'agit de faire des retours pour compte d'amis dont on n'est point garant, et pour lesquels on veut être dégagé de tout recours en garantie, avantage que le mandat à ordre ne présente pas.

Le mandat au porteur présente un très-grand inconvénient, c'est que si le mandat s'égarait, on ne pourrait réclamer un duplicata, et que celui qui l'aurait trouvé, pourrait en exiger le paiement comme légitime propriétaire.

L'édit du mois de mai 1716 dit : « les billets en blanc, auxquels ont succédé les billets au porteur, ne diffèrent que par le nom. » Aucun des codes, aucune des lois qui nous régissent aujourd'hui n'ayant renouvelé la prohibition de billets en blanc, M. le comte Merlin, dans son répertoire de jurisprudence, au mot *Blanc seing*, convient qu'ils sont valables dans le nouveau droit. Par conséquent, la même raison doit exister aussi en faveur des mandats au porteur.

Modèle du mandat au porteur.

Lyon, le 1ᵉʳ janvier 1873.

A vue, nous prions Messieurs Bruyas et Bonnand de C|V| de payer, au porteur du présent mandat, la somme de Mille francs, *valeur reçue comptant, dont nous leur tiendrons compte.*

Signé : CHAMPAGNE aîné.

Du Chèque.

Loi du 23 mai 1865.

Art. 2. — Le chèque ne peut être tiré que sur un tiers ayant provision préalable, il est payable à présentation.

Art. 5. — Le porteur d'un chèque doit en réclamer le paiement dans le délai de cinq jours y compris le jour de la date, si le chèque est tiré de la place sur laquelle il est payable, et dans le délai de huit jours, y compris le jour de la date, s'il est tiré d'un autre lieu. Le porteur d'un chèque qui n'en réclame pas le paiement dans les délais ci-dessus, perd son recours contre les endosseurs, il perd aussi son recours contre le tireur, si la provision a péri par le fait du tiré après lesdits délais.

Art. 6. — Le tireur qui émet un chèque sans date, ou qui le revêt d'une fausse date, est passible d'une amende égale à 6 % de la somme pour laquelle le chèque est tiré. L'émission d'un chèque, sans provision préalable, est passible de la même amende, sans préjudice de l'application des lois pénales, s'il y a lieu.

Qu'est-ce qu'un chè-que ?

Le chèque est l'écrit qui, sous la forme d'un mandat de paiement, sert au tireur à effectuer le retrait, à son profit, ou au profit d'un tiers, de tout ou partie de fonds portés au crédit de son compte chez le tiré et disponibles. (Art. 1er 1er alinéa, l. 23 mai, 14 juin 1865).

En quoi diffère-t-il du mandat ?

Le chèque ne peut être qu'à vue, tandis que le mandat peut être tiré à vue ou avec une échéance déterminée, et le porteur d'un mandat ne peut en réclamer l'acceptation et ne peut le faire protester en cas de refus.

Quel est son usage ?

Le chèque est d'un usage journalier, tout le monde peut créer des chèques, même d'une somme très-minime, et les donner en paiement. Au lieu de laisser dans sa caisse ses capitaux improductifs, à mesure qu'on les reçoit, on peut les verser en compte de dépôts dans une banque de dépôts qui vous en paie l'intérêt à 3 % et mê-3 1/2 %, et paie pour vous, à mesure de vos besoins, les chèques que vous donnez en paiement jusqu'à concurrence du montant de votre compte de dépôts.

Quelles sont les énonciations du chè-que ?

Le chèque doit être signé par le tireur, énoncer la somme que le tiré doit payer, indiquer le nom de celui qui doit payer; indiquer aussi le nom de celui à qui ou à l'ordre de qui le chèque est payable, à moins qu'il ne soit payable au porteur, il doit être daté.

Le chèque peut-il être tiré autrement qu'à vue ?

Non, le chèque ne peut être tiré autrement qu'à vue ; dans le cas contraire, le chèque deviendrait une véritable lettre de change et on ne pourrait se servir d'un timbre de 10 centimes, il faudrait y apposer un timbre proportionnel de 10 cent. par cent francs.

Le chèque peut-il être transmis par des endos en blanc ?

Le chèque souscrit à ordre peut non-seulement être transmis par un endossement régulier (Alin.

5, 1. 23 Mai, 14 Juin 1865), ce dernier mode d'endossement produira tous les effets de l'endossement conçu dans les termes de l'art. 137, Code de comm.; il opérera transport et translation de propriété ; il aura toute la puissance d'un endossement régulier. Le législateur a pensé que le chèque pouvant être souscrit au porteur, il n'y avait aucune raison suffisante pour ne pas en permettre la transmissibilité par voie d'endossement en blanc.

A quelle époque doit existe r la provision d'un chèque ?

La provision en matière de chèque, doit exister non-seulement au moment où l'effet sera présenté, mais encore au moment où il est souscrit. Le chèque ne peut être tiré que sur un tiers ayant provision préalable (Art. 2. 1. 23 Mai, 14 Juin 1865); en d'autres termes, il faut, au moment de la création du chèque, qu'il y ait au profit du tireur des fonds portés au crédit de son compte chez le tiré, et disponibles ainsi que nous l'avons déjà expliqué. Le chèque est en effet un instrument de paiement.

Le refus de paiement d'un chèque doit-il être comme celui du mandat constaté par un protêt ?

Le refus de paiement d'un chèque doit être constaté comme celui d'un mandat par un protêt.

Dans quel délai le porteur d'un chèque doit-il en exiger le paiement ?

Le porteur d'un chèque doit en réclamer le paiement dans le délai de 5 jours, y compris le jour de la date, si le chèque est tiré de la place sur laquelle il est payable, et dans le délai de 8 jours, y compris le jour de la date, s'il est tiré d'un autre lieu.

Le chèque, comme le mandat ou la lettre de change, doit-il être fait sur papier timbré proportionnel ?

Non, le chèque n'est timbré qu'au timbre de 0,10 c. quelle que soit la somme énoncée sur le chèque, le timbre ne doit pas être proportionnel.

La banque de dépôts ouvre au déposant un

compte courant jusqu'à concurrence des sommes qui lui ont été confiées. Le déposant reçoit deux carnets, l'un appelé carnet de compte et l'autre carnet de chèques.

Le carnet de compte est destiné à constater jour par jour, opération par opération, le mouvement du débit et du crédit du compte courant, sur lequel le déposant, doit inscrire lui-même au débit, toutes les sommes qu'il reçoit de la banque.

Le carnet de chèques se compose de feuillets divisibles en deux parties : l'une destinée à être détachée et mise en circulation, l'autre qui doit être attachée au carnet pour former souche. C'est la fraction détachée qu'on nomme chèque.

Le déposant a-t-il un paiement à faire ? Il détache alors un feuillet du carnet de chèques, il y inscrit la somme dont la banque aura à débiter son compte et il remet ce feuillet ou chèque à son créancier, qui va le toucher à la banque de dépôts. La banque de dépôts remplit donc le rôle de caissier pour le compte des particuliers qui lui confient leurs capitaux et le chèque est pour ainsi dire une valeur que chacun se crée à soi-même.

Lorsque le chèque est au porteur ou à ordre, il est transmissible et il jouit de tous les avantages de la lettre de change.

Le chèque peut servir aussi à un créancier pour se faire payer par son débiteur. Ainsi, un négociant de Bordeaux envoie des vins, non pas à un commerçant, mais à un simple particulier, pour sa consommation. Ce particulier lui écrit : j'ai reçu votre envoi, la somme dont je suis votre débiteur est à votre disposition à dater de telle époque. Dans ce cas, l'expéditeur pourra tirer un chèque sur ce particulier, parce qu'il a provision préalable chez ce particulier.

Modèle du chèque.

<table>
<tr>
<td>

Compte de dépôts

N° 16,668

_____

Date : 1er *janvier* 1873

Ordre : Ferrand.

Francs : 500.

N° 10.

</td>
<td>

CRÉDIT LYONNAIS
LAGRANGE PÈRE

</td>
<td>

B. P. F. 500.

N° 16,668   *Lyon, le* 1er *janvier* 1873.

Crédit Lyonnais.

Société à responsabilité limitée. Capital entièrement versé 20 millions.

LYON

Payez au porteur ou à l'ordre de Monsieur Ferrand, la somme de Deux mille francs.

N° 10.   LAGRANGE père.

</td>
</tr>
</table>

Le chèque ainsi qu'on peut s'en rendre compte, est à ordre et est transmissible par la voie de l'endossement, de même qu'un billet à ordre ou une lettre de change.

De l'énoncé des valeurs portées dans le corps des Effets.

La désignation des valeurs énoncées dans le corps des effets de commerce est ordinairement reproduite dans les endossements. Il est donc essentiel d'en établir ci-après la nomenclature pour faire mieux sentir les nuances des différents cas qui se présentent, et que légalement on peut porter à huit sortes. Savoir :

1° Valeur reçue comptant............................
     que passerez.....

2° Valeur reçue en marchandises........................
     que passerez.....

3° Valeur en compte............................
     que passerez.....

4° Valeur pour solde de compte........................
     que passerez.....

5° Valeur pour solde de tout compte....................
     que passerez....

6° Valeur pour solde de compte jusqu'à ce jour........... que passerez. ...

7° Valeur pour solde de tout compte jusqu'à ce jour........ que passerez......

8° Valeur en moi-même (ou en vous-mêmes)............. que passerez.....

1° *Valeur reçue comptant.*

On emploie cette énonciation, lorsqu'un tireur ou souscripteur reçoit en échange de sa traite, ou de son billet, la contre-valeur en argent.

2° *Valeur reçue en marchandises.*

Cette énonciation démontre également une cession d'effets en compensation d'une livraison de marchandises.

3° *Valeur en compte.*

Cette énonciation doit s'employer quand le tireur d'une lettre de change ou le souscripteur d'un billet à ordre, n'en reçoit pas lui-même la contre-valeur, et qu'il adresse sa remise à son correspondant pour en faire opérer l'encaissement ou pour être portée à son crédit.

4° *Valeur pour solde de compte.*

Cette énonciation, qui rentre dans la catégorie de la précédente, n'en diffère que par les mots pour solde, qui prouvent qu'on solde un compte ou une opération ; dans ce dernier cas, on peut en désigner la nature en stipulant valeur pour solde de telle opération.

5° *Valeur pour solde de tout compte.*

Quant à cette énonciation, elle laisse entrevoir une plus grande étendue de libération que la précédente, puisqu'elle englobe tous les comptes qu'on peut avoir avec son correspondant ; aussi cette stipulation, qui équivaut à un reçu général, tient lieu de tout reçu particulier, mais ne doit être employée que lorsque l'on est très-sûr de ses opérations, afin d'obvier aux contestations que feraient naître des omissions.

6° *Valeur pour solde de compte jusqu'à ce jour.*

Cette sixième énonciation ne diffère de la quatrième que par les mots jusqu'à ce jour, qu'on emploie ordinairement pour fixer l'époque d'un règlement de compte et pour éviter toute contestation qui pourrait naître par les reports d'opérations.

7° *Valeur pour solde de tout compte jusqu'à ce jour.*

Cette septième énonciation ne diffère encore de la cinquième que par les mots jusqu'à ce jour, qui servent aussi à préciser l'époque d'un règlement de compte, en démontrant pareillement que tous les comptes qui pouvaient exister se trouvent soldés.

8° *Valeur en moi-même (ou en nous-mêmes).*

Cette dernière énonciation s'emploie quand on fournit une traite à son ordre, avant d'en connaître le preneur, par conséquent, la valeur à stipuler est valeur en moi-même, puisqu'il se fait à l'ordre du tireur, et lorsqu'il y a plusieurs tireurs c'est valeur en nous-mêmes.

Trois circonstances ont fait mettre en pratique cette stipulation, savoir :

La première, c'est lorqu'un négociant donne l'ordre de tirer sur lui, qu'on se trouve incontinent obligé de lui répondre sans avoir le placement de la disposition dont on ne veut pas différer l'avis.

La deuxième, c'est lorsqu'on a à s'entretenir avec un correspondant sur lequel on doit se prévaloir, et qu'on veut profiter de cette occasion pour lui annoncer sa traite, dont on ignore encore le preneur.

La troisième, c'est lorsque l'on croit utile de prévenir par avance son débiteur qu'on fournit sur lui, afin de le faire mettre en mesure de paiement et qu'on ne peut pour le moment livrer sa valeur à une négociation onéreuse, lorsqu'on peut temporiser pour y donner cours.

Malgré les huit espèces de valeurs désignées, il est reconnu qu'on peut mettre en usage les trois suivantes :

1º Valeur en ses remises et en ses traites. que passerez.
2º Valeur en recouvrement. . . . . que passerez.
3º Valeur entendue. . . . . que passerez.

1º *Valeur en ses remises, ou en ses traites.*

Cette énonciation s'emploie pour échange de valeurs.

2º *Valeur en recouvrement.*

Cette énonciation s'emploie pour remise d'effets à faire encaisser.

3º *Valeur entendue.*

La troisième énonciation, pour valeur cédée en recouvrement, dont le paiement ne doit s'effectuer qu'après l'encaissement, ou enfin pour toute autre opération que l'énonciation laisse ignorer.

Dans tous les cas, la stipulation légale de valeur en compte pouvant être appliquée à une infinité d'opérations ou de virements, doit être préférée aux énonciations précitées, attendu qu'elle laisse ignorer la nature du contrat, et par cela même ne porte point atteinte au crédit. Dans cette hypothèse, lorsqu'on se trouvera à découvert de sa signature, il faudra réclamer à son débiteur une déclaration de l'opération qu'on aura faite, afin de ne pas encourir les disgrâces de la mauvaise foi.

DE L'ÉNONCIATION : *que passerez suivant l'avis de.*

Ces mots sont ordinairement l'expression finale du corps d'une traite ou [d'un mandat, pour annoncer à celui sur lequel on tire, qu'il a dû, ou doit être prévenu par correspondance, de la disposition qu'on a faite, et de l'application qu'il doit en faire.

Quoique cette expression soit souvent employée pour la formation d'une lettre de change, néanmoins elle n'est pas la seule qu'on mette en usage, à cause des différents cas qui se présentent comme on le verra par les dix exemples suivants :

1° Que passerez suivant l'avis de...

C'est lorsqu'on tire sur un correspondant auquel on doit donner avis.

2° Que passerez sans autre avis de...

C'est pour éviter un port de lettre, et lorsqu'on est assuré de l'accueil réservé à sa traite.

3° Que passerez suivant ou sans autre avis de...

C'est aussi quand on est assuré d'un accueil favorable, et qu'on présume avoir l'occasion d'écrire avant l'échéance.

4° Que passeréz au compte de R. C., suivant son avis et le nôtre.

C'est lorsqu'on est autorisé à tirer pour le compte d'un tiers, en conséquence de son avis.

5° Que passerez suivant votre lettre du...

C'est annoncer que la lettre qui porte l'autorisation de fournir est bien parvenue, et qu'on est, par conséquent, dégagé d'un avis.

6° Que passerez pour solde de tout compte j'usqu'à ce jour.

Cette stipulation équivaut à un reçu final ; **par conséquent** on ne doit l'employer qu'autant qu'on est très-sûr de ses opérations, ou qu'on l'exige, afin d'obvier aux contestations que feraient naître des omissions.

7° *Que passerez à compte de notre facture.*

C'est appliquer un paiement à-compte d'une certaine dette.

8° *Que passerez pour solde de notre facture du...*

C'est imputer la disposition à l'objet qu'on solde.

9° *Que passerez suivant l'avis verbal de M...*

C'est lorsqu'un tiers est chargé verbalement d'annoncer votre disposition.

10 *Que passerez suivant notre accord verbal...*

C'est rappeler qu'on s'est entendu sur la disposition qu'on fait.

Arrêts.

1° Il y a indication suffisante de la valeur fournie par ces mots : *valeur en moi-même,* si la lettre est à l'ordre du tireur, et si d'ailleurs elle a été endossée avec indication des *valeurs reçues* (Turin, Sirey, t. 14, p. 181). Jugé en ce sens (Cassation, Sirey, t. 14, p. 195, p. 9, art. 110.

2° La lettre de change causée *valeur reçue,* sans autre désignation, ne peut être considérée, ni comme billet à ordre, ni comme lettre de change, bien qu'elle contienne cette dernière qualification. (Colmar, Sirey, t. 16, p. 92).

3° Le défaut de date dans une lettre de change n'en entraine pas la nullité, lorsque la circonstance de la date, à une époque ou à une autre, n'est pas de nature à changer le droit. (Nîmes, Sirey, t. 19, p. 294).

4° Une lettre de change, tirée d'une place sur une autre ne doit pas être réputée simple promesse, par cela qu'elle aura été acceptée dans le lieu même d'où elle a été tirée. (Turin, Sirey, t. 8, p. 79).

5° En matières de lettres de change, les juges peuvent présumer la simulation, ou le défaut de remise de place en place, par de simples conjectures, encore qu'il s'agisse de sommes au-dessus de 150 francs. (Cassation, Sirey, t. 13, p. 453).

6° De ce qu'une lettre de change est réputée simple pro·
messe, il ne suit pas que le tribunal de commerce soit in·
compétent, si d'ailleurs les tireurs ou porteurs sont tous négociants. (Turin, Sirey, t. 12, p. 262.)

Mais s'ils ne sont pas tous négociants, le tiers porteur de
bonne foi ne peut empêcher que le tribunal se déclare incom·
pétent. (Bruxelles, Sirey, t. 12, p. 135).

7° En matière de lettres de change, la supposition du lieu
entre le tireur et l'accepteur n'est pas opposable au tiers
porteur de bonne foi. (Bruxelles, Sirey, t. 14, p. 177). Jugé en
ce sens (Cassation, Sirey, t. 20, p. 69.)

8° Une lettre de change souscrite au profit de tel à qui l'on
doit pour une cause civile, emporte novation ; en ce cas, la
dette est bien commerciale, peu importe son origine. (Colmar, Sirey, t. 16, p. 68).

9° La supposition de valeur est une nullité opposable, en
matière de lettres de change, tout aussi bien que les suppo-
sitions de nom, de qualité, de domicile et de lieu. (Cassation,
Sirey, t. 17, p. 137).

10° La femme qui a souscrit une lettre de change conjointement avec un négociant est justiciable des tribunaux de
commerce, encore que n'étant ni négociante, ni marchande
publique, la lettre de change ne soit réputée, à son égard,
que comme simple promesse. (Bruxelles, Sirey, t. 13, p. 240).

11° L'acceptation d'une lettre de change faite par une
femme non marchande vaut à son égard, même comme simple promesse, lorsqu'elle ne porte pas un bon ou approuvé
en la forme prescrite par l'article 1326 du Code civil. (Paris,
Sirey, tome 20, première partie, p. 33). L'arrêt dénoncé à la
cour de Cassation fut maintenu, mais la question n'a pas
été examinée.

12° Le particulier non marchand qui, après avoir fait traite
à ordre de lui-même, l'endosse sans exprimer qu'il a reçu la
valeur, a réellement souscrit une lettre de change, et se

trouve passible de toutes poursuites commerciales, si celui à l'ordre de qui il a passé la traite, l'a passée à son tour à l'ordre d'un tiers, en exprimant la valeur. (Arrêt de la cour de Bruxelles, du 30 mars 1809).

Des endossements irréguliers.

Quels sont les endossements qui sont irréguliers?

Les endossements irréguliers sont les suivants :

1º Celui dont le nom du porteur n'est pas énoncé.

2º Celui dont la valeur n'est pas exprimée.

3º Celui qui n'est pas daté.

4º Celui dont l'endossement est en blanc, et où il y a simplement la signature de l'endosseur, ce dernier endossement est souvent mis en usage.

Ceux qui ignorent les règles de la transmission n'y voient qu'une abréviation.

Quelquefois c'est par réclamation du preneur, qui veut conserver l'avantage de remplir l'ordre à sa volonté, sans être assujetti à faire circuler sa signature, et à être garant, envers son correspondant ou les tiers-porteurs, du non-paiement des effets qu'il remet pour compte d'amis en retour de recouvrement.

Une autre raison rend encore cet endossement plus fréquent sur certaines places de France, où quelques banquiers remplissent les fonctions d'agent de change, en allant offrir des valeurs qu'on leur a cédées en blanc pour la négociation, et qu'ils concèdent de même, suivant la convenance des preneurs.

Enfin, une quatrième raison fait pareillement mettre en usage cet endossement : c'est lorsqu'on remet un effet signé en blanc pour servir de garantie d'une somme prêtée ou d'une dette

à acquitter dont on ne peut se libérer de suite.
Par ce moyen, le débiteur temporise avec son
créancier, ce qui lui procure la facilité de négocier ses valeurs ou de faire ses rentrées.

Ordinairement, dans une pareille occurrence,
la valeur signée en blanc se dépose en mains
tierces ; et, dans le cas contraire, le débiteur
doit, pour sa sûreté, réclame de son créancier
une reconnaissance de la valeur cédée.

Malgré l'avantage précité, on doit aussi considérer l'inconvénient qui résulterait de l'égarement d'un effet dont l'endossement en blanc n'aurait pas été rempli, puisque celui au pouvoir duquel il serait tombé, pourrait en s'en passant
l'ordre, en devenir propriétaire ; stellionat, qui
entraînerait dans de pénibles recherches, et qui
peut-être ne conduirait qu'à un infructueux résultat.

En conséquence, pour obvier à ce désagrément, on peut se servir de préférence de la stipulation *sans ma garantie.*

Toutes ces stipulations n'étant pas conformes
aux dispositions de l'art. 137, n'opèrent pas le
transport ; elles ne sont qu'une procuration.

Néanmoins, il est utile de faire connaître que
cette opinion a été combattue avec succès par
M. le professeur Pardessus qui a dit :

« Quoique à suivre la rigueur des principes
« du droit, on puisse dire que la propriété de la
« lettre de change n'ayant pas été transférée par
« l'endossement irrégulier au porteur, il ne peut
« transporter à un autre une propriété qu'il
« n'a pas, la jurisprudence commerciale doit
« être moins sévère. Si les termes de l'endosse-
« ment irrégulier ne sont pas limités au simple
« droit de recevoir, le porteur peut transmettre

« valablement la propriété de la lettre par en-
« dossement régulier. La loi qui donne à son ti-
« tre la qualité de procuration, n'en détermine
« pas l'étendue, les effets ; mais elle laisse les
« choses dans les termes ordinaires. Les pou-
« voirs des mandataires s'étendent à tout ce qui
« est relatif à l'affaire qui leur est confiée pour
« en assurer le succès ; et quand les termes de
« la convention ne déterminent point en quoi
« consiste le mandat, on y supplée par la nature
« de la chose. Or, une lettre de change étant,
« par sa nature, un titre de créance destiné à
« être négocié, la procuration relative à un tel
« effet, est censée avoir tout aussi bien pour ob-
« jet d'autoriser à le céder, que de faire les dili-
« gences nécessaires pour en obtenir le paie-
« ment,

« Tels sont les principes les plus certains du
« droit sur l'effet des endossements irréguliers. »

L'opinion de M. Pardessus a été confirmée
par la cour de cassation (Sirey, t. 22, p. 229).

Arrêts.

1° Un effet de commerce est transmissible par
la voie de l'endossement, même après l'échéance.
(Cassation, Sirey, t. 22, p. 170.)

2° Pour que l'endossement d'un effet de commerce en transfère la propriété, il ne suffit pas
qu'il porte *valeur reçue*, il faut encore qu'il exprime en quoi elle a été fournie. (Bruxelles, Sirey,
t. 11. p. 116) Jugé en ce sens (Liége, Sirey. t. 13
p. 336) à moins que le billet ne soit pas un effet
de commerce (Cassation, Sirey, t. 21. p. 200.)

3° L'endossement est valable, quoiqu'écrit
d'une autre main que celle de l'endosseur (Paris,
Sirey, t. 12, p. 422) Jugé en ce sens (Bruxelles,

Sirey, t. 9, p. 339), à moins que cela n'eût été fait après la faillite de l'endosseur. (Amiens, Sirey, t. 14, p. 74). (Voyez cependant Cassation, Sirey, t. 22, p. 17).

4° De ce qu'un endossement est irrégulier et n'opère pas transport, il ne suit pas que l'endosseur ne puisse bien être recherché pour raison des valeurs qu'il a reçues (Lyon, Sirey, t. 11, p. 226).

5° Le tiers à qui une lettre de change est passée en vertu d'un endossement en blanc, est passible de l'action en revendication, s'il est constant qu'il n'en a pas fourni la valeur. (Arrêt de rejet de la Cour de cassation, du 27 novembre 1807).

6° Lorsqu'une lettre de change a été négociée par un endossement en blanc, l'ordre que celui à qui elle a été négociée remplit à son profit sans fraude, et sans préjudice des droits des créanciers du cédant, est valable et transmitif de la propriété. (Arrêt de la Cour de Bruxelles, du 13 juillet 1809).

De l'énonciation, valeur reçue en espèces ou valeur reçue comptant.

Ces deux énonciations s'emploient indistinctement dans les endossements et même dans le corps des effets, pour faire connaître la valeur en or, en argent, ou en billets de banque, qu'on reçoit en contre-valeur d'une lettre de change ou d'un billet à ordre. Ces deux énonciations sont tout-à-fait synonymes.

De la rétrocession.

Que signifie le mot rétrocéder ?

Rétrocéder est un terme de palais usité dans la banque, qui signifie céder une lettre de change

8

ou un billet à ordre à *celui qui vous l'a lui-même endossé ;* ainsi, la rétrocession s'opère simplement par un nouvel endossement sans augmenter le nombre des co-obligés de l'effet, puisque la double signature n'engage pas les parties plus qu'elles ne l'étaient avant la rétrocession.

Cette manière de rétrocéder est la seule qu'on puisse employer légalement, attendu que toute rature sur un endossement est interdite, sauf néanmoins le cas où celui qui passerait un ordre se trompât de nom, ou que celui auquel on destine un effet ne voulût pas s'en charger.

De l'Acquit.

Qu'est-ce que l'acquit ?

L'acquit est le reçu qu'on écrit au bas d'une lettre de change, d'un mandat ou d'un billet à ordre lorsqu'on en reçoit la valeur en espèces.

Aussi, pour éviter toute contestation de mal payé, la prudence exige que ce titre de décharge soit signé par les mains des porteurs mêmes ou par un fondé de procuration, et non par celles des commis ou garçons de caisse, attendu que ces derniers ne sont souvent pas assez connus, et qu'un effet soustrait ou perdu pourrait-être encaissé et acquitté par un tiers qui n'aurait pas qualité pour recevoir ; ce qui entraînerait dans une revendication peut-être plus qu'infructueuse, si l'on ne pouvait découvrir les faux porteurs.

Modèles d'acquits.

Exemples :

Pour acquit

         Lyon, le   187

              LAGRANGE père.

Pour acquit

        Lyon, le   187

Par procuration de Lagrange père,

          BALOFFET.

Les commis ou employés mettent :

        pour Lagrange père,

          GASPARD.

Lorsqu'un tiers paye par intervention ou pour l'honneur de la signature d'un tireur ou d'un endosseur, on stipule :

Pour acquit des mains et deniers de MM. Gauthier frères :

       LAGRANGE père.

De la Solidarité.

Qu'est-ce que la solidarité ?

La solidarité est la garantie envers le porteur à laquelle sont tenus tous ceux qui ont signé, accepté ou endossé une lettre de change.

La solidarité donne au créancier le droit de s'adresser à celui des débiteurs qu'il veut choisir, sans que celui-ci puisse lui opposer le bénéfice de division, c'est à-dire offrir de payer sa part contributive du montant de la lettre de change, et renvoyer le créancier aux autres co-débiteurs pour le surplus. (Art. 1203 du code civil).

Il est pareillement entendu que les poursuites faites contre l'un des débiteurs n'empêchent pas le créancier d'en exercer de pareilles contre les autres co-obligés. (Art. 1204 du code civil).

Arrêts.

1º Lorsqu'un billet à ordre a été souscrit conjointement par un négociant et par sa femme, la femme est obligée solidairement avec son mari, bien que la femme ne soit pas marchande publique, et que le billet soit causé valeur reçue comptant. *(Paris, Sirey, t. 20, p. 209).*

2º Celui qui, par un acte séparé, s'est rendu caution solidaire de l'accepteur d'un effet de commerce, ne peut être considéré comme donneur d'aval; et, dans le cas où il y aurait eu protêt de l'effet, la dénonciation dans les délais de la loi ne peut en être exigée à l'égard de cette caution comme à l'égard d'un endosseur ordinaire.

L'assignation donnée au souscripteur d'effets de commerce interrompt la prescription contre la caution solidaire, en sorte qu'elle ne peut courir à son profit, tant que la péremption de l'assignation n'a été ni demandée ni prononcée. (Arrêt de la Cour de Paris, du 13 décembre 1813).

3º Le créancier porteur d'engagements solidaires entre le failli et d'autres co-obligés qui sont en faillite, participera aux distributions dans toutes les masses jusqu'à son parfait et entier paiement. (Art. 534 du code de commerce).

Du Paiement.

Code de Commerce. — Art. 143. — Une lettre de change doit être payée dans la monnaie qu'elle indique.

Art. 144. — Celui qui paie une lettre de change avant son échéance, est responsable de la validité du paiement.

Art. 145. — Celui qui paie une lettre de change à son échéance et sans opposition, est présumé valablement libéré.

Art. 146. — Le porteur d'une lettre de change ne peut être contraint d'en recevoir le paiement avant l'échéance.

Art. 147. — Le paiement d'une lettre de change fait sur une seconde, troisième, quatrième, etc., sans retirer celle sur laquelle se trouve son acceptation, n'opère point sa libération à l'égard du tiers porteur de son acceptation.

Art. 149. — Il n'est admis d'opposition au paiement qu'en cas de perte de la lettre de change ou de la faillite du porteur.

Art. 150. — En cas de perte d'une lettre de change non acceptée, celui à qui elle appartient, peut en poursuivre le paiement sur une seconde, une troisième, une quatrième, etc.

Art. 151. — Si la lettre de change perdue est revêtue de l'acceptation, le paiement ne peut en être exigé sur une seconde, troisième, quatrième, etc., que par ordonnance du juge en donnant caution.

Art. 152. — Si celui qui a perdu la lettre de change, qu'elle soit acceptée ou non, ne peut représenter la seconde, troisième, quatrième, etc. il peut demander le paiement de la lettre de change perdue, et l'obtenir par l'ordonnance du juge en justifiant de sa propriété par ses livres, et en donnant caution.

Art. 153. — En cas de refus de paiement, sur la demande formée en vertu des deux articles précédents, le propriétaire de la lettre de change perdue conserve tous ses droits par acte de protestation.

Cet acte doit être fait le lendemain de l'échéance de la lettre de change perdue.

Il doit être notifié aux tireurs et endosseurs dans les formes et délais prescrits ci-après pour la notification du protêt.

Art. 154. — Le propriétaire de la lettre de change égarée doit, pour s'en procurer la seconde, s'adresser à son endosseur immédiat, qui est tenu de lui prêter son nom et ses soins pour agir envers son propre endosseur, et ainsi en remontant d'endosseur en endosseur jusqu'au tireur de la lettre. Le propriétaire de la lettre de change égarée supportera les frais.

Art. 155. — L'engagement de la caution mentionné dans les articles 151 et 152 est éteint après trois ans, si pendant ce temps il n'y a eu ni demande ni poursuite juridique.

Art. 156. — Les paiements faits à compte sur le montant d'une lettre de change sont à la décharge des tireurs et endosseurs.

Le porteur est tenu de faire protester la lettre de change pour le surplus.

Art. 157. — Les juges ne peuvent accorder aucun délai pour le paiement d'une lettre de change.

Recouvrement par procuration.

Qu'est-ce qu'un recouvrement par procuration ?

Le recouvrement par procuration d'un effet peut avoir lieu à l'aide d'un endossement irrégulier, qui n'est pour le cessionnaire qu'une procuration et non une cession.

Celui qui a souscrit un endossement irrégulier, peu former opposition au paiement de l'effet ; c'est le seul moyen qu'il ait de révoquer sa procuration ; mais l'opposition n'a d'effet qu'autant que le porteur de l'endossement irrégulier n'aurait pas disposé de l'effet par endossement régulier au profit d'un tiers. (Pardessus, Cours de droit commercial, t. 2, p. 498).

Arrêts.

1° Un endosseur ne peut se refuser à prêter son nom et ses soins sous prétexte que le réclamant, n'ayant pas fait les diligences nécessaires en temps utile, a perdu son recours contre lui. (Arrêt de la cour de Turin, Sirey, t. 14, p. 257).

2° Un créancier qui a obtenu de ses créanciers délai pour le paiement, ne peut, en cas de non paiemcnt du premier terme convenu, obtenir prorogation du délai du Tribunal de commerce. (Douai, Sirey, t. 16, p. 99).

3° L'accepteur d'une lettre de change ne peut être traduit devant le tribunal de l'endosseur et réciproquement. (Arrêt de la cour de Paris, du 4 octobre 1808).

4° Lorsque l'accepteur s'oblige à payer à son domicile, dans un lieu où il n'y a pas de domicile réel, cette énonciation relative au domicile est moins une supposition qu'une élection de domicile ; dans ce cas, la lettre de change n'est pas réputée simple promesse dans le sens de l'article 112. (Arrêt de rejet de la cour de Cassation du 26 décembre 1808).

5° Le négociant qui charge un commissionnaire d'acheter pour son compte, et de tirer sur un tiers des lettres de change en paiement des marchandises, n'est pas censé être lui-même le tireur, en ce sens qu'il ne puisse être utilement actionné en garantie dans le délai fixé par les lois du commerce à l'égard du tireur ; au contraire, comme simple obligé, il est tenu de rembourser au vendeur le prix des marchandises en cas de protêt ou de non-paiement des lettres de change, quoiqu'on n'ait point agi contre lui dans le temps prescrit pour le recours en garantie contre les tireurs et endosseurs. (Arrêt de la cour de Cassation, du 16 août 1809).

6° En matière de lettre de change, les offres qui ne renferment pas tous les intérêts qui ont couru à partir du protêt, sont insuffisantes et nulles à cet égard ; l'offre de parfaire ne peut suffire. (Arrêt de la cour de Paris, du 25 août 1810).

7º La preuve testimoniale n'est pas admissible pour établir le paiement d'une somme due par lettre de change en condamnation. (Arrêt de la cour de Cassation du 5 février 1812).

8º Celui qui a prié son ami d'accepter des lettres de change tirées par lui ou par d'autres de son ordre, et qui a promis d'en faire les fonds à l'échéance, s'il manque à les faire, peut être assigné devant les juges du lieu du paiement, non seulement à raison des lettres de change tirées par lui, mais encore à raison des lettres de change tirées par d'autres de son ordre. (Arrêt de rejet de la cour de Cassation du 17 mars 1812).

9º L'article 1244 du Code civil qui autorise les tribunaux à accorder des sursis, peut être étendu aux lettres de change, surtout dans les circonstances calamiteuses entre proches, et lorsque la dette a une origine non commerciale. (Arrêt de la cour de Colmar, du 22 novembre 1815).

10º L'endosseur qui, en cas de non paiement, rembourse volontairement la lettre de change qu'il a négociée, doit, à peine de déchéance, exercer son recours contre son cédant dans le délai de quinzaine (augmenté selon les distances), à partir du jour de son remboursement ; il ne peut lui être accordé plusieurs délais de quinzaine en raison de ce qu'il se trouve avant lui d'autres endosseurs ayant remboursé ; un seul ne peut pas profiter du délai de tous. (Arrêt de la cour de Colmar, du 11 janvier 1816).

De l'Escompte du billet à domicile.

Qu'entend-on par escompte du billet à domicile ?

Art. 144. — Celui qui paie une lettre de change avant son échéance, est responsable de la validité du paiement.

En conséquence de l'article 144, si un billet à domicile est présenté avant son échéance pour être escompté, et que cette opération convienne à celui qui est censé devoir l'acquitter, il ne doit le prendre par précaution que d'après un endossement régulier, et non sur un simple acquit, afin de ne pas se trouver en défaut, et de conserver son recours contre son cédant, si le souscripteur était inexact à lui faire les fonds à l'échéance.

Du porteur non connu.

Qu'est-ce qu'un porteur non connu ?

Lorsque le porteur d'un effet qui vient en réclamer le paiement n'est pas connu, on doit par précaution, et dans la crainte de payer en de mauvaises mains, s'il n'était pas le véritable propriétaire, lui demander de se faire présenter par une personne connue dans la ville, afin d'établir son identité et acquérir la certitude qu'il a qualité pour recevoir.

Et dans le cas où il serait étranger et ne serait pas connu de personne, on doit confronter sa signature avec celle qu'il a apposée sur son passeport, afin de bien s'assurer qu'on paie valablement.

Du billet perdu après réception.

Qu'entend-on par billet perdu après réception ?

La perte d'un billet à ordre est d'une nature bien différente de celle d'une *traite ou d'un mandat*, attendu qu'on peut remplacer ces deux derniers titres par une seconde, une troisième et même une quatrième, ou par un duplicata, tandis que le même avantage n'existe pas pour le billet.

Dans ce cas, puisque la loi a été muette à cet égard, il est important de faire connaître le parti qu'on doit prendre dans une pareille circonstance.

Celui qui a perdu ou égaré un billet doit, d'après l'art. 149, faire signifier au souscripteur l'acte d'opposition au paiement pour constater qu'il en est le vrai propriétaire, et que toute réclamation pour paiement devient illégitime, si elle n'est pas corroborée par un endossement légal de sa part.

D'après ce principe inattaquable, comme la durée du remboursement doit avoir des limites, le créancier ou celui qui a égaré l'effet a droit, conformément à l'art. 152, de réclamer un nouveau billet ou une nouvelle remise, pour ne pas rester en souffrance de sa créance, ce qui l'assujettit préalablement et suivant l'art. 151 à donner caution, et même certificateur de caution, si le cas y échet, afin de garantir le débiteur de l'invalidité du paiement.

La loi par la prévoyance du cautionnement a fermé la porte aux abus qu'un porteur de mauvaise foi pourrait faire naître, s'il osait faire réclamer par un tiers le paiement du titre primitif auquel il a renoncé par la signification, et dont il se trouve couvert par la nouvelle remise du débiteur.

Du billet perdu à la poste.

Qu'entend - on par billet perdu à la poste ? Le billet perdu à la poste mérite par sa nature d'être examiné sous deux points de vue différents, afin de déterminer d'une manière irrévocable la marche qu'on doit suivre dans une pareille circonstance.

Si le débiteur et le créancier se connaissent déjà et sont liés d'intérêts antérieurement, et qu'il existe entre eux une confiance mutuelle, le débiteur doit se borner à remettre un nouveau titre au créancier qui, de son côté, doit lui assurer par correspondance que l'effet perdu ou égaré ne lui est pas parvenu, et que dans le cas où il le retrouverait, il s'abstiendrait de le mettre en circulation.

Maintenant il faut supposer le contraire, entre le débiteur et le créancier, c'est-à-dire qu'il peut exister astuce et suspicion ; dans cette seconde hypothèse, le débiteur doit pareillement fournir un second billet ; mais il a le droit de le rédiger en conséquence, et le créancier doit aussi de son côté fournir une déclaration qui garantisse le souscripteur d'une double réclamation.

Modèle du billet fait en remplacement du billet à ordre.

Lyon, le 1ᵉʳ mai 1873. **B. P. F. 500.**

Fin mai, je paierai (sur ce second billet, le premier daté du 15 avril étant perdu) à l'ordre de M. Malpertuis, la somme de cinq cents francs, valeur pour solde de tout compte jusqu'à ce jour, me réservant tout recours contre qui de droit si le premier m'était présenté.

LAPIERRE jeune.

Art. 139. — Il est défendu d'antidater les ordres, à peine de faux.

Par conséquent, le second billet doit être daté du jour où il est mis en circulation, et non du jour où le billet perdu a été souscrit. Cette différence de date doit être mentionnée comme dans le modèle ci-dessus ; et s'il arrivait que les circonstances de l'égarement de l'effet nécessitassent la prolongation du paiement, on devrait pareillement le relater, en mettant sur le second billet : *Le premier en date du 15 avril et payable fin mai étant perdu.*

Si ce billet n'est pas pour solde de tout compte, on mettra alors : *Pour solde de telle facture, ou pour solde de toute opération.*

Modèle de la déclaration.

Je soussigné déclare que le billet de *cinq cents francs*, souscrit par M. Lapierre jeune, de Lyon, le 15 avril 1873 et payable à mon ordre, fin mai 1873, dont il m'annonce d'après sa lettre du 25 avril m'avoir fait remise dans sa précédente lettre du 15 avril, ne m'est nullement parvenu ; en conséquence, je m'abstiens par la présente déclaration, si ledit billet me parvenait après une nouvelle remise, d'en réclamer ou d'en faire réclamer la valeur, sous peine de tous frais, dommages et intérêts.

Paris, le 4 mai 1873.

MALPERTUIS.

Du Retour sans frais.

Quand se sert-on de l'énonciation : Retour sans frais ?

On se sert de l'énonciation *retour sans frais*, lorsqu'on tire sur papier libre, un mandat ou une traite, ou qu'on négocie le billet d'un correspondant et qu'on est dans l'incertitude de savoir si, à l'échéance, le paiement s'effectuera; dans ce cas, on doit apposer sur l'effet qu'on met en circulation : *Retour sans frais.*

Cette précaution, en cas de non-paiement à l'échéance de l'effet, dispense le tireur ou le cédant du remboursement des frais de visa pour timbre, de l'amende, du droit d'enregistrement, du décime du protêt et d'un compte de retour.

Les mots *Retour sans frais* doivent être apposés au dessus de la signature du tireur ou du cédant, afin que son intention reçoive pleine et entière exécution.

Car, dans le cas contraire, si comme cela se pratique ordinairement, on ajoute ces mots au-dessous ou à côté de la signature ; la condition devient nulle en justice, parce qu'elle ne fait pas partie intégrante de la volonté. qui doit être couverte par une signature.

On doit encore observer à cet égard, que souvent la bienséance oblige de ne pas insérer une pareille restriction sur les effets, afin de ne pas blesser l'amour-propre du tiré ou du souscripteur ; en ce cas, le cédant doit exiger du preneur une déclaration particulière pour assurer l'exécution de son intention.

Néanmoins, il ne s'en suit pas, d'après cette restriction, que les endosseurs subséquents, et qui ne sont pas liés dans l'endossement par les mots *Retours sans frais*, ne puissent, suivant leur désir, et par plus grande sécurité, faire protester l'effet ; mais dans ce cas, ils ne peuvent, pour les frais qu'ils ont faits, les réclamer qu'à ceux qui ont transmis l'effet sans restriction, les autres se trouvant en cas de non-paiement, dégagé légalement du remboursement de ces frais.

Du paiement par intervention.

Art. 158. Une lettre de change protestée peut être payée par tout intervenant, pour le tireur ou pour l'un des endosseurs.

L'intervention et le paiement seront constatés dans l'acte de protêt ou à la suite de l'acte.

Art. 159. Celui qui paie une lettre de change par intervention, est subrogé aux droits du porteur, et tenu des mêmes devoirs pour les formalités à remplir.

Si le paiement par intervention est fait pour le compte du tireur, tous les endosseurs sont libérés.

S'il est fait par un endosseur, les endosseurs subséquents sont libérés.

S'il y a concurrence pour le paiement d'une lettre de change par intervention, celui qui opère le plus de libération est préféré.

Si celui sur qui la lettre était originairement tirée, et sur qui a été fait le protêt faute d'acceptation se présente pour la payer, il sera préféré à tout autre.

Le paiement par intervention a lieu, lorsque la personne sur qui une lettre de change est tirée, refuse de la payer, et qu'un tiers se présente pour en faire le paiement.

L'intervenant peut être étranger à la lettre de change, comme aussi il peut être un endosseur, et par conséquent intervenir, soit pour l'honneur de sa propre signature, soit pour l'honneur de la signature de l'un de ses garants. Le tiré lui même, tout en laissant la signature du tireur en souffrance, peut intervenir pour un des endosseurs. Les mots *par tout intervenant*, employés dans la rédaction de l'art. 158, ne laissent aucun doute à cet égard.

Une obligation peut être acquittée par un tiers qui n'est point intéressé, pourvu que ce tiers agisse au nom et en l'acquit du débiteur, ou que, s'il agit en son nom propre, il ne soit pas subrogé aux droits du créancier. (Code civil, art. 1236).

Une condition essentielle, c'est que la lettre de change ait été protestée, sans cela le paiement serait présumé à la décharge du tiré, et ne créerait point en faveur de celui qui l'a fait la subrogation dont parle l'art. suivant. (Pardessus, Cours de droit commercial. t. 2, p. 481).

Arrêt.

Celui qui acquitte une lettre de change par intervention, n'est pas tenu, pour être subrogé aux droits du porteur de déclarer dans le protêt pour quelle personne il entend payer. (Cassation, Sirey, t. 16, p. 208).

Des droits et devoirs du porteur.

Art. 160.—Le porteur d'une lettre de change tirée du continent et des îles de l'Europe, et payable dans les possessions européennes de la France, soit à vue, soit à un ou plusieurs jours, mois ou usances de vue, doit en exiger le paiement ou l'acceptation dans les six mois de date, sous peine de perdre son recours sur les endosseurs, et même sur le tireur, si celui-ci a fait provision.

Le délai est de huit mois pour les lettres de change tirées des échelles du Levant et des côtes septentrionales de l'Afrique sur les possessions européennes de la France, et réciproquement du continent et des îles de l'Europe sur les établissements français aux échelles du Levant et aux côtes septentrionales de l'Afrique.

Le délai est d'un an pour les lettres de change tirées des côtes occidentales de l'Afrique, jusque et compris le cap de Bonne-Espérance.

Il est aussi d'un an pour les lettres de change tirées du continent et des îles des Indes occidentales sur les possessions européennes de la France, et réciproquement du continent et des îles de l'Europe sur les possessions françaises ou établissements français aux côtes occidentales de l'Afrique, au continent et aux îles des Indes occidentales.

Le délai est de deux ans pour les lettres de change tirées du continent et des îles des Indes orientales sur les possessions européennes de la France, et réciproquement du continent et des îles de l'Europe sur les possessions françaises ou établissements français au continent et aux îles des Indes orientales.

Les délais ci-dessus de huit mois, d'un an ou de deux ans, sont doubles en cas de guerre maritime.

Cet article a été modifié par les quatre paragraphes suivants, d'après la loi du 19 mars 1817 :

La même déchéance aura lieu contre le porteur d'une lettre de change à vue, à un ou plusieurs jours, mois ou usances de vue, tirée de la France, de possessions ou établissements français, et payable dans les pays étrangers, qui n'en exigera pas le paiement ou l'acceptation dans les délais ci-dessus prescrits pour chacune des distances respectives.

Les délais ci-dessus de huit mois, d'un an ou de deux ans, sont doublés en cas de guerre maritime.

Les dispositions ci-dessus ne préjudicieront néanmoins pas aux stipulations contraires qui pourraient intervenir entre le preneur, le tireur et même les endosseurs.

Les tireurs et endosseurs français de lettres de change de l'espèce désignée en l'art. 2 paragraphe Ier de la présente loi, lesquelles se trouveront actuellement en circulation, ne pourront être poursuivis en recours, faute de paiement, si lesdites lettres n'ont été présentées au paiement ou à l'acceptation dans les délais fixés par le même article précédent, en comptant, pour cette fois seulement, ces délais à dater de six mois après la publication de la présente loi.

Art. 161. — Le porteur d'une lettre de change doit en exiger le paiement le jour de son échéance.

Art. 162. — Le refus de paiement doit être constaté le lendemain du jour de l'échéance, par un acte qu'on nomme *protêt faute de paiement*.

Art. 163. — Le porteur n'est dispensé du *protêt faute de paiement*, ni par le protêt faute d'acceptation, ni par la mort ou faillite de celui sur qui la lettre de change est tirée.

Dans le cas de faillite de l'accepteur avant l'échéance, le porteur peut faire protester et exercer son recours.

Art. 164. — Le porteur d'une lettre de change protestée faute de paiement, peut exercer son action en garantie, ou individuellement contre le tireur et chacun des endosseurs, ou collectivement contre les endosseurs et le tireur. La même faculté existe pour chacun des endosseurs à l'égard du tireur et des endosseurs qui le précèdent.

Art. 165.—Si le porteur exerce le recours individuellement contre son cédant, il doit lui faire notifier le protêt et, à défaut de remboursement, le faire citer en jugement dans les quinze jours qui suivent la date du protêt, si celui-ci réside dans la distance de cinq myriamètres (dix lieues de poste).

Ce délai, à l'égard du cédant domicilié à plus de cinq myriamètres de l'endroit où la lettre de change était payable, sera augmenté d'un jour par deux myriamètres et demi (5 lieues de poste) excédant les cinq myriamètres.

Nota. — Le myriamètre contient deux lieues de poste.

Art. 166. — Les lettres de change tirées de France et payables hors du territoire continental de la France, en Europe, étant protestées, les tireurs et endosseurs résidant en France seront poursuivis dans les délais ci-après :

De deux mois pour celles qui étaient payables en Corse, dans l'île d'Elbe et de Capraïa, en Angleterre et dans les îles limitrophes de la France ;

De quatre mois pour celles qui étaient payables dans les autres Etats de l'Europe ,

De six mois pour celles qui étaient payables aux échelles du levant et sur les côtes septentrionales de l'Afrique;

D'un an pour celles qui étaient payables aux côtes occidentales de l'Afrique, jusques et y compris le Cap de Bonne-Espérance et dans les Indes occidentales ;

De deux ans pour celles qui étaient payables dans les Indes orientales.

Ces délais seront observés dans les mêmes proportions

9

pour le recours à exercer contre les tireurs et endosseurs résidant dans les possessions françaises, hors de l'Europe.

Les délais ci-dessus de six mois, d'un an et de deux ans, seront doublés en temps de guerre maritime.

Art. 167. — Si le porteur exerce son recours collectivement contre les endosseurs et tireurs, il jouit, à l'égard de chacun d'eux, du délai déterminé par les articles précédents.

Chacun des endosseurs a le droit d'exercer le même recours, ou individuellement ou collectivement, dans le même délai.

A leur égard, le délai court du lendemain de la date de la citation en justice.

Art. 168. — Après l'expiration des délais ci-dessus pour la présentation de la lettre de change à vue, ou à un ou plusieurs jours, mois ou usances de vue, pour le protêt faute de paiement, pour l'exercice de l'action en garantie, le porteur de la lettre de change est déchu de tout droit contre les endosseurs.

Art. 169. — Les endosseurs sont également déchus de toute action en garantie contre les cédants, après les délais ci-dessus prescrits, chacun en ce qui le concerne.

Art. 170. — La même déchéance a lieu contre le porteur et les endosseurs à l'égard du tireur lui-même, si ce dernier justifie qu'il y avait provision à l'échéance de la lettre de change.

Le porteur, en ce cas, ne conserve d'action que contre celui sur qui la lettre était tirée.

Art. 171. — Les effets de la déchéance prononcée par les trois articles précédents cessent en faveur du porteur contre le tireur ou contre celui des endosseurs qui, après l'expiration des délais fixés pour le protêt, la notification du protêt ou la citation en jugement, a reçu par compte, compensation ou autrement, les fonds destinés au paiement de la lettre de change.

Art. 172. — Indépendamment des formalités prescrites pour l'exercice de l'action en garantie, le porteur d'une lettre de change protestée faute de paiement ne peut en obtenant la permission du juge, saisir conservatoirement les effets mobiliers des tireurs, accepteurs ou endosseurs.

Si le porteur a fait protester avant l'échéance, dans le cas de faillite de l'accepteur, le délai de quinze jours pour notifier le protêt et assigner en jugement, commence à compter du jour où le protêt aurait dû être fait dans le cours ordinaire des choses. (Pardessus, Cours de droit commercial, t. 2, p. 512).

Opinions.

Le porteur qui, après le protêt, négligerait de recourir à temps contre son cédant immédiat, ne serait pas fondé, en agissant contre le tireur ou l'un des endosseurs antérieurs, à prétendre contre lui autant de quinzaines que chaque endosseur intermédiaire en aurait eues contre celui qui le précède. Ces délais ne lui sont accordés qu'à l'égard de chacun de ceux qu'il poursuit ; en sorte que si le porteur veut se pourvoir contre le tireur ou le premier endosseur, sans attaquer les autres, il doit agir contre lui dans la quinzaine, à compter du lendemain du protêt. (Pardessus, *loc. cit.* p. 514).

De la force majeure.

Qu'entend - on par force majeure ?

Les événements graves qui caractérisent la force majeure, et qui suffisent pour relever le porteur d'une lettre de change de la non-garantie envers son cédant ou ses co-obligés, sont :

L'invasion de l'ennemi, le siége d'une ville, une inondation ou une épidémie, circonstances plus que suffisantes pour l'interruption de toute communication.

La loi, par son article 168, ne s'étant pas expliquée sur la force majeure, on doit prendre pour guide, à ce sujet, les décisions, arrêts et avis ci-après rapportés :

1º La décision du Conseil d'État, suivant le procès-verbal de la séance du 31 janvier 1867.

Il arrêta qu'afin de ne pas ouvrir la porte aux abus, en liant la conscience des tribunaux par une règle trop précise, il ne serait pas inséré dans le Code de commerce de disposition sur l'exception de la force majeure.

2º L'arrêt de la Cour de Cassation, du 28 mars 1810, qui est ainsi conçu :

De ce que l'article 168 déclare en termes généraux et absolus qu'à défaut de protêt à l'échéance, le porteur est sans action contre les endosseurs, il ne résulte pas que dans le cas où des événements de force majeure auraient empêché la présentation, et par suite le protêt des lettres de change à leur échéance, le jugement de cette exception ne soit pas abandonné aux lumières de la justice et de l'équité appliquées aux faits et circonstances que présentent les affaires qui leur sont soumises.

3º L'avis du Conseil d'État du 25 janvier 1814, porte :

L'invasion de l'ennemi est un cas de force majeure qui peut relever le porteur de lettre de change et du billet à ordre, de la déchéance à défaut de protêt.

Du remboursement sur protêt nul.

Qu'entend - on par remboursement sur protêt nul ?

On entend par *protêt nul* un protêt dont la date sera postérieure à celle qu'il doit légalement avoir, par exemple, celle du lendemain de l'échéance de l'effet.

Ainsi, si l'on rembourse un effet protesté, sans faire attention que le protêt est nul, parce que le protêt n'a pas été fait en temps voulu, c'est-à-dire a été fait postérieurement à la date du lendemain de l'échéance de l'effet, peut-on demander la restitution de la somme payée ?

La Cour de Cassation a décidé cette question par son arrêt du 7 mars 1815 :

Elle a jugé que le payeur devait s'imputer à lui-même sa propre négligence, et ne pouvait demander la restitution de ce qu'il avait payé ; qu'il n'avait pas acquitté une somme non due ; qu'il n'avait fait que renoncer à une exception qui lui était acquise.

Du droit du porteur envers son cédant,

Pour cause de négociation tardive.

Si l'on prend un effet qui n'a pas le temps d'arriver le jour de l'échéance au lieu du paiement, ou si l'on se charge d'une valeur presque échue au moment de la remise, on peut se dispenser de réclamer un aval ou une déclaration pour se garantir du défaut de diligence, attendu que la date de l'endossement prouve assez clairement qu'il y a eu impossibilité de faire présenter l'effet en temps utile, et que par conséquent on n'a pu se conformer aux articles 161 et 162.

Ainsi, dans le cas où l'effet ne serait pas payé, le preneur ne peut avoir recours que contre son cédant, les autres coobligés se trouvant dégagés. C'est dans cette hypothèse qu'il est toujours essentiel d'être assuré de la solvabilité du cédant.

Arrêts.

Lorsqu'une lettre de change est négociée à une époque tellement voisine de son échéance, qu'elle ne peut arriver au lieu où elle doit être protestée, sans l'emploi d'un courrier extraordinaire, le cessionnaire de la lettre conserve-t-il son recours contre le cédant, s'il a pris la voie ordinaire de la poste, encore que le protêt soit tardif ?

Oui, s'il apparaît qu'il n'a pas voulu prendre sur lui ni les frais d'un courrier extraordinaire, ni les chances d'un protêt tardif, et que le cédant n'a pas exigé l'emploi de cette mesure dispendieuse. (Nimes, Sirey, t. 10, p. 223).

Oui, à plus forte raison, s'il y avait impossibilité de faire le protêt. (Question de droit, 2ᵉ édition, vᵒ protêt, § 7, arrêt de Cassation).

Non, s'il apparaît que le cédant a averti le cessionnaire de l'urgence, et a entendu lui laisser la chance d'un protêt tardif. (Nimes, Sirey, t. 10, p. 224.) Cet arrêt est confirmé. (Cassation, Sirey, t. 10, p. 323).

Est nul le protêt le jour même de l'échéance. (Agen, Sirey, t. 24. p. 363).

Du droit facultatif en cas de retraite.

Le porteur qui prend la voie de la retraite, pour se faire rembourser un billet à ordre ou une lettre de change protestée, au lieu de notifier le protêt et de faire citer en jugement le tireur et les endosseurs, encourt-il la déchéance prononcée par l'art. 168, ou bien son action est-elle seulement suspendue jusqu'au refus de paiement de la retraite ?

Le porteur n'est point excepté de la règle que les art. 165 et 168 établissent en laissant au porteur la faculté d'user de la retraite ; mais ce porteur n'est point dans l'alternative d'abandonner ce moyen ou son action. Il peut poursuivre le garant, quoiqu'il tire sur lui ; et même l'art. 165 suppose qu'il le fera toujours.

Arrêts.

1ᵒ Lorsqu'une lettre de change est écrite sur papier non timbré, le porteur qui l'a fait protester peut être poursuivi pour le paiement de l'amende, encore qu'il n'y ait pas apposé sa signature. (Arrêt de la Cour de cassation, du 5 juin 1811).

2ᵒ Lorsque le porteur d'une lettre de change non échue demande au tireur un cautionnement provisoire, et l'assigne à cette fin devant le tribunal de son domicile, si le tireur conteste la propriété du porteur, et qu'aussi l'instance soit engagée devant le tribunal du domicile du tireur sur la propriété de la lettre de change, ce tribunal est seul compétent pour statuer ultérieurement sur l'action en paiement de la lettre de change après qu'elle est échue; en ce cas, la litispendance fait perdre au porteur le droit d'assigner le tireur en paiement au lieu où la lettre de change est stipulée payable. (Arrêt de la Cour de Cassation du 19 mars 1812).

3° Le porteur d'une lettre de change qui, au lieu de la faire protester à l'échéance, promet à l'accepteur de n'en exiger le paiement qu'après l'événement d'une certaine condition, perd tout recours contre le tireur qui en a fait les fonds, encore que la condition paraisse avoir été apposée dans l'intérêt de celui-ci. (Arrêt de la Cour de Grenoble, 16 janvier, 1816).

4° La décision des juges d'appel que le porteur d'une lettre de change en est réellement propriétaire, est une décision de fait plus que de droit; en conséquence, telle décision ne peut être cassée, encore qu'il apparaisse que la lettre ne soit dans les mains du porteur que par suite d'un endossement en blanc. (Arrêt de rejet de la Cour de cassation, du 24 février 1816).

5° Lorsque l'accepteur d'une lettre de change soutient que le porteur, quoique saisi par un endossement régulier, n'est cependant que le prête-nom du tireur, et qu'il lui défère le serment sur ce fait, le juge peut refuser d'ordonner le serment ou l'interrogatoire du porteur, s'il est convaincu de sa bonne foi et de la sincérité de l'endossement. (Arrêt de rejet de la Cour de cassation, du 2 février 1819).

6° Le porteur d'un effet protesté doit (à peine de déchéance de tout recours en garantie contre son cédant), non-selement lui notifier son protêt dans la quinzaine, mais encore le faire citer. (Cassation, Sirey, t. 12, p. 355).

7° L'endosseur d'un effet de commerce protesté, qui en fait le remboursement de gré à gré, et sans notification de protêt, est recevable à intenter son action en garantie, comme s'il n'avait remboursé qu'après notification du protêt.

Dans l'un comme dans l'autre cas, il lui est accordé pour l'exercice de son action en recours en garantie, un délai de quinzaine d'abord, plus une augmentation de délai, à raison de toutes les distances que l'effet retourné a parcouru pour être remboursé par chacun des endosseurs. (Cassation, Sirey, t. 13, p. 252). Jugé en ce sens (Cassation, Sirey, t. 18, p. 237).

8° Celui qui, par acte séparé, s'est rendu caution solidaire de l'accepteur d'un effet de commerce, ne peut être considéré comme donneur d'aval, et dans le cas où il y aurait eu protêt de l'effet, la dénonciation dans les délais de la loi ne peut être exigée à l'égard de cette caution, comme à l'égard d'un endosseur ordinaire. (Paris, Sirey, t. 16, p. 98).

9° L'endosseur d'un effet de commerce, qui l'a reçu avant la faillite du tireur, et qui l'a transmis après la faillite, est tenu à la garantie envers son cessionnaire, bien que le protêt n'ait pas été fait en temps utile, et néanmoins il est privé de tout recours contre son cédant. Son cédant peut lui opposer la déchéance résultant du défaut de protêt; mais il ne peut opposer cette déchéance à son cessionnaire; il est tenu envers lui, à raison de la non existence de la créance au moment de la cession (Cassation, Sirey, t. 22, p. 137), jugé en ce sens (Cassation, Sirey, t. 19, p. 68).

10° Les donneurs d'aval, cautions du tireur, ne peuvent comme l'endosseur, exciper du défaut de protêt. (Cassation, Sirey, t. 19, p. 345).

11° Une lettre de change non protestée en temps utile ne dégénère pas, par cela seul, en simple promesse. Le porteur n'en a pas moins le droit de poursuivre le tireur devant les tribunaux de commerce. (Cassation, Sirey. t. 24, p. 186.

12° La déchéance prononcée contre l'endosseur qui exerce tardivement son action en recours, peut lui être opposée après avoir défendu au fond; ce n'est pas là une nullité de forme proposable seulement *in limine litis*, mais une nullité fondée sur une prescription, et proposable en tout état de cause. (Cassation, Sirey, t. 19, p. 434).

13° Lorsque le porteur d'une lettre de change, payable à un autre domicile que celui du tiré, a négligé de se présenter et de faire le protêt à l'échéance, il est déchu de tout recours contre le tireur, si celui-ci justifie que le tiré lui devait le montant de la lettre de change au jour de son échéance. Le tireur n'est point du tout obligé de justifier qu'il y ait eu provision au domicile du tiers indiqué pour le paiement. (Cassation, Sirey, t. 12, p. 157). Jugé en ce sens. (Rouen, Sirey, t. 13, p. 257).

14° Lorsque le porteur d'une lettre de change poursuivi en garantie après les délais utiles, est obligé de prouver qu'il y avait provision chez le tiré à l'échéance de la lettre de change, la preuve de cette provision doit être faite par écrit et non par témoins, surtout si le tiré a déclaré, lors du protêt, qu'il n'avait pas de provision. (Bruxelles, Sirey, t. 14, p. 146).

15° Faute de protêt, en temps utile, le porteur d'un billet à ordre payable au domicile d'un tiers, est déchu de son recours contre le créeur, si celui-ci justifie qu'il y avait provision à l'échéance chez le tiers. (Cassation, Sirey, t. 18, p. 299).

16° La faillite du tiré, avant l'échéance, détruit la provision qui existait auparavant; dans ce cas, le porteur conserve son recours contre le tireur, nonobstant la tardiveté du protêt. (Bordeaux, Sirey, t. 24 p. 119).

Des protêts (1).

Art. 173. — Les protêts faute d'acceptation ou de paiement sont faits par deux notaires, ou par un notaire et deux témoins, ou par un huissier et deux témoins.

Le protêt doit être fait au domicile de celui sur qui la lettre de change était payable, ou à son dernier domicile connu;

(1) NOTA. — Il a déjà été parlé, d'une manière sommaire, du protêt à la page 94 ; j'ai cru devoir donner ici tous les développements que comporte cette importante question.

Au domicile des indiqués par la lettre de change, pour la payer au besoin;

Au domicile du tiers qui a accepté par intervention le tout par un seul et même acte.

En cas de fausse indication de domicile, le protêt est précédé d'un acte de perquisition.

Art. 174. — L'acte du protêt contient :

La transcription littérale de la lettre de change, de l'acceptation, des endossements et des recommandations qui y sont indiqués;

La sommation de payer le montant de la lettre de change;

Il énonce la présence ou l'absence de celui qui doit payer, les motifs du refus de payer et l'impuissance ou le refus de signer.

Art. 175. — Nul acte de la part du porteur de la lettre de change ne peut suppléer l'acte de protêt, hors le cas prévu par les articles 150 et suivants touchant la perte de la lettre de change.

Art. 176. — Les notaires et les huissiers sont tenus, à peine de destitution, dépens, dommages et intérêts envers les parties, de laisser copie exacte des protêts, et de les inscrire en entier, jour par jour et par ordre de dates, dans un registre particulier, coté, paraphé et tenu sous les formes prescrites pour les répertoires.

Le protêt est un acte par lequel, faute de paiement pour un billet à ordre, et faute d'acceptation ou de paiement pour une lettre de change, on déclare que le souscripteur du billet refuse le paiement, ou que celui sur qui la lettre de change a été tirée refuse l'acceptation ou le paiement à l'échéance.

En conséquence, le porteur doit, dans les délais prescrits par l'article 165, faire signifier au souscripteur ou au tiré l'acte de protêt.

Il y a trois sortes de protêts :

1º Le protêt faute d'acceptation ;

2º Le protêt faute de paiement ;

3º Le protêt par intervention.

Du protêt faute d'acceptation.

Le protêt faute d'acceptation se fait lorsque celui sur qui une lettre de change est tirée, refuse d'accepter pour le compte du tireur; dans ce cas, le porteur peut, d'après le titre légal du protêt, demander caution à son cédant.

Le refus de visa à un effet, étant assimilé au refus d'acceptation, doit être pareillement constaté par un acte de protêt, afin de lui donner juridiquement une échéance fixe.

Du protêt faute de paiement.

Qu'est-ce qu'un protêt faute de paiement?

Le protêt faute de paiement énonce clairement que l'accepteur d'une lettre de change, ou le souscripteur d'un billet à ordre ne peut payer à l'échéance.

Du protêt par intervention.

Qu'est-ce qu'un protêt par intervention?

Le protêt par intervention a lieu, lorsqu'un tiers intervient pour l'honneur de la signature du tireur ou d'un des endosseurs d'une lettre de change, soit pour l'acceptation, soit pour le paiement; par ce moyen, le tireur ou l'endosseur n'a pas le désagrément de voir revenir en souffrance l'effet qu'il a négocié; ce qui lui procure le temps de parer au remboursement, sans supporter les frais de retour et sans porter atteinte à son crédit.

De l'acte de perquisition.

Quand doit-on faire un acte de perquisition?

L'acte de perquisition se fait lorsqu'on ne peut découvrir celui, où le domicile sur lesquels une lettre de change est tirée, ou la demeure d'un souscripteur de billet.

Le premier cas peut être plus fréquent que le second, attendu qu'il peut y avoir de la part du tireur, méprise de nom, ou méprise de ville sur la lettre de change ; tandis qu'un billet ne peut donner lieu à de semblables erreurs, à moins qu'il n'existe de la mauvaise foi de la part du souscripteur.

Nota.—Pour que cet acte de perquisition soit légal et inattaquable, il faut qu'il porte, que les recherches ont été faites au bureau de la poste aux lettres, à la bourse, et enfin dans les bureaux de la mairie de la ville où l'effet est censé devoir être accepté ou payé.

Dans les villes où il n'y a point de bourse, l'acte de perquisition doit avoir lieu chez les agents de change ou courtiers titulaires, et à défaut de ces derniers, chez deux commerçants notables de la ville.

De l'acte de protestation.

Quand doit-on faire un acte de protestation?

L'acte de protestation se fait pour une lettre de change égarée ou perdue, afin de faire connaître le légitime propriétaire, et empêcher qu'elle ne soit indûment acquittée.

De l'acte d'opposition.

Quand faut-il faire un acte d'opposition?

L'acte d'opposition au paiement d'une lettre de change ne se fait ordinairement que dans le cas de faillite du porteur, afin qu'il ne puisse divertir à son profit les valeurs dont il pourrait être possesseur à l'époque de sa déconfiture.

Arrêts.

1° Le protêt d'un billet à ordre payable au domicile d'un tiers, doit, à peine de nullité, être fait à ce domicile. (Cassation, Sirey, t. 19, p. 229).

2° Lorsqu'un billet à ordre est dit payable au domicile de telle personne, demeurant à tel lieu, l'indication de paiement porte sur la personne, et non sur le lieu ; si donc la personne indiquée change de domicile, le protêt est régulièrement fait en son nouveau domicile. (Cassation, Sirey, t. 15, p. 9.)

3° L'existence d'un protêt ne peut être admise par les juges d'après de simples présomptions. Il faut des preuves écrites. (Cassation, Sirey, t. 15, p. 121).

4° L'huissier chargé du protêt d'une lettre de change, et qui ne fait qu'un procès-verbal de perquisition, est responsable du défaut de protêt. (Rouen, Sirey, t. 12, p. 97.)

5° Est nul le protêt fait le jour même de l'échéance (Agen, Sirey, t. 24, p. 363).

Du rechange.

Art. 177. — Le rechange s'effectue par une retraite.

Art. 178. — La retraite est une nouvelle lettre de change, au moyen de laquelle le porteur se rembourse sur le tireur, ou sur l'un des endosseurs, du principal de la lettre protestée, de ses frais, et du nouveau change qu'il paie.

Art. 179.—Le rechange se règle à l'égard du tireur, par le cours du change du lieu où la lettre de change était payable sur le lieu d'où elle a été tirée.

Il se règle, à l'égard des endosseurs, par le cours du change du lieu où la lettre de change a été remise ou négociée par eux, sur le lieu où le remboursement s'effectue.

Art. 180. — La retraite est accompagnée d'un compte de retour.

Art. 181. — Le compte de retour comprend :

Le principal de la lettre de change protestée ;

Les frais de protêt et autres frais légitimes, tels que commission de banque, courtage et port de lettres.

Il énonce celui sur qui la retraite est faite, et le prix du change auquel elle est négociée.

Il est certifié par un agent de change.

Dans les lieux où il n'y a pas d'agent de change, il est certifié par deux commerçants.

Il est accompagné de la lettre de change protestée, du protêt ou d'une expédition de l'acte de protêt.

Dans le cas où la retraite est faite sur l'un des endosseurs, elle est accompagnée, en outre, d'un certificat qui constate le cours du change du lieu où la lettre de change était payable, sur le lieu d'où elle a été tirée.

Art. 182. — Il ne peut être fait plusieurs comptes de retour sur une même lettre de change.

Ce compte de retour est remboursé d'endosseur à endosseur, respectivement et définitivement par le tireur.

Art. 183. — Les rechanges ne peuvent être cumulés. Chaque endosseur n'en supporte qu'un seul ainsi que le tireur.

Art. 184. — L'intérêt du principal de la lettre de change protestée faute de paiement, est dû à compter du jour du protêt.

Art. 185. — L'intérêt des frais de protêt, rechange et autres frais légitimes, n'est dû qu'à compter du jour de la demande en justice.

Art. 186. — Il n'est point dû de rechange, si le compte de retour n'est pas accompagné des certificats d'agent de change ou de commerçants, prescrits par l'art. 181.

Le principe sur le rechange était déjà émis dans l'ordonnance de 1673, à l'article 5 du titre VI, portant:

La lettre de change, même payable au porteur ou à son ordre, étant protestée, le rechange ne sera dû par celui qui l'aura tirée que pour le lieu où la remise aura été faite, et non pour les autres lieux où elle aura été négociée, sauf à se pourvoir par le porteur contre les endosseurs, pour le paiement du rechange des lieux où elle aura été négociée, suivant leur ordre.

Ce même principe a été observé par le Code, sans aucune altération, mais seulement mieux développé par les art. 179, 180, 181, 182, 183.

Du compte de retour.

Art. 181. — Le compte de retour comprend :

Le principal de la lettre de change protestée, les frais de protêt et autres frais légitimes, tels que commission de banque, courtage, timbre et port de lettres.

Il énonce le nom de celui sur qui la traite est faite, et le prix du change auquel elle est négociée.

Il est certifié par un agent de change.

Dans les lieux où il n'y a pas d'agent de change, il est certifié par deux commerçants.

Il est accompagné de la lettre de change protestée, du protêt ou d'une expédition de l'acte de protêt.

Dans le cas où la retraite est faite sur l'un des endosseurs, elle est accompagnée, en outre, d'un certificat qui constate le cours du change du lieu où la lettre de change était payable, sur le lieu d'où elle a été tirée.

Observations.

1o Le certificat de l'agent de change n'est de rigueur que lorsque la retraite est faite sur l'un des endosseurs (art. 181).

2o La prime pour le courtage et le certificat est de 1/5 % à Paris et à Lyon, et ainsi de suite, suivant l'usage des autres places.

3o Dans les lieux où il n'y a pas d'agent de change, il est certifié par deux commerçants (art. 181).

Modèle du certificat de commerçants.

Nous soussignés, négociants patentés de cette ville, à défaut d'agent de change titulaire, certifions que le cours du papier sur Paris à *vue*, est à un p. % de perte. En foi de quoi nous avons signé le présent, pour servir ce que de raison.

Paris, le 25 mai 1873.

Signature.

Signature.

Le compte de retour qui comprend tous les frais faits pour le protêt de l'effet protesté faute de paiement et tous les frais faits à la négociation de la retraite que le porteur est obligé de faire pour se rembourser, comprend le principal de l'effet protesté, les frais du protêt, les frais d'enregistrement, l'intérêt à 6 % du capital depuis le jour de l'échéance jusqu'à celui de la négociation de la retraite, la commission à 1/2 %, la perte à la négociation, la commission du courtier et les ports de lettres.

Lorsque l'effet a été protesté faute de paiement, le porteur d'ordre qui a son recours contre les endosseurs et contre le tireur, s'empresse aussitôt de se faire rembourser, en faisant une retraite.

De la retraite.

La retraite est une nouvelle traite ou lettre de change faite par le dernier porteur d'ordre, sur les endosseurs à son choix ou sur le tireur, lorsque la traite dont il est porteur a été protestée faute de paiement, à l'échéance, afin de se rembourser des sommes qui lui sont dues, principal, intérêts et frais compris.

Modèle d'une retraite.

Paris, le 25 mai 1873.   B. P. F. 4089 40

A vue, il vous plaira payer, par cette seule de change, à l'ordre de Messieurs Fournet père et fils, la somme de Quatre mille quatre-vingt-neuf francs et quarante centimes, *valeur reçue en espèces (ou d'un effet protesté faute de paiement), que vous passerez sans autre avis de*

à Monsieur   LEFRANÇOIS frères, négociants.
Lagrange père
à Lyon.

La perte à la retraite doit être certifiée par un courtier qui délivre un certificat conçu en ces termes :

Modèle d'un certificat de négociation.

> *Je soussigné Armand Isidore, courtier patenté près la bourse de Paris, sous le N°....., certifie avoir négocié à MM. B. Fould et Cie, banquiers à Paris, la retraite désignée plus haut à 1 0/0 de perte au papier.*
>
> Paris, le 25 mai 1873.
>
> *Signé :* ARMAND, Isidore.

Quoique la loi ne fasse pas mention de la légalisation de la signature des négociants, il ne s'en suit pas qu'on ne doive pas faire remplir cette formalité, attendu qu'elle donne au certificat une plus grande authenticité, et qu'en outre elle peut souvent paralyser la trop grande facilité de certaines personnes inhabiles d'ailleurs à délivrer ces sortes de certificats.

(Nota.) La signature du Maire suffit pour une pareille légalisation.

De l'Intervention.

Lorsqu'un tiers intervient pour le paiement d'une lettre de change, il doit en faire mention dans l'intitulé du compte de retour.

Exemple:

COMPTE DE RETOUR A UNE LETTRE DE CHANGE ACCEPTÉE ET PROTESTÉE FAUTE DE PAIEMENT PAR LE TIRÉ.

Traite de Condamin frères, de Paris, de *quatre mille francs*, du 20 mai, à trois mois, sur Laurent, de Marseille, à l'ordre de Gauthier frères, de Lyon, pour qui nous sommes intervenus, etc., etc.

10

Modèle d'un compte de retour.

Compte de retour et frais faits à un effet protesté faute de paiement, lancé par Lagrange père sur Gauthier frères, de Paris, payable le 20 Mai 1873, à l'ordre de M. de Rivaz, négociant à Paris et endossé à MM. Lefrançois frères, négociants à Paris.

Capital	4,000 00
Protêt	10 75
Intérêts à 6 %	3 35
Commission à 1/2 %	20 00
Timbres et ports de lettres	5 30
Courtage et certificats à 1/5 %	8 00
Perte à la retraite à 1 %	40 00
Total	4087 40

Dont je me rembourse sur Lagrange père, en une retraite de quatre mille quatre-vingt-sept francs et quarante centimes payables à vue.

Paris, le 25 mai 1873.

LEFRANÇOIS frères, *négociants.*

Enregistrement

Pour un billet à Ordre sur papier libre, de 4,000 fr., c'est-à-dire non-timbré ou pour insuffisance de timbre.

Effets de commerce ou autres, billets à ordre et tous effets négociables, souscrits antérieurement au 1er octobre 1850, en contravention aux lois sur le timbre, et non visés pour timbre. — Contre : 1° le souscripteur ; 2° l'accepteur ou le 1er endosseur (l. 24 mai 1834, art. 19.); 3° le porteur qui a négligé de faire timbrer les effets échus depuis la loi (loi, 5 juin 1850, art. 12); chacun 6 % d'amende.

— Billets à ordre ou au porteur, lettres de change, mandats, retraites et tous autres effets négociables ou de commerce, d'une date postérieure au 1er octobre 1850, souscrits

en France (mêmes ceux payables hors de France, art. 9);
écrits sur papier non timbré et non visé pour timbre avant
toute négociation, dans les délais prescrits. — Contre : 1° le
souscripteur; 2° l'accepteur; 3° le bénéficiaire ou 1er endosseur (l. 5 juin 1850, art. 4), chacun 6 % d'amende.

— Billets ou effets négociables, venant soit de l'étranger,
soit des colonies où le timbre n'est pas établi, et payables en
France, non écrits sur papier timbré ou visé pour timbre
avant d'y être acceptés, négociés ou acquittés; — ainsi que
les effets souscrits hors de France, qui, après avoir été négociés en France, y font retour par suite de protêt, et n'ont
pas été timbrés avant tout recours. — Contre : 1° l'accepteur;
2° le premier endosseur en France, ou à défaut d'endossement en France, le porteur, s'il a encaissé l'effet non timbré
(id. art. 4); chacun 6 % d'amende.

— Duplicata de lettre de change sur papier non timbré,
lorsque la première timbrée n'est pas jointe. — Contre chacun des contrevenants (d'après les règles ci-dessus) (id. art.
10); 6 % d'amende.

— Toute contravention à la défense d'encaisser ou faire
encaisser, même pour autrui, des effets de commerce non
timbrés (id. art. 7), 6 % d'amende.

Le double décime doit être ajouté à l'amende, soit pour
effet non timbré, soit pour insuffisance de timbre.

Le visa pour timbre sur 4,000 fr..............	4 fr.
L'amende 6 %............................	240 »
Double décime........................	48 »
Droit d'enregistrement, 0,60 c. p. %..........	24 »
Total devant être ajouté au compte de retour....	316 »

En cas d'insuffisance de timbre, la valeur du timbre placé sur l'effet est portée en déduction sur l'enregistrement.

Obligation ou dispense de faire un compte de retour.

La voie du compte de retour est celle qui offre le plus
d'avantages au porteur d'un effet non-payé qui veut, sans

ménagement, se rembourser sur son cédant et se récupérer pareillement de la privation momentanée de ses fonds.

Ce mode de remboursement est aussi usité chez les banquiers; il fait une partie lucrative de leurs opérations.

Suivant les circonstances, ils en retirent tout l'avantage, ou ils en font jouir leurs correspondants, en les débitant seulement du montant du capital, des frais de protêt, courtage et certificat, ainsi que des frais de timbre qu'ils ont réellement déboursés.

Enfin, ce mode de remboursement ne se pratique guère parmi commerçants qui ne pensent qu'à rentrer dans leurs fonds, sans songer à bénéficier sur un compte de retour, et qui, par la crainte d'occasionner peut-être des frais infructueux à leurs correspondants, se contentent de retourner l'effet non-payé, accompagné seulement d'un acte de protêt.

Du compte de retour facultatif à l'un des endosseurs.

Si le porteur d'un effet non-payé renonce à l'avantage du compte de retour, est-il facultatif à l'un des endosseurs subséquents de l'établir pour effectuer son remboursement?

On ne peut établir aucun doute à cet égard, s'il se base sur l'art. 181, et qu'il ne s'écarte pas des principes émis par les articles 182 et 183.

Frais de port de lettres.

Lorsque le porteur d'un effet non payé s'abstient de faire un compte de retour, et qu'il se contente seulement du remboursement du capital, ainsi que des frais de protêt et de port de lettres, le cédant peut-il se refuser au remboursement de ces derniers frais de port de lettres?

Cet article a été très-souvent un point de contestation qui néanmoins ne devrait pas l'être d'après l'article 181, qui autorise à les comprendre dans les frais du compte de retour.

En vain, on alléguera qu'il n'existe point de compte de retour, et que par conséquent on ne les doit pas ; ce refus démontre tout au moins l'injustice d'un être peu délicat, puisqu'il ne peut ignorer qu'on pouvait le constituer en des frais beaucoup plus considérables, et peut-être beaucoup moins légitimes.

En sera-t-il de même à l'égard des endosseurs subséquents, et chaque signataire aura-t-il, à son tour, le droit de réclamer à son cédant de nouveaux frais de port de lettres ?

Non, d'après l'art. 183, qui défend les rechanges cumulés ; en conséquence, ce remboursement peut être refusé, quoique très-légitime encore.

Frais de retour à la charge du tireur.

Les frais de retour d'une traite protestée faute de paiement doivent rester à la charge du tireur, si les sommes dues ne proviennent point d'une cause commerciale. (Sirey, t. 19, p. 178, et Delvincourt, 1819, p. 96).

Le sieur Michel était débiteur du sieur Delacroix; les sommes dues ne provenaient point d'une cause commerciale. Delacroix tire une lettre de change sur Michel, pour le montant de sa créance ; celui-ci ne paie pas, la lettre de change est protestée. Une discussion s'engage entre les parties, pour savoir par qui doivent être supportés les frais de retour.

Le 24 Mars 1817, arrêt de la Cour royale de Paris, qui met ces frais à la charge du tireur, le sieur Delacroix.

Pourvoi en cassation pour violation des articles 116, 159 et 178 du code de commerce, en ce que l'arrêt dénoncé faisait supporter par le tireur les frais de la traite protestée faute de paiement, bien qu'il fût reconnu en fait, qu'à l'époque de la traite, le sieur Michel était débiteur de la somme tirée.

Arrêt du 16 avril 1818.

« La Cour de cassation, attendu, en ce qui touche la disposition de l'arrêt relative aux frais de retour d'une traite protestée, qu'il ne s'agissait point de matière commer-

« ciale, mais d'une contestation purement civile, ce qui
« justifie le rejet de cet article de retour. — Rejette, etc. »

Du mécanisme du rechange.

L'article 179, concernant le rechange, mérite par son sujet
d'être commenté et approfondi, afin de mieux en sentir le
mécanisme, qui ne peut être cumulatif.

Démonstration sur la traite suivante.

Première

Lyon, le 1ᵉʳ mars 1873.   *B. P. F. 4000.*

    *A trois mois de date, payez par cette première de change,
à l'ordre de M. Bernard, la somme de Quatre mille francs,
valeur reçue comptant.*

    à Monsieur   Durand *frères et Cⁱᵉ.*
Blancard, négociant
    à Paris.

Endossements de la traite ci-derrière.

---

*Payez à l'ordre de Messieurs
Duviard, valeur reçue en marchandises.*

Lyon, le 3 mars 1873.

Bernard.

*Payez à l'ordre de Monsieur
Soulary, valeur reçue comptant.*

Mâcon, le 6 mars 1873.

Duviard.

*Payez à l'ordre de Messieurs
Soulser et Vincent, valeur reçue en
compte.*

Dijon, le 13 mai 1873.

Soulary.

Cette traite prouve que Durand frères et Cⁱᵉ, de Lyon, tirent sur Blancard, de Paris, à l'ordre de Bernard, de Lyon, lequel l'endosse à Duviard, de Mâcon, qui à son tour l'endosse à Soulary, de Dijon, qui à son tour l'endosse à Soulser et Vincent de Paris.

Soulser et Vincent à l'échéance n'étant pas payés, font protester la traite et se remboursent à vue sur Soulary, de Dijon, son cédant direct, en sa traite négociée à un % de perte.

Soulary, de Dijon, à son tour fournit une nouvelle retraite encore à vue, sur Duviard, de Mâcon, pareillement son cédant qu'il négocie à 3/4 % de perte.

Duviard, de Mâcon, à son tour fournira une nouvelle retraite, encore à vue sur Bernard, de Lyon, pareillement son cédant, qu'il négocie à 1/2 % de perte.

Bernard, de Lyon, premier porteur, paiera la retraite fournie sur lui par Duviard, de Mâcon, cette retraite sera d'une somme moins forte que celles qui ont été tirées par Soulary et par Soulser et Vincent, attendu qu'elle n'a été négociée qu'à 1/2 % de perte, lorsque la première a été négociée à 1 % et la seconde à 3/4 % de perte.

Et enfin Durand frères, de Lyon, tireurs, ne seront tenus de rembourser à Bernard, attendu que Bernard étant de Lyon, n'a pas besoin de faire retraite sur Durand frères aussi de Lyon, que pour les articles ci-après:

1º Le capital de la traite protestée;

2º Les frais du compte de retour ;

3º 1/2 % seulement pour la perte de Mâcon sur Lyon, ce qui est juste, parce que le tireur doit être étranger aux diverses négociations qui ont porté sa signature sur des places où la lettre de change n'était pas payable (art. 179).

Arrêts.

1º Lorsqu'une lettre de change est indiquée payable dans un lieu où les intérêts peuvent être cumulés, l'endosseur est tenu de supporter plusieurs rechanges. encore que l'endos sement ait eu lieu en France, où la loi prohibe le cumul des rechanges (Gênes, Sirey, t. 13, p. 23).

2º Les intérêts moratoires ne courent point du jour de l'échéance, mais seulement du jour du protêt. (Cassation, Sirey, t. 18, p. 268). Toutefois, il faut entendre protêt à défaut de paiement, et non protêt à défaut d'acception. (Cassation, Sirey, t. 15, p. 131).

3º Le solde d'un compte courant est productif d'intérêt, comme la créance originaire. (Paris, Sirey, t. 12, p. 403).

De la prescription.

Art. 189. — Toutes actions relatives aux lettres de change et aux billets à ordre souscrits par des négociants, marchands ou banquiers, ou pour faits de commerce, se prescrivent par cinq ans, à compter du jour du protêt, ou de la dernière poursuite juridique, s'il n'y a eu condamnation ou si la dette n'a été reconnue par acte séparé.

Néanmoins, les prétendus débiteurs seront tenus, s'il en sont requis, d'affirmer sous serment qu'ils ne sont plus redevables, et leurs veuves, héritiers ou ayants cause, qu'ils estiment de bonne foi qu'il n'est plus rien dû.

Art. 155. — L'engagement de la caution, mentionné dans les articles 151 et 152, est éteint après trois ans, si, pendant ce temps, il n'y a eu ni demande ni poursuite juridique.

Art. 2262 du Code civil. — Toutes les actions, tant réelles que personnelles, sont prescrites par trente ans, sans que celui qui allègue cette prescription soit obligé d'en rapporter un titre, ou qu'on puisse lui opposer l'exception déduite de la mauvaise foi.

Art. 2260 C. C. — La prescription se compte par jour et non par heures.

Art. 2261 C. C. — Elle est acquise, lorsque le dernier jour du terme est accompli.

La prescription est donc un moyen d'acquérir ou de se libérer par un certain laps de temps, et sous les conditions déterminées par la loi (Art. 2219 du Code civil).

De la prescription de 5 ans.

Il résulte des dispositions de l'article 189 :

Que la prescription est acquise après le délai de *cinq ans,* à dater du lendemain de l'échéance de l'effet, s'il n'y a eu ni protêt ni autres poursuites juridiques, ou s'il n'y a pas eu reconnaissance de la dette par acte séparé, et si, pendant ces cinq ans, la prescription a été interrompue par un protêt ou autres poursuites juridiques, elle recommencera alors son cours quinquennal, soit du jour où le protêt a été fait, soit du jour de la dernière poursuite.

De la prescription de 3 ans.

Il résulte encore des dispositions de l'article 155 :

Que la prescription est acquise après le délai de *trois ans,* pour l'engagement de la caution mentionné dans les articles 151 et 152, si pendant ce temps, il n'y a eu ni demande ni poursuite juridique.

De la prescription de 30 ans.

Il résulte enfin des dispositions de l'article 2292 du code civil ;

Que la prescription est acquise après le délai de *trente ans* pour tous billets à ordre, billets simples et simples promesses, souscrits par non-commerçants, et qui n'ont point pour objet des actes de commerce, si néanmoins pendant ce temps il n'y a eu ni demande ni poursuite juridiques.

En résultat, pour bien connaître les causes qui confèrent à une action l'action trentenaire, il suffit de se reporter aux articles 632, 633, 636 et 637 du code, dont l'esprit est qu'il ne faut considérer comme effets de commerce que ceux qui le deviennent à raison, soit de la qualité des personnes, soit de la nature de la dette.

Arrêts.

1° La prescription de cinq ans dans le cas de l'article 189 commence à courir le lendemain de l'échéance, peu importe qu'il y ait ou non protêt. Cette opinion de MM. Pardessus et Locré est conforme à la jurisprudence. (Cassation, Sirey, t. 18, p. 254 et Sirey t. 17, p. 30.)

2° La prescription de cinq ans établie par l'article 189, n'étant qu'une présomption de paiement, le débiteur peut être condamné s'il y a preuve écrite et certaine de non paiement. (Cassation, Sirey, t. 15, p. 131.) — A plus forte raison, si le créancier a été mis dans l'impossibilité de réclamer son paiement par le dol et la fraude du débiteur (Cassation, Sirey, t. 19, p. 141), jugé en ce sens (Cassation, Sirey, t. 22, p. 57). Mais de simples présomptions de non paiement ne suffisent pas pour écarter la prescription. (Cassation, Sirey, t. 13, p. 149). Jugé en ce sens (Cassation, Sirey, t. 18, p. 289).

3° La prescription n'a pas lieu, si la dette est reconnue par acte séparé, cet acte fût-il même antérieur à l'effet de commerce sujet à prescription. (Cassation, Sirey, t. 19, p. 408).

4° La prescription ne commence à courir contre une lettre de change payable à vue, que du jour du protêt qui en constate la présentation. (Nîmes, Sirey, t. 19, p. 294).

5° La simple suspension de paiement du failli n'interrompt pas la prescription établie par l'article 189. (Paris, Sirey, t. 15, p. 123).

6° La prescription de cinq ans ne peut être invoquée contre une demande formée entre commerçants, par laquelle l'un réclame de l'autre ce qui lui est dû par suite de leurs opérations commerciales, quoique ces opérations aient cessé depuis plus de 5 ans. (Rouen, Sirey, t. 18, p. 68).

De la Reconnaissance.

La reconnaissance n'est applicable qu'à une chose reçue, dont on est simplement et momentanément détenteur, pour la restituer à première réquisition, ou à temps préfixe.; tandis qu'il n'en est pas de même pour le reçu, qui dénote réception d'une chose qui doit être portée en ligne de compte, et par conséquent non restituable.

Modèle d'une Reconnaissance.

Je reconnais avoir reçu, à titre de dépôt, de M. Soulary, la somme de Cinq mille cinq cents francs, *que je m'engage à lui restituer à première réquisition.*

Lyon, le 1ᵉʳ mars 1873.

Gauthier.

Nota. — Suivant la nature du dépôt et des conventions, suivra la rédaction.

De la Déclaration.

Qu'est-ce que la déclaration ? La déclaration ne détermine pas une obligation fixe, mais bien une garantie qu'on accorde pour sûreté de paiement ou pour défaut de diligence.

Lorsqu'un preneur ne fournit pas la contre-valeur des effets qu'on lui remet en recouvrement, et que le cédant consent à n'être payé qu'après l'acceptation ou le paiement des effets cédés, on peut exiger de lui une déclaration.

Modèle de la déclaration.

Je soussigné déclare avoir reçu de M. Bardon, la somme de Trois mille francs, en sa traite tirée le 1ᵉʳ février à mon ordre, sur Lafond frères, à Paris, et payable le 31 mars prochain, dont je m'engage à lui tenir compte après l'acceptation ou le paiement de ladite traite, sauf déduction des frais de recouvrement et de provision.

Lyon, le 1ᵉʳ février 1873.

MORIN, Louis.

De la Quittance.

La quittance est un titre par lequel un créancier reconnaît avoir reçu tout ou partie de ce qui lui était dû, et en tient quitte son débiteur.

Cette expression qui est synonyme de celle de reçu, ne s'emploie ordinairement que par les propriétaires, les capitalistes ou par ceux attachés à l'administration financière, et elle remplace celle de *reçu* usité dans le commerce ; par conséquent la stipulation en étant la même, il n'y a aucune observation à faire sur la rédaction de ce titre, puisqu'il rentre dans la classe des reçus.

Du Reçu.

Combien y a-t-il de sortes de reçus ?

On compte deux sortes de reçus, savoir:

1º Le reçu simple;

2º Le reçu pour compte.

Du Reçu simple pour à-compte.

Qu'est-ce qu'un reçu simple ?

Le reçu *simple* est celui qu'on fait à un débiteur qui remet un à-compte, ou qui se libère de ce qu'il doit.

Modèle du reçu simple pour à-compte.

J'ai reçu de M. Espiard père la somme de Trois cent cinquante francs, *à compte de ce qu'il me doit.*

Lyon, le 1ᵉʳ mars 1873.

SARRAUD.

Modèle du reçu simple pour solde.

J'ai reçu de MM. Bernard frères la somme de Six cent soixante francs, *pour solde de tous nos comptes jusqu'à ce jour.*

Lyon, le 1ᵉʳ février 1873.

GAILLARD père.

Souvent il arrive que l'à-compte ou le solde que l'on donne est applicable à une facture échue, ou à échoir, ou à une opération terminée ou à terminer; en ce cas, pour ne pas confondre les versements qu'on fait avec les nouvelles et courantes opérations, on stipule sur lesdits reçus:

A-compte ou pour solde de telle facture ;

A-compte ou pour solde de telle opération.

De cette manière, ceux qui n'ont pas l'usage des écritures peuvent mieux se reconnaître au règlement final des comptes, en comparant les reçus avec les factures ou avec les comptes.

Du reçu pour compte.

Le reçu pour compte se fait lorsqu'un négociant charge un tiers de compter à son correspondant une somme qu'il lui doit ou qu'il a reçue pour son compte ; dans ce cas, celui qui fait le versement exige un reçu par duplicata, dont il garde un double, et envoie l'autre au négociant pour le compte duquel il est fait.

Modèle du Reçu pour compte.

J'ai reçu de M. Girard la somme de Quatre cent quatre-vingts francs, *dont je crédite le compte de M. Didier, de Chalon-s.-S.*

Fait double pour ne servir que d'un seul.

Lyon, le 1er mars 1873.

LAURENÇON fils.

Du Bon.

Combien y a-t-il de sortes de bons ?

Il y a deux sortes de bon :

1º Le bon au nom de l'intéressé ;
2º Le bon au porteur.

Du Bon au nom de l'intéressé.

Ce bon est un titre règlementaire qu'on remet ordinairement comme argent comptant en contre valeur d'un prêt d'espèces, d'un produit de négociations ou d'un achat au comptant, dont on ne peut se libérer que dans quelques jours.

Ce titre se fait simplement d'après l'usage, au nom de l'intéressé, qui peut, d'après l'autorisation du souscripteur, le transmettre en paiement afin d'éviter une mutation d'argent.

Modèle du Bon au porteur.

Bon pour douze cents francs, *payables le* 1er *mai prochain à M. Lacuire fils, pour autant reçu en espèces.*

Lyon, le 1er *avril* 1873.

MARCILLAC.

Le bon peut être à vue ou à présentation.

Du Bon au porteur.

Quel est l'inconvénient d'un bon au porteur ?

Le bon au porteur a un très-grand inconvénient; en cas de perte, il serait très-difficile d'en contester la non-propriété à celui qui l'aurait trouvé, comme aussi il serait imprudent de le prendre en paiement d'un effet dont la valeur est assurée par plusieurs signatures.

Modèle du Bon au nom de l'intéressé.

Bon pour Cinq mille francs, *payables à vue au porteur.*

Lyon, le 1er *mars* 1873.

LAGRANGE père.

B. P. F. 5,000.

Usages de Place.

A l'exception du *Londres*, de la *Belgique* et de l'*Italie*, qui sont cotés à vue, toutes les valeurs se négocient à trois mois.

La compensation des intérêts pour les différentes places est comme suit :

Pour les effets sur Hambourg et sur Amsterdam, à 3 % fixe.

Pour les effets sur l'Italie, le Londres et la Belgique, au taux d'escompte réel de place.

Pour les effets sur les autres places, à 4 % fixe.

Les différences qui résultent des taux arbitraires de 3 et 4 % sont compensées par les cours eux-mêmes qui sont toujours doublement cotés, soit pour le papier long, soit pour le papier à courte échéance.

Le *courtage* est de 1/8 % payable seulement par le vendeur.

Ce droit paraît assez élevé comparativement au courtage en usage aux bourses étrangères ; mais en réalité le courtier ne jouit que d'un courtage très-minime, attendu qu'il sacrifie la plus grande partie de 1/8 % pour accorder un meilleur cours au vendeur ; c'est ainsi que le courtage se réduit ordinairement à 1/2 %₀

Le vendeur bonifie le *timbre étranger* sur les effets sur : Amsterdam,—Berlin,—l'Italie,—Francfort,—Pétersbourg, — la Belgique.

L'usage pour les négociations, tant d'achats que de ventes du *Vienne*, est que l'on ne bonifie le timbre autrichien qu'en cas seulement de stipulation spéciale dans la négociation.

Les mois sont comptés pour le nombre exact de jours dont ils se composent ; l'année n'est prise que pour 360 jours.

Lettres de Change.

Tous les délais de grâce sont abrogés. Les effets dont l'échéance se rencontre un dimanche ou un jour férié, sont payables la veille.

Les jours fériés sont :

Le jour de l'Ascension,

Le jour de l'Assomption,

La Toussaint,

Le jour de Noël,

Le jour de l'an.

L'usance en France est de 30 jours qui courent du lendemain de la date de la création de l'effet.

Les lettres de change doivent être acceptées, au plus tard, dans un délai de vingt-quatre heures, c'est-à-dire d'une

journée entière ; les effets ne sont retirés que le surlendemain du jour ou même un jour plus tard, s'il y a un dimanche dans l'intervalle.

L'acceptation n'est pas obligatoire en France, s'il ne s'agit
pas d'effets tirés à vue.

Les lettres de change doivent être protestées faute de
paiement le lendemain de l'échéance, ou, si celui-ci est un
dimanche ou un jour férié, le jour suivant ; mais elles peuvent être retournées légalement dans un délai de quinze
jours à partir de la date du protêt.

Timbre.

Le timbre était autrefois de 1/2 %; depuis le 24 août 1871,
il a été porté au double.

Le nouveau tarif est établi comme suit :

Jusqu'à	100 f.	...	......	» f.	10
De	100 à	200 f.	......	»	20
.	200 .	300	......	»	30
.	300 .	400	......	»	40
.	400 .	500	......	»	50
.	500 .	1000	......	1	»
.	1000 .	2000	......	2	»
.	2000 .	3000	......	3	»
.	3000 .	4000	......	4	»
.	4000 .	5000	......	5	»

et ainsi de suite en augmentant d'un franc pour chaque
mille francs ou fraction de mille francs.

Les effets tirés de l'étranger sur l'étranger, négociés, en-
dossés, acceptés ou acquittés en France, sont soumis aux
mêmes droits.

Loi du 1er octobre 1871.

A partir du 1er décembre 1871, les factures, mémoires et
autres pièces contenant un acquit, sont soumis à l'obligation
du timbre de 10 centimes, le timbre est à la charge du
débiteur.

11

Les chèques sont soumis également à ce droit de timbre de 0,10 cent.; mais l'administration a décidé, en ce qui les concerne, qu'il n'y aurait pas lieu à l'application du timbre mobile; les carnets devront être soumis à l'estampille qui sera apposée à l'administration du timbre.

Succursales de la Banque de France.

CLASSE A.

Amiens.	Dunkerque.	Poitiers.
Angers.	Evreux.	Reims.
Angoulême.	Flers.	Rennes.
Annecy.	Hâvre (le)	Rochelle (la)
Arras.	Laval.	Rouen.
Auxerre.	Lille.	Saint-Etienne.
Bar-le-Duc.	Lons-le-Saunier.	Saint-Lô.
Besançon.	Lorient (Morbihan)	Saint-Quentin.
Bordeaux.	Lyon.	Sédan.
Caen.	Mans (le)	Tours.
Chalon-sur-Saône.	Nancy.	Troyes.
Chambéry.	Nantes.	Valenciennes.
Châteauroux.	Nevers.	Versailles.
Chaumont.	Niort.	Vesoul.
Dijon.	Orléans.	

CLASSE B.

Agen.	Carcassonne.	Montpellier.
Annonay.	Castres.	Nice.
Avignon.	Clermont-Ferrand.	Nîmes.
Bayonne.	Grenoble.	Toulon.
Brest.	Marseille.	Toulouse.

CLASSE C. — Bastia.

Les effets de la classe A doivent avoir à courir, au moment de leur présentation, dans les différentes succursales de la Banque de France, comprises dans la classe A, non compris les jours fériés...................... 4 jours.

Les effets de la classe B... .... 5 id.

Les effets de la classe C.................... 8 id.

L'escompte est perçu pour 10 jours sur les effets dont l'échéance est plus rapprochée.

Il n'existe pas de succursales de la Banque de France en Algérie, et les effets sur les principales places, comme Alger, Bône, Oran et Constantine, se négocient généralement à une perte d'à peu près 1/4 %.

Il y a encore une certaine classe de lettres de change nommée *Papier de haute Banque ou de première Banque*, qui, ordinairement, est très-recherchée comme escompte sur place, et qui se traite toujours au-dessous du taux hors banque établi pour le papier ordinaire.

Négociations de billets,

de l'escompte et de la commission.

Qu'est-ce que négocier un billet à ordre ou une lettre de change?

Négocier un effet, c'est le vendre à un banquier ou a toute autre personne, avant l'échéance pour se procurer de l'argent.

Lorsqu'un négociant a des besoins d'argent et qu'il possède des effets en portefeuille, soit des billets à ordre, soit des lettres de change, il s'adresse à un banquier pour les négocier. Le banquier, après avoir examiné la solvabilité des signatures apposées sur les effets, consent à les escompter si ces signatures lui présentent toute garantie.

L'escompte est-il sujet à variations?

Le prix de l'escompte peut être plus ou moins élevé, il dépend des événements politiques, de l'abondance ou de la rareté du numéraire et de l'abondance ou de la rareté des lettres de change, et du plus ou moins grand besoin des lettres de change.

De la commission ou change de place,

En outre de l'escompte pris par le banquier sur l'effet, il prend encore, si la place sur laquelle l'effet est payable présente quelques difficultés à l'encaissement, une commission ou change de place qui peut varier depuis 1/16 %, 1/8, 1/4 ou 1/2 % et même jusqu'à 1 %.

Comment se calcule la commission ? Cette commission se prend sur le montant de l'effet sans avoir égard au temps.

Le prix de l'escompte et de la commission sont débattues entre le banquier et le négociant ; les banquiers possèdent des tarifs imprimés où se trouvent contenues leurs conditions pour l'encaissement sur toutes les places.

Comment se calcule l'escompte d'un effet ? Pour calculer l'escompte d'un effet il faut chercher combien il y a de jours entre le jour de la négociation et le jour de l'échéance, en ayant le soin de ne pas compter le jour de la négociation ; mais il faut compter le jour de l'échéance, multiplier ensuite le montant de l'effet par le nombre de jours trouvé et diviser le produit qu'on appelle nombres, par le diviseur fixe correspondant au taux de l'escompte.

Exemple :

Quel est l'escompte d'un effet de 4,500 fr. valeur 31 mai 1873, négocié le 1er février 1873 à 4 1/2 % d'escompte.

Du 1er février au 31 mai il y a 119 jours. Il faut multiplier 4,500 fr. montant de l'effet par 119 jours et en diviser le produit 535,500 nombres par 8,000 diviseur fixe de 4 1/2 %.

Pour simplifier l'opération, on retranche les trois zéros du diviseur fixe 8,000 et on prend simplement le 1/8 de 535,500, en ayant le soin de retrancher 3 chiffres décimaux.

Opération : $4,500 \times 119 = \dfrac{535,500}{1/8} = 66$ fr. 95

L'escompte du billet est de 66 f. 95 qu'il faut retrancher de 4,500 f. montant de l'effet, ci........................ 4,500 »

Escompte 4 1/2..... 66 95

Somme à toucher à la négociation............ 4,433 05

Lorsque le banquier, en outre de l'escompte prend à la négociation de l'effet une commission ou un change de place, cette commission doit se calculer sur la valeur nominale de l'effet, sans avoir égard au nombre de jours pendant lesquels l'effet doit être escompté. — Ainsi, admettons que le banquier ait pris une commission à 1/6 % sur l'effet de 4,500 fr. On doit simplement, pour obtenir cette commission, prendre le 1/6 de 4,500 fr. et retrancher au résultat 2 chiffres décimaux.

$$\text{Opération :} \quad \frac{4,500}{1/6} = 7 \text{ f. } 50$$

Ces 7 fr. 50 doivent encore être retranchés de la valeur nominale de l'effet.

Le montant de l'effet 4,500 fr. se trouverait donc réduit à la somme de 4,425 fr. 55 que le banquier nous compterait en espèces.

Le change se confond-il avec l'intérêt?

Non, le change ne se confond pas avec l'intérêt.

Qu'est-ce que le rechange?

Le rechange est l'opération par laquelle le porteur d'une lettre de change qui a fait protester cette lettre pour défaut de paiement, tire à son tour une lettre de change sur le tireur ou l'un des endosseurs de ladite lettre, afin de se rembourser du montant de la première lettre protestée, des frais et autres accessoires.

Qu'est-ce que l'intérêt?

L'intérêt est le prix qu'un prêteur reçoit pour le prêt qu'il fait d'une somme d'argent pendant un temps déterminé. L'intérêt légal pour les affaires civiles est de 5 % ; pour les affaires commerciales il est de 6 % l'an.

De quel jour est dû l'intérêt du principal de la lettre de change protestée?

L'intérêt du principal de la lettre de change protestée faute de paiement est dû à compter du jour du protêt.

De quel jour est dû l'intérêt des frais de protêt, rechange et autres?

L'intérêt des frais de protêt, rechange et autres frais légitimes n'est dû qu'à compter du jour de la demande en justice.

Qu'est-ce que l'escompte?

L'escompte est la retenue faite par le banquier sur le montant d'une lettre de change ou d'un billet à ordre que le porteur négocie chez lui avant l'échéance.

L'escompte représente l'intérêt de l'argent avancé par le banquier, depuis le jour de la négociation jusqu'au jour de l'échéance. C'est le bénéfice fait par le banquier.

Qu'est-ce que l'escompte en dedans? L'escompte dit en dedans consiste à déterminer quelle serait la somme qui, placée à intérêt au moment du paiement, deviendrait à l'échéance du terme porté sur le billet, égale à la somme à escompter. La différence de cette somme à celle du billet est ce que l'on appelle l'escompte en dedans de cette somme. Cette méthode n'est nullement employée ni dans la banque ni dans le commerce.

Dans l'escompte en dedans, la somme à escompter est un capital augmenté de ses intérêts, et la somme escomptée est un capital simple.

Exemple : Quel est l'escompte en dedans d'un effet de 2,500 fr. payable dans un an à 5 %, on demande quelle somme doit toucher le possesseur du billet ?

Puisque 100 fr. rapportent 5 fr. au bout d'un an, il est clair que 100 fr. payés aujourd'hui deviendront 105 fr. à l'échéance de l'effet, donc 105 fr. à payer dans un an ne valent aujourd'hui que 100 fr. et savoir pour ce que vaut aujourd'hui le billet de 2,500 fr. payable dans un an. — Je fais la proportion suivante :

$$105 : 2,500 :: 100 : x = 2,380 \text{ fr. } 09.$$

Par la méthode de l'escompte en dedans, le possesseur du billet touchera 2,380 fr. 09, tandis que par la méthode de l'escompte en dehors il ne toucherait que 2,375 francs.

L'escompte en dedans est donc plus avantageux pour le porteur du billet, mais il est moins avantageux par conséquent pour le banquier. L'escompte en dehors, au contraire, est moins avantageux pour le porteur, mais il est plus avantageux par conséquent pour le banquier. Aussi l'escompte en dehors a-t-il prévalu, et il est le seul dont on se serve dans le commerce.

Qu'est-ce que l'escompte en dehors ?

L'escompte en dehors est l'escompte commercial, c'est-à-dire l'escompte fait chez les banquiers. Il consiste à déterminer les intérêts que rapporterait la somme à escompter à partir de l'époque du paiement jusqu'à son échéance. Cet escompte se calcule comme l'intérêt. Lorsqu'il s'agit d'escompter une facture, il faut multiplier le montant de la facture par le taux de l'escompte et retrancher deux chiffres décimaux au produit de la multiplication. Lorsqu'il s'agit d'escompter un effet, il faut chercher combien il y a de jours, du jour de la négociation au jour de l'échéance, multiplier le montant de l'effet par le nombre de jours et diviser le produit par le nombre diviseur fixe correspondant au taux de l'escompte, et le quotient sera l'escompte cherché.

Qu'est-ce que le taux de l'escompte ?

Le taux de l'escompte est le prix de la retenue faite par le banquier sur les effets qu'on négocie chez lui. Aussi, on dit que l'escompte est à 6 % ou à 5 %.

L'escompte est-il variable ?

L'escompte est très-variable.

Sur quoi se règle-t-il ?

L'escompte se règle d'après l'abondance ou la rareté des lettres de change, d'après l'abondance ou la rareté du numéraire et se trouve aussi sous l'influence des événements politiques.

Qu'est-ce qu'un bordereau ?

Un bordereau est un bulletin de négociation d'un banquier.

Quels sont les éléments d'un bordereau ? Quel en est le net ?

Les éléments d'un bordereau se composent de la valeur nominale de tous les effets négociés avec leurs échéances et du taux de l'escompte, et le net d'un bordereau est le montant de tous les effets négociés duquel on retranche le montant de l'escompte.

Qu'est-ce qu'un compte courant d'intérêt ?

C'est un compte qui porte intérêt réciproque et qui se règle tous les trois mois ou tous les six mois. suivant les conditions des parties.

Du bordereau d'escompte.

Qu'est-ce qu'un bor-dereau d'escompte?

Lorsqu'on négocie chez un banquier plusieurs effets à la fois au même taux d'escompte, il n'est pas utile de faire autant d'opérations qu'il y a d'effets. On ne fait qu'une seule opération pour tous les effets. Dans ce cas, le banquier fait ce qu'on appelle un bordereau d'escompte. Tous les effets s'y trouvent rangés en colonne, par ordre d'échéances, avec le nombre de jours correspondant sur la ligne de chaque effet, en ayant le soin de placer en colonne les nombres à la suite. Il faut ensuite faire la somme de tous les nombres et la diviser par le diviseur fixe correspondant au taux de l'escompte, et on obtient ainsi l'escompte général de tous les effets. — On fait ensuite la somme de tous les effets et on en retranche l'escompte général trouvé, et on obtient ainsi la somme escomptée, c'est-à-dire la somme qu'on doit recevoir du banquier à la négociation.

Modèle d'un bordereau d'escompte.

Lyon, le 1er Mars 1873.
Pris de MM. GARNIER Frères, de C/ V/.

2.000 »	s/ Paris	v/ 25 Mars.	24	48.000
3.500 »	s/ Rouen	v/ 31 id.	30	105.000
4.800 »	s/ Lille	v/ 10 Avril.	40	192.000
5.600 »	s/ Paris	v/ 20 id.	50	280.000
7.500 »	s/ Marseille	v/ 30 id.	60	450.000
9.400 »	s/ Bordeaux	v/ 15 Mai.	75	705.000
32.800				1.780.000
222 50	E^te 4 1/2 o/o à déduire.			
32.577 50	Net à recevoir.			

Bordereau d'escompte avec commission.

Des diverses ma-nières de calculer la commission en ban-que?

Lorsque les banquiers prennent une Commis-sion sur les effets qu'ils escomptent, quelques-uns ne font pas porter la Commission sur une somme moindre de cent francs, d'autres ne la font pas porter sur une somme moindre de deux cents francs; et lorsque les effets sont sur l'étran-ger, ils ne font pas porter la commission sur une somme moindre de cinq cents francs. Ce qui veut dire que si l'effet n'est que d'une som-me de 15 fr. la Commission porte cependant sur une somme de 100 fr. et quelquefois de 200 f. Si l'effet est de 150 fr. la commission porte sur une somme de 200 fr. et si l'effet sur l'étranger est de 600 fr. la commission porte sur une somme de 1000 fr.

Modèle d'un bordereau d'escompte avec une commission.

		Lyon, le 1er mai 1873.			
		Pris de MM. CHAMPAGNE Aîné et Cie, de C/ V/.			
2.400	»	s/ Marseille	15 Mai.	14	33.600
3.200	»	s/ Nîmes	25 id.	24	76.800
5.000	»	s/ Beaucaire	31 id.	30	150.000
1.500	»	s/ Reims	10 juin.	40	60.000
700	»	s/ Roubaix	20 id.	50	35.000
4.000	»	s/ Lille	30 id.	60	240.000
7.000	»	s/ id.	15 juillet.	75	525.000
5.000	»	s/ Chalon s/s	31 id.	91	455.000
9.000	»	s/ Dijon	10 août.	101	909.000
6.400	»	s/ Paris	15 id.	106	678.400
4.700	»	s/ id.	31 id.	122	573.400
48.900	»				3.736.200
		415.15 Escompte à 4 o/o			
476	25	61.10 Commission 1/8 o/o			
48.423	75	Net à recevoir.			3.736.200

Échéance commune.

Qu'est-ce que l'é-
chéance commune?

L'échéance commune est la moyenne de plusieurs échéances données. Cette moyenne doit être non-seulement relative aux diverses échéances données, mais elle doit être encore relative aux capitaux dont elle doit être l'échéance commune.

Comment obtient-on
l'échéance commune?

Pour obtenir l'échéance commune, si tous les effets étaient d'une somme égale, on n'aurait qu'à prendre la moyenne des jours. Mais comme tous les effets sont généralement d'une somme différente, on est obligé de prendre tout à la fois, la moyenne des jours et des capitaux. Pour obtenir ce résultat, il faut multiplier les capitaux par les jours, afin de rendre les rapports de jours et de capitaux communs.

L'intérêt de l'échéance commune de plusieurs effets doit être égal à l'intérêt des diverses sommes aux diverses échéances de ces mêmes effets, c'est un moyen de faire la preuve de l'échéance commune.

L'échéance commune s'emploie dans deux cas différents:

1o Nous avons vendu le 1er juin 1873, à Laurent frères, de C/V pour 10,000 francs de marchandises, avec facture à trois mois. Laurent frères nous envoient, par leur lettre du 15 juin, leur règlement en diverses valeurs, à diverses échéances. Nous sommes dans ce cas obligés de faire une échéance commune pour savoir si le règlement de Laurent frères correspond au 1er septembre, échéance de leur facture. Dans le cas où Laurent frères auraient anticipé sur le règlement, nous serions obligés de leur tenir compte de l'intérêt pour l'anticipation du

règlement; dans le cas, au contraire, où le ré-
glement serait retardé, Laurent et Ce devraient
nous tenir compte de l'intérêt.

2° On se sert aussi de l'échéance commune
pour abréger les écritures des comptes courants
et d'intérêts. Lorsqu'on reçoit de son correspondant plusieurs effets à la fois, à des échéances
diverses, on en fait l'échéance commune et on
porte au crédit de son correspondant tous les
effets en une seule somme et une seule échéance; ce moyen a l'avantage de procurer une
grande économie d'écritures.

Il y a trois méthodes bien distinctes pour calculer l'échéance commune :

1° La méthode qui a pour base les calculs des
négociations;

2° Celle qui consiste à prendre pour base des
calculs la première échéance qu'on peut appeler
marche rétrograde;

3° Celle qui consiste à prendre pour base des
calculs la dernière échéance qu'on peut appeler
marche progressive.

Ces trois méthodes se servent réciproquement
de contrôle.

Méthode ayant pour base les calculs de Négociations.

Lorsqu'on a fait tous les calculs d'une négociation, et qu'on
veut obtenir l'échéance commune des divers effets qui s'y
trouvent contenus, on divise simplement la totalité des nombres par la totalité des capitaux et le quotient de la division
donne pour résultat l'échéance commune.

Pour savoir à quelle époque correspond l'échéance commune, on prend pour point de départ le jour de la négociation et on compte autant de jours que l'échéance commune en
contient, et le jour qui correspond au nombre de jours trouvé est le jour de l'échéance commune.

Ainsi, lorsqu'on a fait une négociation, si on veut trouver l'échéance commune, les calculs se trouvent tout faits. On divise simplement les nombres par les capitaux et le quotient est l'échéance commune. Cette méthode est la plus expéditive des trois méthodes que je donne pour modèle.

Modèle de la 1re méthode ayant pour base les calculs de négociations.

		15 *Juin* 1873.		
		J'ai négocié ce jour chez AUDRA-FAUVEL, banquier, les effets suivants, à 5 % d'escompte.		
3.000	»	v/ 15 juillet............	30	90.000
1.500	»	v/ 25 Id.	40	60.000
500	»	v/ 31 Id.	46	23.000
1.800	»	v/ 25 Août.	71	127.800
700	»	v/ 10 Septembre	87	60.900
2.500	»	v/ 25 Id.	102	255.000
10.000	»			616.700
.85	65	Escompte 5 %.		
9.914	35	Somme à recevoir.		616.700

616.700 somme totale des nombres divisée par 10.000, somme totale des capitaux = 62 jours, échéance commune.

Le quotient de la division des nombres par les capitaux donne 61, plus 67/100, fraction qui est supérieure à la moitié d'un jour, c'est pourquoi nous disons 42 jours au lieu de 61 67/100.

Pour savoir à quelle époque correspond l'échéance commune, il faut compter 62 jours à partir du 15 juin, jour de la négociation et on trouvera que le 16 août correspond à l'échéance commune.

Nous dirons donc : échéance commune, 62 jours correspondant au 16 août.

Méthode ayant pour base des calculs la première échéance.

Pour calculer l'échéance commune par la méthode ayant pour base des calculs la première échéance, il faut disposer les valeurs et les échéances comme pour un compte courant à marche rétrograde et prendre pour point de départ des calculs la première échéance. Après avoir placé les jours dans la colonne des jours, on multiplie chaque somme capitale par le nombre de jours qui lui correspond, et on place les nombres dans la colonne des nombres. On additionne d'abord tous les nombres, ensuite on fait l'addition des capitaux, on divise la somme des nombres par la somme des capitaux et le quotient est l'échéance commune demandée.

Modèle de la Méthode ayant pour base des calculs la première échéance.

Ex : LAURENT Frères, de C/ V/, nous envoient les valeurs suivantes pour régler notre facture à échéance le 1er septembre 1873.

3.000	»	v/ 15	juillet..........	00 j	» »
1.500	»	v/ 25	Id.	10	15.000
500	»	v/ 31	Id.	16	8.000
1.800	»	v/ 25	août...........	41	73.800
700	»	v/ 10	septembre........	57	39.900
2.500	»	v/ 25	Id.	72	18.000
		316.700	10.000		
10.000	»				316.700
		16.700	31.67		
		67.000			
		7.000			

Echéance commune 32 jours correspondant au 16 août.

Laurent frères, de C/ V/ devaient nous régler leur facture au 1er septembre, ils nous règlent donc 16 jours avant l'échéance, puisque leur règlement correspond au 16 août. Nous devons leur tenir compte de 16 jours d'intérêt sur 10.000 fr. montant de leur facture.

Pour trouver la date correspondante à l'échéance commune, 32 jours, il faut compter 32 jours, en prenant pour point de départ le 15 juillet, qui est l'échéance qui a servi de base aux calculs, et on trouve pour échéance commune le 16 août, qui est exactement la même date que celle que nous avons trouvée dans la première méthode.

Méthode ayant pour base des calculs la dernière échéance.

Pour calculer l'échéance commune d'après cette méthode, après avoir disposé les valeurs et les échéances de la même manière que dans la méthode précédente, il faut prendre pour point de départ des calculs la dernière échéance, chercher combien il y a de jours depuis chaque échéance jusqu'à la dernière que nous nommerons époque ; multiplier chaque somme par son nombre de jours correspondant, et placer les nombres dans la colonne des nombres. Additionner les nombres et les capitaux, et diviser les nombres par les capitaux, et le quotient est le nombre de jours qui correspond à l'échéance commune.

Modèle de la Méthode ayant pour base des calculs la dernière échéance.

Ex : LAURENT Frères de C/ V/, nous envoient les valeurs suivantes pour régler notre facture à échéance le 1er sept. 1873.

3.000	»	v/ 15 juillet............	72 j	216.000
1.500	»	v/ 25 id.	62	93.000
500	»	v/ 31 id.	56	28.000
1.800	»	v/ 25 août.............	31	55.800
700	»	v/ 10 septembre.........	15	10.500
2.500	»	v/ 25 id.	0 j.	
10.000	»	403.300 10.000		403.300
		33.000 40 j. 33		
		3.0000		
		0000		

Pour trouver la date correspondante à l'échéance commune, il faut compter les jours en partant du 25 septembre, dernière échéance, et en rétrogradant, on arrive au 16 août qui est déjà l'échéance commune trouvée par les deux autres méthodes.

Nous dirons donc :

1re Méthode : 62 jours correspondant au 16 août;

2e Méthode : 32 jours correspondant au 16 août;

3e Méthode : 40 jours correspondant au 16 août.

Nous trouvons que par les trois méthodes l'échéance commune est exactement la même, puisqu'elle correspond au 16 août; donc nous pouvons établir que ces trois méthodes sont très-justes et qu'elles peuvent se servir réciproquement de contrôle.

Tableau oomparatif des trois méthodes d'échéances communes.

J'ai négocié ce jour les effets suivants à 5 0/0 d'escompte, chez AUDRA-FAUVEL, banquier. Echéance commune par les trois méthodes.				1re méthode		2e méthode		3e méthode	
3.000	»	v/ 15 juillet.	30	90.000	60 j.		72	216.000	
1.500	»	v/ 25 id.	40	60.000	10	15.000	62	93.000	
500	»	v/ 31 id.	46	23.000	16	8.000	56	28.000	
1.800	»	v/ 25 août.	71	127.800	41	73.800	31	55.800	
700	»	v/ 10 sept.	87	60.900	57	39.900	15	10.500	
2.500	»	v/ 25 id.	102	255.000	72	18.000	0 j.		
10.000	»			616.700	10.000	316.700	10.000	403.300	10.000
85	65	Esc. 5 0/0		16.700	61.67	16.700	31.67	03 000	40.33
				6.7000		6.7000		0.0000	
9.914	35	Somme à recevoir		7000		7000		0000	

1re Méthode : Echéance commune 62 jours correspondant au 16 août.

2e Méthode : Echéance commune 32 jours correspondant au 16 août.

e Méthode : Echéance commune 40 jours correspondant au 16 août.

Aux personnes qui ne sont pas habiles à faire des calculs, je leur conseille de faire de nombreux exercices de négociations et d'échéances communes, en prenant pour modèle le tableau comparatif ci-dessus, en ayant le soin de le faire avec une vingtaine d'effets. Ce travail, aura l'avantage de les rendre d'abord habiles et les obligera à faire des calculs exacts.

MÉTHODE

pour obtenir, par une simple multiplication, les intérêts des intérêts à 5 et à 6 % au taux légal de 5 %.

Multiplicateur.		Multiplicateur.		Multiplicateur.	
1 an	5	6 ans	34,01	11 ans	71,03
2 ans	10,25	7 ans	40,71	12 ans	79,59
3 ans	15,76	8 ans	47,74	13 ans	88,56
4 ans	21,55	9 ans	55,13	14 ans	97,99
5 ans	27,63	10 ans	62,89	15 ans	107,89

OPÉRATION.

Pour obtenir l'intérêt des intérêts d'une somme capitale quelconque, il faut multiplier cette somme capitale par le nombre correspondant au nombre d'années pendant lequel on désire trouver l'intérêt des intérêts, et retrancher au produit de la multiplication quatre chiffres décimaux, et on obtient ainsi l'intérêt des intérêts.

Exemple :

Quel est l'intérêt des intérêts d'une somme de 6000 fr. à 5 p. % pendant six années ?

$$6000 \times 34,01 = 2040\ 6000 = 2040, 60.$$

En plaçant une somme capitale à 5 % par an, le cumul des intérêts des intérêts pendant 14 ans et 74 jours double le capital.

Ces nombres sont le résultat du calcul de l'intérêt des intérêts d'une somme de 100 fr. à 5 % depuis un an jusqu'à 15 ans. Ainsi le nombre 27 fr. 63 cent. représente l'intérêt des intérêts d'une somme de 100 fr. pendant 5 ans, de même

que le nombre de 107 fr. 89 cent. représente l'intérêt des intérêts de 100 fr. pendant 15 ans. Donc, si on connaît l'intérêt
des intérêts de 100 fr. pendant un certain nombre d'années,
il est très-facile d'obtenir l'intérêt des intérêts d'un capital
quelconque, en le multipliant par le nombre relatif au nombre d'années pendant lesquelles on cherche l'intérêt des
intérêts.

Au taux légal de 6 % pour le commerce.

Multiplicateur.		Multiplicateur.		Multiplicateur.	
1 an	6	6 ans	41,60	11 ans	89,49
2 ans	12,36	7 ans	50,10	12 ans	100,86
3 ans	19,10	8 ans	59,10	13 ans	112,91
4 ans	26,25	9 ans	68,65	14 ans	125,69
5 ans	33,82	10 ans	78,77	15 ans	139,23

L'opération est exactement la même que pour le 5 %.

Au bout de 11 ans et 337 jours le capital se trouve doublé
à 6 %.

On pourrait faire des nombres multiplicateurs à tous les
taux ; mais les taux 5 % et 6 % étant les taux légaux, par
conséquent les seuls qui puissent être en usage dans les affaires de longue haleine, je n'ai pas cru nécessaire de faire les
tableaux des nombres multiplicateurs à tous les taux.

———

12

Tableau des nombres diviseurs fixes, ayant pour base l'année commerciale de 360 jours, servant à trouver l'intérêt des comptes courants et l'escompte des négociations.

Au taux de 1 % diviseur 36,000.

Au taux de			Au taux de		
— 1 1/8 o/o	diviser	32.000	— 5 5/8 o/o	diviser	6.400
— 1 1/4 o/o	—	28.800	— 5 3/4 o/o	—	6.260
— 1 3/8 o/o	—	26.909	— 5 7/8 o/o	—	6.127
— 1 1/2 o/o	—	24.000	— 6 o/o	—	6.000
— 1 5/8 o o	—	22.154	— 6 1/8 o/o	—	5.877
— 1 3/4 o/o	—	20.571	— 6 1/4 o/o	—	5.760
— 1 7/8 o/o	—	19.200	— 6 3/8 o/o	—	5.647
— 2 o/o	—	18.000	— 6 1/2 o/o	—	5.538
— 2 1/8 o/o	—	16.941	— 6 5/8 o/o	—	5.433
— 2 1/4 o/o	—	16.000	— 6 3/4 o/o	—	5.333
— 2 3/8 o/o	—	15.157	— 6 7/8 o/o	—	5.236
— 2 1/2 o/o	—	14.400	— 7 o/o	—	5.142
— 2 5/8 o/o	—	13.714	— 7 1/8 o/o	—	5.052
— 2 3/4 o/o	—	13.090	— 7 1/4 o/o	—	4.965
— 2 7/8 o/o	—	12.521	— 7 3/8 o/o	—	4.881
— 3 o/o	—	12.000	— 7 1/2 o/o	—	4.800
— 3 1/8 o/o	—	11.520	— 7 5/8 o/o	—	4.721
— 3 1 4 o/o	—	11.076	— 7 3/4 o/o	—	4.645
— 3 3/8 o/o	—	10.666	— 7 7/8 o/o	—	4.571
— 3 1/2 o/o	—	10.285	— 8 o/o	—	4.500
— 3 5/8 o/o	—	9.931	— 8 1/8 o/o	—	4.430
— 3 3/4 o/o	—	9.600	— 8 1/4 o/o	—	4.363
— 3 7/8 o/o	—	9.290	— 8 3/8 o/o	—	4.298
— 4 o/o	—	9.000	— 8 1/2 o/o	—	4.235
— 4 1/8 o/o	—	8.727	— 8 5/8 o/o	—	4.173
— 4 1/4 o/o	—	8.470	— 8 3/4 o/o	—	4.114
— 4 3/8 o/o	—	8.228	— 8 7/8 o/o	—	4.056
— 4 1/2 o/o	—	8.000	— 9 o/o	—	4.000
— 4 5/8 o/o	—	7.783	— 9 1/8 o/o	—	3.945
— 4 3/4 o/o	—	7.578	— 9 1/4 o/o	—	3.891
— 4 7/8 o/o	—	7.384	— 9 3/8 o/o	—	3.840
— 5 o/o	—	7.200	— 9 1/2 o/o	—	3.789
— 5 1/8 o/o	—	7.024	— 9 5/8 o/o	—	3.740
— 5 1/4 o/o	—	6.857	— 9 3/4 o/o	—	3.692
— 5 3/8 o o	—	6.697	— 9 7/8 o/o	—	3.645
— 5 1/2 o/o	—	6.546	— 10 o/o	—	3.600

Des moyens les plus simples

de prendre l'Escompte et l'Intérêt.

Pour trouver l'escompte ou l'intérêt d'une somme capitale quelconque, pendant un nombre de jours donné, il faut multiplier la somme capitale par le nombre de jours, et en diviser le produit par le nombre diviseur fixe qui correspond au taux de l'intérêt. Voir le tableau ci-contre.

Pour connaître l'intérêt de 5000 fr. pendant 50 jours à 6 %, il faut multiplier la somme capitale 5000 fr. par 50 jours et en diviser le produit 250,000 nombres par le diviseur fixe correspondant au taux de l'intérêt qui est 6,000 ; par abréviation on retranche trois zéros, et on divise simplement par 6, et on obtient au quotient de la division trois chiffres décimaux.

En banque, le produit de la multiplication des capitaux par les jours s'appelle *Nombres.*

Lorsque l'intérêt est à 6 % on devrait diviser par 6,000 ; mais le moyen le plus simple et le plus abréviatif est de prendre le 1/6 des nombres et de retrancher trois chiffres décimaux, parce qu'en prenant le 1/6 on retranche trois zéros au diviseur 6000 ; à 5 %, on devrait diviser par 7,200, par abréviation, on divise par 72 et on retranche deux chiffres décimaux. A 4 1/2 % on devrait diviser par 8,000, par abréviation on prend le 1/8 et on retranche 3 chiffres décimaux. A 4 % on devrait diviser par 9,000, par abréviation, on prend le 1/9 et on retranche 3 chiffres décimaux.

Les nombres diviseurs ne sont que le résultat de l'abréviation de la règle de trois composée, qu'on devrait faire pour trouver l'intérêt ou l'escompte demandé.

Un exemple suffira pour faire comprendre d'où dérivent les nombres diviseurs fixes.

Nous chercherons l'intérêt de 12,000 fr. pendant 45 jours à 5 % en employant la règle de trois.

100 :	12.000	: :	5 :	x
360 :	45	: :	x :	x'
36.000 :	540.000	: :	5 :	x
	5			
	2.700.000		36.000	
	180.000		75 f. Intérêts.	
	00.000			

Pour simplifier les calculs, il faut au lieu de multiplier le produit des deux conséquents 540,000 par 5, rendre le produit des deux antécédents, 36,000 cinq fois moins fort, en le divisant par 5., ce qui donne pour quotient 7,200 qui devient le diviseur fixe.

« De sorte que, pour obtenir les diviseurs fixes, on divise simplement le nombre 36,000, produit des deux antécédents par le taux de l'intérêt et de l'escompte quel qu'il soit, et le quotient est le nombre diviseur demandé.

Pour le calcul des comptes courants et d'intérêts, l'usage s'est généralement établi en France, dans la plupart des maisons de banque de calculer les intérêts en comptant tous les jours contenus dans chaque mois, c'est-à-dire en comptant l'année de 365 jours, et en prenant, au contraire, pour diviseurs les diviseurs fixes qui ont pour base l'année commerciale de 360 jours, au lieu de prendre pour diviseurs les nombres qui ont pour base l'année de 365 jours. Cette manière de calculer les intérêts n'est pas exacte ; elle donne une différence de cinq jours d'intérêts qui tournent à l'avantage du banquier et au désavantage du débiteur. Un certain nombre de banquiers emploient les diviseurs fixes de 360 jours et comptent tous les mois de 30 jours. Cette manière de compter est très-exacte, parce que, en comptant tous les mois de 30 jours, l'année se trouve composée de 360 jours. 12 fois 30 $=$ 360.

Les diviseurs fixes ayant pour base 36,000 étant moins forts que les diviseurs fixes ayant pour base 36,500 doivent nécessairement produire des intérêts plus forts.

Lorsque les capitaux du débit, dans un compte courant d'intérêts, se balancent à peu de chose près avec les capitaux du crédit, la différence des intérêts est à peine sensible ; mais lorsqu'on se trouve débiteur d'une somme importante, la différence des intérêts devient alors considérable. Le débiteur, par cette méthode paie plus d'intérêts qu'il n'en doit réellement. En se servant des nombres diviseurs ayant pour base l'année de 365 jours, les intérêts seraient très-exacts.

Je suppose que Perret, de Paris, reste débiteur pour soldé de. . . . .   9,000,000 »»
de nombres à 6 %.

En prenant pour diviseur 6000, diviseur fixe de 360 jours, Perret doit intérêts. 1,500 00

En prenant pour diviseur 6.083, diviseur fixe de 365 jours, Perret doit intérêts. 1,479 55

Différence d'intérêts. . . .   20 45

En divisant par 6,000 au lieu de 6,083, Perret sera donc obligé de payer 20 fr. 45 c. de plus d'intérêts qu'il ne doit réellement.

Cet usage irrégulier, est dû particulièrement à la plus grande facilité des calculs qui résulte de l'emploi des diviseurs fixes ayant pour base l'année commerciale de 360 jours. Ces diviseurs sont généralement, pour les taux les plus usités dans le commerce, plus ronds et plus simples, et par conséquent d'un emploi plus facile que les diviseurs fixes ayant pour base l'année de 365 jours.

Cette différence n'est pas appréciable lorsqu'il s'agit d'un compte-courant d'intérêts dont la durée est seulement d'un trimestre; il ne peut pas y avoir plus d'un jour ou deux de différence par trimestre, dans le premier trimestre de l'année il n'y a pas de différence.

L'escompte est la bonification qu'un vendeur fait en faveur de son acheteur sur le montant d'une facture. Ainsi on vend des marchandises au comptant ou à un ou plusieurs mois de terme, avec un escompte ou une bonification en faveur de l'acheteur, qui varie suivant les habitudes de chaque commerce.

L'escompte est aussi le bénéfice que l'on accorde à un banquier sur le montant d'un effet qu'on négocie chez lui et dont il fait les avances avant l'échéance.

L'intérêt est le prix qu'un prêteur reçoit pour le prêt qu'il fait de son argent pendant un temps déterminé.

La manière de calculer l'escompte d'une facture est absolument la même que pour calculer l'intérêt d'une somme capitale pendant une année ; seulement l'escompte se déduit sur le montant de la facture, tandis que l'intérêt s'ajoute à la somme capitale.

La bonification accordée à un acheteur sur sa facture se calcule comme l'escompte, seulement il faut d'abord déduire l'escompte sur le montant de la facture, et c'est seulement sur le montant de la facture escomptée que l'on doit retrancher la bonification.

Pour prendre l'escompte d'une facture, il faut simplement multiplier le montant de la facture par le taux de l'escompte quel qu'il soit et retrancher au produit de la multiplication deux chiffres décimaux à cause d'une division p. % qui est sous entendue, et s'il y a des chiffres décimaux dans les deux facteurs de la multiplication il faut encore retrancher autant de chiffres décimaux qu'il y en a dans les deux facteurs.

Ainsi, à Lyon, chez les fabricants de soieries, on accorde à l'acheteur 15 % et même 16 % d'escompte, plus 2 % de bonification.

Exemple :

Quel est l'escompte d'une facture à deux mois de 10,500 à 15 % d'escompte et 2 % de bonification ?

Montant de la facture.	10,500 00
Escompte 15 %.	1,575 00
	8,925 00
Bonification 2 %.	178 50
Total net à payer.	8,746 50

Pour prendre l'intérêt d'une somme capitale pendant une année, la méthode est la même que pour l'escompte d'une facture.

Exemple : Quel est l'intérêt d'une somme capitale de 85,700 fr. placée pendant une année, à 5 % ?

Il faut simplement multiplier la somme capitale 85,700 fr. par 5 fr., taux de l'intérêt et retrancher deux chiffres décimaux au produit de la multiplication.

Opération :

$$85,700 \quad \text{somme capitale.}$$
$$5 \quad \text{taux de l'intérêt de } \%.$$
$$428,500 \quad \text{intérêts dus.}$$

La somme prêtée étant de................ fr. 85,700 »
L'intérêt pour une année, à 5 %, étant de.....   4,285 »

La somme à rembourser par l'emprunteur est de................................. ....   89,985 »

Je ferai l'application de l'escompte et de la bonification à une facture que je vais donner pour modèle.

Je vais supposer que MM. Aubry et Mathevon, fabricants d'étoffes de soies à Lyon, vendent des étoffes à M. Pascal et Cie, marchands de nouveautés, avec facture à 3 mois et 15 % d'escompte et 2 % de bonification.

La facture donnée par le vendeur à son acheteur doit contenir l'énumération de la quantité, de la qualité, des prix des marchandises, de l'époque du paiement et du taux de l'escompte et de la bonification.

Modèle de facture.

Doit Messieurs PASCAL et Cie, Marchands de nouveautés à Lyon, à MM. AUBRY et MATHEVON, les marchandises à eux livrées et vendues, payables à 3 mois, avec 15 % d'escompte et 2 % de bonification.

Lyon, le 15 janvier 1873.

2.845	1	60	50	Satin noir.	à	6	»	363	30
3.426	1	65	»	Satin bleu.	à	8	»	520	»
2.749	1	62	»	Taffetas noir.	à	10	»	620	»
2.745	1	60	»	Taffetas noir.	à	9	»	540	»
								2.043	30
				Escompte 15 %				306	50
								1.736	80
				Bonification à 2 %				34	75
				Total net à payer.				1.702	05

MM. Pascal et Cie auront donc à payer à MM. Aubry et Mathevon, le 15 avril 1873, échéance de leur facture, une somme de 1702 fr. 05 pour le règlement de leur facture, escompte et bonification déduits.

De la lettre de voiture.

Dans le cas où le vendeur est obligé d'expédier la marchandise vendue par la voie de terre, il doit remettre une lettre de voiture au voiturier.

Qu'est - ce qu'une lettre de voiture ?

La lettre de voiture est un contrat fait entre le vendeur et le voiturier, par lequel le dernier s'engage à transporter des marchandises d'un lieu dans un autre, moyennant un prix convenu à tant par % kilog; ce prix est fixé en proportion de la distance qu'il y a à parcourir, de la difficulté des chemins, etc.

Le voiturier est-il responsable des avaries ?

Hors le cas de force majeure, le voiturier est responsable des avaries que les marchandises peuvent éprouver pendant le voyage, à moins qu'il ne soit constaté que ces avaries proviennent du vice des marchandises elles-mêmes.

Le voiturier est-il responsable du retard?

Oui, à moins qu'il ne puisse prouver que le retard est le fait de la force majeure.

La lettre de voiture doit être datée du pays dans lequel elle a été confectionnée.

Quelles sont les énonciations que doit contenir une lettre de voiture ?

Elle doit énoncer : le nom de l'expéditeur, celui du destinataire et celui du voiturier; le délai qui est accordé au voiturier pour se rendre d'un lieu que l'on désigne, dans un autre aussi désigné; le poids, la nature et la quantité des colis qui lui sont confiés; le prix qui lui est alloué par % kilog. pour le transport.

La lettre de voiture n'est-elle pas soumise à certaines formalités ?

La lettre de voiture doit être timbrée au timbre de 70 c.

Lorsqu'une marchandise voyage, lorsqu'il n'y a pas eu de condition spéciale à ce sujet, aux risques et périls de qui voyage-t-elle?

Une fois la marchandise confiée au voiturier par le vendeur, elle voyage aux risques et périls de l'acheteur. Toutes contestations qui pourraient s'élever entre le destinataire et le voiturier, au sujet du prix du transport et des avaries, doivent être vidées entre eux, sans que le vendeur puisse être forcé d'intervenir autrement que comme témoin.

Si le destinataire d'une marchandise en avait pris livraison, serait-il encore fondé à réclamer indemnité pour avaries ou pour retard?

Non, la réception de la marchandise et le paiement du prix de la voiture éteignent toute action contre le voiturier.

Quels sont les priviléges du voiturier?

En cas de refus ou de contestation pour la réception des objets transportés, leur état est vérifié et constaté par des experts nommés par le Président du Tribunal de commerce, ou, à son défaut, par le Juge de paix, et par ordonnance ensuite d'une requête. Le dépôt ou séquestre, et ensuite le transport dans un dépôt public, peuvent en être ordonnés. La vente peut en être ordonnée au profit du voiturier, jusqu'à concurrence du prix de la voiture. Toutes ces dispositions sont applicables aussi bien aux maîtres-entrepreneurs de diligences et voitures publiques qu'aux voituriers.

Modèle d'une lettre de voiture

Colis	Marques	Nos	Poids
	AB	20	60 kos
	BC	21	62 »
5	CD	22	54 »
	DE	23	42 »
	EF	24	20 »

Nº 150.

Voiture	11	90
Remboursement		
Timbre		70

AUBRY et MATHEVON, Fᵗˢ. de soieries à Lyon (Rhône).
Roulage.

Lyon, le 25 mars 1873,

Sous la conduite de Lambert J., voiturier de C/ V., vous recevrez cinq colis, marqués comme ci-contre, et pesant ensemble deux cent trente-huit kilos,

Lesquels bien conditionnés et rendus devant votre porte, sous dix jours, à peine, pour le voiturier, de perdre le tiers de sa voiture, sans préjudice des dommages et intérêts. Vous lui paierez à raison de cinq francs les 0/0 kilos plus pour le timbre de la présente.

Signé : AUBRY et MATHEVON.

à Messieurs
Gauthier frères nᵗˢ   En cas d'avaries, exercer
à Chalon s/s.   les premières poursuites
contre le voiturier.

Du Protêt.

Losqu'une lettre de change et un billet à ordre sont impayés à l'échéance, que faut-il faire ?

Il faut les faire protester.

Qu'est-ce qu'un protêt ?

Un protêt est un procès-verbal fait par un huissier, dans certains pays et par les notaires dans certains autres, qui constate d'une manière légale le refus de paiement fait par le souscripteur et les motifs de ce refus.

Que fait alors le dernier porteur d'ordre pour se faire rembourser ?

Le dernier porteur d'ordre fait retraite sur le tireur ou sur l'un des endosseurs, à son choix.

Qu'est-ce qu'une retraite ?

La retraite est une nouvelle traite qui comprend la valeur nominale de la traite ou du billet à ordre protesté, et les frais du protêt ainsi que ceux de la perte à la négociation.

Quels noms donne-t-on à ces frais ?

On appelle le total des faux frais faits pour un effet protesté un compte de retour.

Le commerçant qui laisse protester un effet ne peut-il pas être déclaré en faillite ?

Oui, il peut être déclaré en faillite, par un jgement du Tribunal de Commerce, s'il est vraiment débiteur et surtout s'il a accepté ou souscrit l'effet.

Quand un commerçant est-il en état de faillite ?

Lorsqu'il a suspendu ses paiements.

Quand un commerçant est-il en état de banqueroute ?

Quand ses livres sont irrégulièrement tenus, et qu'il ne peut pas justifier de l'emploi des fonds ou des marchandises qu'il a reçus.

Comment la loi traite-t-elle l'un et l'autre ?

La loi absout le failli et condamne le banqueroutier.

Le failli est-il tenu de représenter ses livres ?

Oui, le failli est tenu de représenter ses livres, et s'ils étaient mal tenus ou qu'ils ne présentassent pas sa véritable position, il pourrait être déclaré en état de banqueroute.

Si un commerçant avait souscrit un billet simple, le bénéficiaire pourrait-il le faire protester ?

Non, on ne peut faire protester que les billets à ordre.

Pourquoi cela ?

Parce que les billets à ordre seuls sont des effets de commerce, et que les simples promesses n'ayant pas d'endosseurs, on n'a pas besoin de les faire protester.

A-t-on plus d'intérêt à se faire souscrire un billet à ordre qu'une simple promesse ?

Oui, on a plus d'intérêt à se faire souscrire un effet à ordre, parce qu'avec un billet à ordre on peut se procurer de l'argent, en l'endossant et en le négociant, tandis qu'avec une simple promesse on ne le peut pas, parce qu'elle n'est pas à ordre.

Quel nom prend cette opération pour celui qui donne le billet et pour celui qui le reçoit ?

Cette opération s'appelle négocier pour celui qui vend l'effet, en en transmettant la propriété au banquier par la voie de l'endossement, et escompter pour celui qui l'achète et qui le reçoit.

Le banquier, en achetant ce billet donne-t-il au commerçant la valeur nomi-

Non, le banquier déduit, sur la valeur nominale de l'effet, l'escompte à tant pour %, plus la *nale pour laquelle il a été souscrit ?*

commission. Le banquier ne paie que la valeur négociée de l'effet.

Comment fait le banquier pour trouver la valeur actuelle ou valeur négociée de l'effet?

Il multiplie la valeur nominale de l'effet par le nombre de jours qui existe entre le jour de la négociation et le jour de l'échéance et il divise le produit de cette multiplication par le diviseur fixe correspondant au taux de l'escompte, et calcule ensuite la commission ou le change de place sur le montant de l'effet à 1/4 % ou 1/8 %, sans avoir égard au temps.

Que faut-il faire pour trouver le diviseur fixe correspondant au taux de l'escompte ?

Pour trouver le diviseur fixe qui correspond au taux de l'escompte, il faut diviser le nombre 36,000 par le taux de l'intérêt ou de l'escompte quel qu'il soit, et le quotient de la division donne le diviseur fixe.

Pourquoi le nombre 36,000 sert-il de base pour trouver le diviseur fixe ?

Parce que le nombre 36,000 est le produit de deux antécédents de la règle de trois composée, qu'on est obligé de faire pour trouver l'escompte pendant un certain nombre de jours, c'est un moyen de simplifier les calculs de la règle de trois.

Dans quel cas emploie-t-on les diviseurs fixes ?

On emploie les diviseurs fixes pour trouver l'intérêt des comptes courants et pour calculer l'escompte des négociations.

Combien y a-t-il de méthodes de comptes courants et d'intérêts?

Il y a trois méthodes bien distinctes, la marche progressive ou ancienne méthode, la marche rétrograde ou nouvelle méthode, et enfin la méthode par échelette ou hambourgeoise. Ces méthodes présentent de nombreuses subdivisions, qui rendent aujourd'hui l'étude des comptes courants assez compliquée.

Qu'est-ce que la marche progressive?

La marche progressive est celle que l'on emploie lorsque l'époque à laquelle on doit arrêter le compte est connue, elle consiste à chercher les intérêts véritables.

Qu'est-ce que la marche rétrograde?

La marche rétrograde est celle que l'on emploie, lorsque l'époque à laquelle on doit arrêter le compte courant n'est pas encore connue ; elle consiste à chercher d'abord les intérêts fictifs, ensuite on cherche les intérêts totaux, et, en retranchant les intérêts fictifs des intérêts totaux, on trouve pour différence les intérêts réels.

Qu'est-ce que la méthode par échelette ou hambourgeoise?

La méthode par échelette ou hambourgeoise est celle par laquelle on procè de parsoustraction.

Voir, pour faire une étude complète et approfondie des comptes courants et d'intérêts, mon traité spécial des comptes courants et d'intérêts, neuvième édition. ouvrage couronné d'une médaille d'argent à l'Exposition Universelle de Lyon 1872.

N'existe-t-il pas des nombres rouges?

Oui, il existe des nombres rouges dans la marche progressive et dans la marche rétrograde.

Quelles sont donc les échéances qui donnent lieu à des nombres rouges dans la marche progressive?

Les échéances qui sont postérieures à la clôture du compte, donnent lieu à des nombres rouges dans la marche progressive, c'est-à-dire que si la clôture du compte courant a lieu le 30 juin, les échéances qui seraient au 15, au 25 juillet, étant postérieures à la clôture du compte, donneraient lieu à des nombres rouges.

Quelles sont donc les échéances qui donnent lieu à des nombres rouges dans la marche rétrograde?

Les échéances qui sont antérieures à l'ouverture du compte dans la marche rétrograde, donnent lieu à des nombres rouges, c'est-à-dire que si l'ouverture du compte courant a lieu le 1er janvier, les échéances qui seraient au 15, au 25 décembre, étant antérieures au 1er janvier, jour de l'ouverture, donneraient lieu à des nombres rouges.

Pourquoi les ap-pelle-t-on nombres rouges ?

Parce que l'on écrit ces nombres ordinaire-ment avec de l'encre rouge, afin de les distin-guer.

Des principaux établissements financiers de France.

Quels sont les prin-cipaux établissements de crédit ?

Les principaux établissements de Crédit sont : la Banque de France, le Crédit Foncier, le Comp-toir d'escompte de Paris, la Société générale, le Crédit Lyonnais, etc.

Quelle est leur uti-lité ?

Leur utilité est de favoriser le commerce et l'industrie, en procurant aux commerçants la faculté de négocier leurs effets, d'augmenter et d'activer leurs échanges ; c'est dans ces établis-sements que les particuliers déposent leur argent pour en tirer un intérêt, avec faculté de le retirer à volonté, en tout ou en partie.

Qu'est-ce que la Banque de France ?

La Banque de France est une grande institu-tion financière qui a été instituée par les lois du 14 avril 1803 et du 22 avril 1806. Elle a reçu du Gouvernement le droit d'émettre des billets au porteur, payables à vue, qu'on appelle billets de banque. Une assemblée d'actionnaires repré-sentée par deux cents d'entre eux, nomment quinze régents et trois censeurs, qui forment cinq comités nommés des *Comptes*, des *Billets*, des *Livres* et *Portefeuilles*, des *Caisses*, des *Relations avec le Trésor public et les Procureurs généraux*. Le gouverneur et les deux sous-gouverneurs sont nommés par le chef du gou-vernement ; la direction supérieure de la Ban-que leur est attribuée, mais ils ne l'exercent que d'une façon négative au moyen d'un droit de véto fort étendu. La direction effective appartient au Conseil général de la Banque.

Dans quel but la banque a - t - elle été créée?

Le Gouvernement, en créant la Banque de France, et en lui accordant des priviléges à l'aide de lois spéciales, a eu pour but de former un établissement financier d'une grande puissance, qui puisse non-seulement être un puissant auxiliaire pour le commerce, mais être un point d'appui sérieux à l'établissement de son crédit et capable de lui venir en aide dans les moments de crises et de besoins financiers.

Quels services est-elle appelée à rendre?

La Banque de France peut rendre de nombreux services, elle escompte les effets de commerce portant trois signatures, notoirement connues pour solvables. Elle fait des avances sur dépôt de fonds publics à échéances fixes et sur dépôt de lingots et de monnaies étrangères. Elle tient une caisse de dépôts volontaires pour toutes sortes de titres et pour lingots d'or et d'argent, monnaies, diamants, moyennant un droit de garde calculé sur la valeur estimative, à raison d'un 1/8 % pour chaque six mois. Elle se charge du recouvrement des effets qui lui sont remis ; elle reçoit en compte courant les sommes versées par les négociants et les établissements publics. Les actions de la Banque peuvent être immobilisées, sur la simple déclaration du propriétaire.

Qu'est-ce que le Crédit Foncier?

Le Crédit Foncier de France est une grande institution de crédit qui a pour but de venir en aide aux propriétaires et aux agriculteurs, à l'aide de prêts hypothécaires ; les opérations de cette société s'étendent aujourd'hui sur toute la France.

Le Crédit Foncier de France n'était d'abord que la banque foncière de Paris, qu'un décret du 18 novembre 1852 a transformée sous la dénomination de Crédit Foncier de France. Depuis cette époque le Crédit Foncier de Nevers et celui de Marseille se sont fondus dans le Crédit Foncier de France.

Le 6 juillet 1854, un décret ordonna la réunion du Crédit Foncier à l'Etat.

Le directeur, M. Wolowski, fut remplacé par M. de Germiny avec le titre de gouverneur, aux appointements de 40,000 fr., avec deux sous-gouverneurs aux appointements, chacun, de 20,000 fr.

La société du Crédit Foncier est fondée pour 99 ans à partir du 30 juillet 1852, au capital de 60,000,000 f. divisés en 120,000 actions de 500 f. chacune ; mais il n'a encore été émis qu'une série de 60,000 actions, dont 250 fr. versés.

L'Assemblée générale se compose des 200 plus forts actionnaires, dont la liste est arrêtée 20 jours avant la convocation. 40 actions donnent droit à une voix sans qu'on puisse en avoir plus de dix.

Avec son capital de 60,000,000 fr., la société pourra faire 1,200 millions de prêts. Il faut donc qu'elle emprunte elle-même. Son rôle est purement d'être l'intermédiaire entre l'emprunteur hypothécaire et le capitaliste.

La compagnie ne prête que sur première hypothèque, seulement la moitié de la valeur de la propriété hypothéquée.

La société fait deux sortes de prêts :

Les uns sont remboursables à long terme, par annuités cumulées, de manière à amortir la dette dans un délai de dix ans au moins, de soixante ans au plus.

Les autres sont remboursables à court terme, sans amortissement, conformément aux dispositions de l'article 8 du décret du 6 juillet 1854.

Ces prêts peuvent être faits, soit en numéraire. soit en obligations foncières ou lettres de gage,

La société ne prête que sur première hypothè-que. — Sont considérés comme faits sur pre-mière hypothèque, les prêts au moyen desquels tous les créanciers antérieurs doivent être rem-boursés en capital et intérêt.

Les prêts ne peuvent excéder la moitié de la valeur de la propriété. Pour les bois, les vignes et toutes les propriétés plantées, ils ne vont qu'au tiers. Les bâtiments des usines et fabriques sont évalués sans tenir compte de leur affectation industrielle.

Le taux de l'intérêt est fixé par le Conseil, il ne peut dépasser le taux légal.

Les obligations du Crédit Foncier sont de trois espèces : 1° en 3 %, remboursables avec prime et donnant droit à des tirages de lots ; 2° en 4 %, remboursables sans primes, mais pouvant ga-gner des lots ; 3° en 5 %, remboursables sans primes et sans droit au tirage des lots.

Les lots affectés aux tirages trimestriels sont un appât offert à l'esprit de spéculation aléatoire qui caractérise le monde financier. Ils se sont élevés, pour les deux premières années, à 1,200,000 fr. ils sont de 800,000 fr. par an à par-tir de 1855, ainsi répartis :

Tirage des trois premiers trimestres.

Ces tirages ont lieu le 22 mars, le 22 juin et le 22 septembre de chaque année.

1er numéro sortant.	fr.	100,000
2e id.	id.	50,000
3e id.	id.	20,000

Total par trimestre... 170,000

Pour les trois premiers tri-
mestres, 510,000 fr., ci........   fr. 510,000

Tirage du 4e trimestre.

Le tirage a lieu le 22 décembre.

1er numéro sortant.		fr.	100,000
2e	id.	id.	50,000
3e	id.	id.	40,000
4e	id.	id.	30,000
5e	id.	id.	20,000
6e	id.	id.	10,000

Les 8 numéros suivants
chacun 5000 fr.........   40,000

Total du 4e trimestre.. 290,000 ci.   290,000

Total des lots pour l'année.....   800,000

Les lots s'élèveront pour les 50 an-
nées à............................   40,800,000

Les 200 f. de primes alloués à cha-
que section représentent en outre.   40,000,000

Les obligations percevront donc
en 50 ans, en sus de l'intérêt à 3 %
un bénéfice exceptionnel de.......   80,800,000

Ce qui porte leur intérêt total à 3 fr. 80 c. 8 m.

Comment se trou-
vent répartis les béné-
fices?

Sur les bénéfices nets, il est attribué :

1o 5 % aux actionnaires ;

2o 20 % au fonds de réserve jusqu'à ce qu'il atteigne la moitié du capital souscrit ; ce fonds de réserve est destiné à parer aux événements imprévus, et, en cas d'insuffisance des produits d'une année, pour payer un dividende de 5 %, à fournir la différence ;

3o Il est formé un fonds de prévoyance destiné à compenser, entre plusieurs années, les frais de premier établissement ;

4° Le surplus est distribué à titre de dividende.

Les opérations du Crédit Foncier n'ont aucune analogie avec les opérations de la Banque de France. Le Crédit Foncier fait des prêts hypothécaires aux propriétaires et aux agriculteurs à des conditions déterminées, et il n'est pas autorisé à faire aucune opération de bourse ; tandis que la Banque de France fait toutes les opérations de banque, ouvre des comptes courants et d'intérêts, ouvre des comptes de dépôts et fait même des avances sur titres, actions et obligations de chemins de fer français, sur lingots d'or et d'argent, sur diamants, etc., et ne fait aucun prêt hypothécaire.

Oui, ces deux établissements ont l'un et l'autre des statuts spéciaux qui les régissent ; ces statuts sont approuvés par le gouvernement et il ne peut être apporté aucune modification ou changement à ces statuts sans l'autorisation du gouvernement ; ils ont en outre des avantages particuliers d'une très-grande importance.

Les principaux priviléges accordés à ces établissements consistent dans la faculté qu'ils ont de créer des valeurs et de pouvoir les donner en paiement.

La Banque a pour principal privilége de pouvoir créer des bons au porteur qu'on nomme billets de banque, et de pouvoir ainsi augmenter indéfiniment ses ressources en les mettant dans la circulation.

Le Crédit Foncier a pour principal privilége de créer des obligations hypothécaires sur les propriétés des emprunteurs, et d'augmenter ainsi dans de grandes proportions ses ressources, et ces obligations sont remises aux emprunteurs à la place des espèces.

Le Crédit Foncier avec son capital de 60 millions peut faire 1,200 millions de prêts. Il faut donc qu'il emprunte lui-même. Il est donc obligé de jouer le rôle d'intermédiaire entre l'emprunteur et le capitaliste.

Comment se font les emprunts du Crédit foncier ?

Les emprunts du Crédit Foncier se font au moyen d'une émission d'obligations, qui ne peut dépasser le montant des engagements hypothécaires souscrits par les propriétaires des immeubles en faveur de la compagnie.

Les obligations sont au porteur ; elles sont de 1000 francs et peuvent être divisées en coupures dont la moindre est de 100 francs. Elles portent un intérêt annuel, dont le taux est fixé par le conseil d'administration, à l'époque de leur création.

Elles sont classées par séries, dont chacune comprend toutes les obligations créées au même taux d'intérêts.

Elles sont appelées au remboursement par voie de tirage au sort ; des lots et primes peuvent être attachés aux obligations remboursées.

Les produits sont appliqués en première ligne à payer les intérêts des obligations foncières, le capital de celles que le sort a désignées pour le remboursement, et les lots et les primes.

Les porteurs d'obligations ont donc pour garantie les emprunts souscrits par les propriétaires d'immeubles et le capital des actions versé. C'est un peu plus hardi que la Banque de France, à qui il faut pour gage, — indépendamment d'un portefeuille au pair au-dessus de ses billets, — une encaisse métallique, des rentes en réserve, un capital immeuble et un capital d'actions. Cependant, la garantie du portefeuille est bien plus certaine et plus réalisable que celle offerte par les emprunteurs sur hypothèque. Ce n'est pas que les obligations foncières, n'excédant jamais la moitié de la valeur de l'immeuble, garantissent suffisamment le remboursement.

De la Bourse.

Qu'est-ce que la Bourse?

La Bourse est un palais dans lequel se réunissent les agents de change, les capitalistes, les spéculateurs et les rentiers, pour y traiter plus spécialement de l'achat et de la vente des effets publics, c'est-à-dire des rentes françaises et étrangères, des actions et obligations des chemins de fer et de toutes sociétés industrielles.

En combien de parties divise-t-on la Bourse?

On la divise en deux parties appelées : la première, la salle des marchés fermes, et la seconde, la coulisse qui se tient ordinairement en dehors de la Bourse.

Que fait-on dans la salle des marchés fermes?

On vend et on achète des effets publics par l'intermédiaire des agents de change.

Que fait-on dans la coulisse?

Dans la coulisse on spécule sur la rente ou sur les actions, avec certaines conditions, ordinairement par l'intermédiaire des courtiers marrons.

Quels sont les personnes qui sont admises à la bourse?

Seuls, les faillis non réhabilités ne sont pas admis à la Bourse.

Quelles sont les principales opérations qui se font à la bourse?

Les principales opérations qui se font à la Bourse sont : 1° Les opérations au comptant; 2° les opérations à terme ; 3° les opérations à primes.

Qu'est-ce qu'une opération au comptant?

C'est vendre ou acheter des valeurs contre espèces, les opérations au comptant doivent se régler dans les cinq jours de leurs dates. Pour une opération au comptant, les agents de change sont tenus de fournir les titres dans les cinq jours.

Les rentes, les actions et les obligations se traitent au comptant, seulement les obligations ne se traitent, ni à terme, ni à primes; elles ne se traitent qu'au comptant.

Qu'est - ce qu'une opération à terme?

C'est une opération payable en liquidation. La rente se liquide à la fin de chaque mois, et les actions se liquident toutes les quinzaines, c'est-à-dire le quinze et à fin de chaque mois.

Qu'est - ce qu'une opération à prime ?

On appelle une opération à prime, celle où l'acheteur paie à son vendeur une prime, à condition qu'il pourra prendre ou refuser, à son choix, les titres qu'il a achetés en liquidation ou en liquidation prochaine.

La rente s'achète à prime, dont 50, dont 25 et dont 10; c'est-à-dire que l'acheteur paie à son vendeur 0,50 cent. par % de capital, 0,25 cent. par % de capital et de 0,10 cent. par % de capital dans le cas où il lui convient de refuser les titres qu'il a achetés.

Les actions s'achètent à prime, dont 20, dont 10 et dont 5; c'est-à-dire que l'acheteur paie à son vendeur 20 francs par action, 10 francs par action et 5 francs par action, quelle que soit sa valeur dans le cas où il lui convient de refuser les actions qu'il a achetées.

A la liquidation, si la rente ou les actions ont baissé beaucoup, il est de l'intérêt de l'acheteur à prime de refuser les titres et de payer à son vendeur la prime convenue; dans le cas où il aurait vendu des titres à découvert en se couvrant d'une prime, il peut racheter les actions vendues à découvert et profiter de la différence.

Dans le cas, au contraire, où à la liquidation la rente ou les actions achetées à prime auraient monté beaucoup, il est de l'intérêt de l'acheteur de lever les titres et de payer à son vendeur le prix convenu, et de revendre ferme la rente ou les actions achetées à prime et de profiter ainsi de toute la différence.

Qu'est-ce qu'un report ?

On appelle report une opération qui consiste à vendre en liquidation de la rente ou des actions que l'on rachète en liquidation prochaine. — Cette opération a lieu lorsqu'on a acheté des titres et qu'on n'a pas en caisse la somme nécessaire pour pouvoir les lever en liquidation ; ou bien lorsque, ayant des titres en portefeuille, on a des besoins d'argent, alors on met ses titres en report : — Ainsi, on vend des Autrichiens en liquidation à 782.50, prix du cours de compensation, et on les rachète en liquidation prochaine à 785 francs. — La différence 2 fr. 50, qui existe entre le prix de vente et le prix du rachat, est le prix du report, c'est-à-dire la perte qu'on fait sur chaque action. La vente et le rachat ne font qu'une seule opération qu'on appelle opération liée. L'agent de change n'a droit qu'à un seul courtage sur cette double opération.

Qu'est-ce qu'un déport ?

On appelle déport une opération qui consiste à vendre en liquidation des titres qu'on a en portefeuille, et à les racheter en liquidation prochaine à un prix inférieur à celui de la vente. La différence qui existe entre le prix de vente et le prix de rachat est le bénéfice de l'opération. C'est aussi une opération liée pour laquelle l'agent de change n'a droit qu'à un seul courtage.

Cette opération peut avoir lieu, lorsqu'il y a eu beaucoup de titres vendus à découvert, les vendeurs qui ne veulent pas se racheter, pour se procurer des titres en liquidation, sont obligés de payer quelquefois des déports très-élevés.

Ainsi, si on vend des Autrichiens en liquidation à 787 fr. 50 et qu'on les rachète en liquidation prochaine à 782 fr. 50, la différence 5 fr. qui existe entre le prix de vente et le rachat est le prix du déport ; c'est-à-dire le bénéfice qu'on fait sur chaque action.

Qu'est-ce que le cours de la Bourse ?

Le cours de la Bourse ou la cote de la Bourse est un bulletin officiel des opérations de *bourse*, c'est-à-dire la cote des cours des différentes valeurs négociées dans la journée. Il est facile de comprendre le tableau des cours, qui se publie chaque jour et doit être certifié par le syndic des agents de change. Ce tableau donne ordinairement, pour les fonds français, pour chaque espèce de valeurs et pour les opérations au comptant, comme pour les opérations à terme, soit en liquidation, soit en liquidation prochaine, quatre cours : le premier, le plus haut, le plus bas et le dernier. Ce tableau contient aussi les cours des fonds étrangers ; et tous les jours un extrait en est publié dans tous les grands journaux politiques.

Quels sont les intermédiaires des opérations de bourse ?

C'est par l'intermédiaire des agents de change que se font toutes les opérations de bourse ; ils sont responsables, tout à la fois, et vis-à-vis de l'acheteur et vis-à-vis du vendeur, moyennant un courtage.

Quel est le courtage dû aux agents de change ?

Le courtage dû aux agents de change est de 1/8 % sur les rentes, sur les actions et les obligations de chemin de fer et de 1/4 % sur les valeurs industrielles.

Qu'entend-on par rente ?

On entend par rente, les rentes servies par le gouvernement français en retour des emprunts qu'il a contractés à diverses époques. Les rentes émises sont du 5 %, du 4 1/2 % et du 3 %. Les rentes se paient par trimestre. Les certificats de rentes sont nominatifs ou au porteur. La rente française est exempte d'impôts.

Qu'entend-on par action?

On entend par action une part d'intérêts qu'une personne a dans une société commerciale ayant pour but une opération déterminée. Les actions sont ordinairement émises au capital de 500 fr. Les actions peuvent être nominatives ou au porteur. Les coupons d'intérêt ou de dividende se paient tous les six mois. Les actions représentent la mise de fonds d'une entreprise et courent les risques bons et mauvais de la société, les pertes et les bénéfices n'en sont pas limités.

Qu'entend-on par obligation?

On entend par obligations des titres d'emprunts contractés par les villes, les compagnies de chemins de fer et les sociétés industrielles. Ces titres sont ordinairement hypothéqués, c'est-à-dire qu'ils sont garantis par les revenus des villes, par les propriétés, le matériel et les recettes des chemins de fer, par les usines des sociétés industrielles. Ces titres priment les actions. Ces titres sont ordinairement remboursables par tirage au sort, toutes les années, et bénéficient d'une très-forte prime. Ainsi, les obligations de chemins de fer sont généralement émises au-dessous de 300 fr. se remboursent à 500 fr. et produisent 15 fr. d'intérêt payable par semestre. Les obligations ont donc un privilége sur les actions dont elles sont créancières. Elles ne sont point solidaires des pertes.

Les marchés fictifs ou jeux de bourse donnent-ils lieu à une action en justice?

Non, la loi ne reconnaît pas les marchés fictifs ou jeux de bourse. C'est-à-dire, les marchés à terme qui ne donnent lieu à aucune action en justice.

Quelle différence y a-t-il entre un agent de change et un courtier?

Un agent de change est un officier ministériel, sa charge est sa propriété, et il est responsable de toutes les négociations qu'il fait. Le courtier, au contraire, n'est plus un officier ministériel, sa charge est libre, tout le monde ayant droit de se mettre courtier, et le courtier n'est pas responsable des achats et des ventes qu'il fait pour le compte d'autrui.

Les agents de change et les courtiers ne sont-ils pas soumis à certaines obligations?

La loi a réglé tout ce qui concerne les agents de change et les courtiers, jusqu'à la forme de leur carnet. Le Code de commerce s'exprime ainsi:

Art. 84. — Les agents de change et courtiers de commerce sont tenus d'avoir un livre revêtu des formes prescrites par l'art. 11 (c'est-à-dire coté, paraphé et visé par un des juges du Tribunal de commerce).

Ils sont tenus de consigner dans ce livre, jour par jour, et par ordre de date, sans rature, interlignes, ni transpositions, et sans abréviations, ni chiffres, toutes les conditions des ventes, achats, négociations, et en général de toutes les opérations faites par leur ministère.

Art. 85. — Un agent de change ou courtier de commerce ne peut, dans aucun cas, et sous aucun prétexte, faire des opérations de commerce ou de banque pour son compte.

Il ne peut s'intéresser directement ni indirectement sous son nom, ou sous un nom interposé, dans aucune entreprise commerciale.

Il ne peut recevoir ni payer pour le compte de ses commettants.

Art. 86. — Il ne peut se rendre garant de l'exécution des marchés dans lesquels il s'entremet.

Art. 87. — Toute contravention aux dispositions énoncées dans les deux articles précédents, entraîne la peine de destitution et une condam-

nation d'amende, qui serà prononcée par le tribunal de police correctionnelle, et qui ne peut
être moindre de 3,000 fr., sans préjudice de l'action des parties en dommages et intérêts.

Comme on le voit par le texte du Code, toutes
les fois que les agents de change et les courtiers
resteront dans les devoirs que la loi leur impose,
toute comptabilité se réduira pour eux à la tenue
de leur carnet. Ce carnet est un véritable journal, mais il a cela de différent que celui à qui il
appartient n'y note que les affaires faites pour
le compte d'autrui, et non les affaires qu'il fait
pour son compte.

Ainsi qu'on peut s'en rendre compte, l'art. 86
est en complète contradiction avec ce que j'ai
dit précédemment sur la responsabilité des
agents de change; l'art. 86 doit être considéré
comme abrogé, la très-grande extension des affaires de bourse et la sécurité des négociations
ont fait passer à l'état de force jugée la responsabilité des agents de change malgré l'art. 86.

Opérations de Bourse.

Les opérations auxquelles donnent lieu les effets cotés à la
bourse, indépendamment de leur caractère plus ou moins
prononcé d'utilité publique et de moralité, sont de deux
sortes : les placements de fonds et la spéculation ; en d'autres
termes, *la commandite ou prestations des capitaux, et leur
mouvement.*

Si je n'avais à parler que des placements, je le ferais en
quelques lignes. Quoi de plus simple que la vente et l'achat ?
La négociation des titres ne se fait pas autrement que celle
des marchandises. Les agents de change sont les notaires du
contrat; ils donnent l'authenticité nécessaire aux conventions.

Le législateur reconnaît les marchés au comptant et les

marchés à terme, mais avec force restricton pour ces derniers, qu'on a même essayé de plomber d'une manière absolue.

La loi du 28 vendémiaire an IV dit en effet :

« Attendu que les marchés à terme ou à primes ont déjà été interdits par de précédentes lois, tous ceux contractés antérieurement au présent décret sont annulés. »

L'ordonnance du 12 novembre 1823 maintient les dispositions de l'arrêt de 1785, qui répute jeux de bourse et prohibe les marchés à termes faits sans dépôt préalable et hors de deux mois.

Les articles 419, 421 et 422 du Code pénal peuvent être appliqués à ceux qui font des paris et des ventes à découvert.

Les coupables seront punis d'un emprisonnement d'un mois au moins, d'un an au plus, et d'une amende de 500 fr. à 10,000 fr. ; ils pourront, de plus, être mis sous la surveillance de la haute police pendant deux ans au moins et cinq ans au plus.

Le Code civil, article 1,965, dit :

La loi n'accorde aucune action pour un dette de jeu ou pour le paiement d'un pari.

La jurisprudence est conforme à l'esprit et au texte de la législation ; elle a successivement consacré :

1º Que les marchés à terme sur les effets publics, qui n'ont d'autre objet que des différences, doivent être réputés jeux de bourse et annulés comme dépourvus de cause et de réalité, comme contraires aux lois, à l'ordre et à la morale.

2º Que l'absence du dépôt rend présumable le défaut de cause et de réalité.

3º Que ces sortes de paris, déguisés sous la forme de marchés, ne peuvent engendrer aucune espèce d'action devant les tribunaux ; au profit de qui que ce soit, ni du client contre l'agent de change, ni de celui-ci contre son client, ni de l'agent de change contre son confrère.

4º Que la ratification du marché faite par le débiteur,

même depuis l'échéance du terme, par la souscription d'une reconnaissance ou de billets pour les différences, ne saurait couvrir le vice originaire de ce marché ; que la reconnaissance et les billets sont également nuls.

Cependant, depuis quelques années le jeu a tellement pénétré dans nos mœurs, que les tribunaux, tout en restant fidèles à la lettre du code, semblent vouloir user d'une certaine indulgence. La cour impériale de Paris a consacré par arrêt du 25 janvier 1856, que :

Les marchés à terme sur actions industrielles sont valables si le vendeur justifie, par des offres régulières, avoir eu entre les mains, au moment de l'échéance du terme, le nombre d'actions par lui vendues : peu importe le défaut d'identité des titres offerts s'il s'agit d'actions au porteur, car la désignation dans ce cas serait sans intérêt.

Cette doctrine est un premier pas hors de la voie traditionnelle, bien qu'il ressorte évidemment du texte de l'arrêt que la Cour a cru avoir affaire à un vendeur de bonne foi. L'obligation de prouver par des offres réelles, le *jour de l'échéance*, qu'on est en mesure de livrer des titres quelconques, ne suffit plus à démontrer que le marché était sérieux. Quel spéculateur, en effet, n'est en position de trouver des amis qui lui prêtent, pour une heure seulement, des titres au porteur qui lui donnent un aspect de rentier-propriétaire, d'homme honorable ? Si l'affaire en vaut un jour la peine, il ne manquera pas de s'établir un bureau de location de titres à l'usage des joueurs qui voudront échapper aux suites désastreuses d'un pari, en montrant pièces en main, qu'ils ont entendu faire une vente réelle.

Un arrêt du tribunal de commerce du 26 février suivant, va beaucoup plus loin :

La vente des actions d'une Compagnie industrielle à créer est valable, dit-il, pourvu que les parties aient en vue une livraison de titres, et non le paiement de simples différences.

Des différentes sortes de marché.

Les opérations de la spéculation, c'est-à-dire qui ont pour objet le mouvement des capitaux, sont celles qui attirent surtout l'attention publique et qui exercent la principale influence sur le cours des effets. Ce opérations prennent les formes et les combinaisons les plus diverses. Je vais les passer en revue successivement, laissant désormais à la sagesse de chacun le soin de distinguer ce qui est jeu ou pari, d'avec ce qui est affaire ou marché sérieux.

Opérations au cours moyen.

Qu'entend-on par opérations au cours moyen ?

Un peu avant l'ouverture de la Bourse, les agents de change, réunis dans leur cabinet, vendent et achètent, au *cours moyen*, des titres de rentes, des obligations ou des actions industrielles. Ces transactions ne sont pas considérées comme tombant sous l'application de la loi qui défend toute négociation en dehors du local et des heures déterminées, par la raison qu'elles se font sans stipulation de prix. En effet, c'est la cote rédigée après la tenue de la bourse ou séance publique qui donnera le chiffre du marché.

Par exemple : Les actions de la Banque ont fait au plus haut 4,450 francs ; au plus bas 4,400 fr. ; le cours moyen sera 4,425 fr.

Les affaires au cours moyen se font presque toujours au comptant ; cependant il s'en fait aussi quelques-unes à terme.

Opérations au comptant.

Qu'entend-on par opérations au comptant ?

Je n'ai rien à dire sur la forme des opérations au comptant ; elles ne comportent aucun détail, puisqu'elles ne présentent qu'une forme possible d'exécution : Achat de titres contre espèces ou vente de titres contre espèces, ce qui est absolument la même chose.

Les effets transmissibles par voie d'endossements doivent être délivrés dans l'intervalle d'une bourse à l'autre.

Ceux qui sont assujettis à la condition du transfert, comme les actions de la Banque, les rentes sur l'Etat nominatives ne peuvent être livrés dans un aussi court intervalle. L'agent de change acheteur donne au vendeur, pendant la bourse qui suit celle où a eu lieu la négociation, un bulletin indiquant les conditions du marché et les noms des personnes à qui doit être fait le transfert. Si avant la cinquième bourse qui suit la négociation, la livraison n'est pas encore effectuée, l'acheteur fait annoncer, par affiche, le rachat pour le lendemain. Ce rachat a lieu par le syndic ou un adjoint, à la sixième bourse, si l'acheteur, dans cet intervalle n'a pas reçu ses effets. Le délai est donc de cinq jours francs (non compris les jours fériés) pour l'échange des titres entre les agents de change.

Il est accordé un jour de plus pour la livraison de l'agent de change au client.

La Chambre syndicale de Paris a pris la décision suivante relativement aux retards apportés par ses membres dans l'exécution des conventions :

« A l'expiration des délais, la partie lésée par
« les retards sera libre de refuser la consom-
« mation de la négociation en prévenant le syn-
« dic ou l'un de ses adjoints, ou de l'exiger en
« vendant ou en achetant, par leur entremise,
« pour le compte de la partie en retard et aux
« risques de l'agent de change, sauf tous recours
« de droit contre ses commettants. »

Opérations à terme.

La loi défend les négociations à plus d'un
mois d'échéance pour les actions de chemin de
fer, et à plus de deux mois pour les autres effets.
Il sera facile de se rendre compte à la question
des *reports*, comment on peut prolonger ces
délais.

L'acheteur a toujours le droit de se faire livrer
les titres avant le terme échu, moyennant le
paiement du prix convenu. C'est ce qu'on appelle
l'*escompte* ou *escompter*.

Le règlement des agents de change impose à
à l'escompteur les conditions suivantes : Il doit
prévenir l'agent vendeur, avant l'ouverture de
la Bourse, au moyen d'une affiche visée par le
syndicat, et donnant la nature, la quantité et le
prix des valeurs escomptables. L'affiche est placée
sur un tableau *ad hoc*, dans le cabinet des
agents de change. De ce moment, les formalités
et délais pour la livraison sont les mêmes que
pour les affaires au comptant, dont il vient
d'être parlé.

On appelle marché à *découvert* celui par lequel
on vend des effets qu'on ne possède pas et qu'on
est obligé d'acheter à ses risques et périls, afin
de remplir ses engagements. Les opérations à la
baisse sont généralement dans ce cas. Un
grand nombre d'escompte arrivant dans le même
moment, peut donc, en forçant les vendeurs à
découvert à se mettre en mesure, provoquer
une hausse.

On a intérêt à escompter lorsque les fonds
sont à un prix sensiblement plus élevé que celui
auquel on a acheté. Ainsi, j'ai acheté, pour fin
courant, 25 Autrichiens à 775 fr ; quinze jours

avant l'échéance, ils sont à 795 fr. Je me fais livrer par anticipation, par le moyen de l'escompte, et je suis en mesure de profiter de la plus-value en revendant au comptant. Si je revends à terme, je n'ai pas besoin d'escompter, sauf le cas où je douterais de la solvabilité de mon vendeur.

Dans les négociations à terme, les agents de change se donnent, entre les deux bourses, des engagements énonçant la nature, la quantité, le prix et l'époque de la livraison ; ils remettent à leurs clients un bulletin contenant les mêmes indications.

L'encaissement des dividendes est à la charge du porteur de l'effet vendu.

Afin de faciliter les liquidations, un arrêté de la Chambre syndicale a décrété que les marchés à terme ne porteraient que sur des sommes rondes ainsi déterminées et leurs multiples :

2° 500. 1,000. 1,500. etc. rente 5 %
    1,500 3,000 4,500 etc..... 3 %
    500 1,000 1,500 etc....... 5 % italien.
1000 Livres sterlings en capital 5 % portugais.
1000   id.   id.   id.   3 %   id.
24 48 72 etc. Piastres   Rente 5 % d'Espagne.
300   id.   Rente 3 %   id.
5,10,15, etc. Obligations ville de Paris.

25 Actions ou obligations des compagnies diverses, Banque de France, Chemins de fer, Crédit Foncier, Mobilier, etc.

Quant à la quotité de la hausse ou de la baisse qui était autrefois de 0.05 c., elle a été abaissée à 0.02 c. 1/2 pour les rentes ; et pour les actions de la Banque de France et des chemins de fer, la quotité qui était autrefois de 1 fr. 25, a été abaissée à 0.62 c. 1/2.

Il y a deux sortes de marchés à terme, les marchés fermes et les marchés à primes.

Marchés fermes.

Les *marchés fermes* engagent à la fois le vendeur et l'acheteur ; ils n'impliquent aucune restriction ultérieure aux conventions stipulées. Les échéances sont au 15 du mois courant, fin courant, au 15 du mois prochain ou fin prochain. Ces sortes de négociations n'offrent pas plus de difficultés que les ventes et achats au comptant.

Exemple : Les fonds sont à la baisse : une question politique, dont la solution semble se compliquer, paraît devoir tenir longtemps la cote en souffrance. Vous vendez au 1er juin, livrable fin courant, 2,500 fr. de rente 5 % à 90 fr. 50. Si vous ne possédez pas les titres vendus, vous pouvez, dans le courant du mois, vous les procurer. Le 15, le 5 % est tombé à 89 fr. Vous achetez pour fin courant, à 89 fr., les 2,500 fr. de rente que vous devez livrer à 90 fr. 50 et vous bénéficiez ainsi de 1 fr. 50 c. par 5 fr. de rente, vous faites ainsi 750 fr. de bénéfice sur votre opération.

2me *Exemple :* Les fonds sont à la hausse. Vous achetez au 15 juin pour fin juillet 2,500 francs de rente 5 % à 89 fr. Dans l'intervalle de la livraison, le 5 % monte à 90, 50 c. Vous vendez comptant ou à terme, car vous avez toujours la faculté de vous faire livrer par anticipation, moyennant paiement, les effets vendus. Vous faites donc un bénéfice de 750 fr. que vous encaissez. — Si, contre vos prévisions, le 5 % se maintenait toujours en baisse, et que vous fussiez obligé de le vendre à 88 francs vous en seriez quitte pour la perte de la différence soit 500 fr.

Comme il y a chances de perte, l'agent de change a le droit d'exiger de vous une *couverture*, c'est-à-dire une somme proportionnée aux fluctuations de la cote et à l'importance des affaires qu'il fait pour votre compte, comme garantie du paiement des différences en cas d'insuccès. Avec une couverture de quelques mille francs, on peut faire des centaines de mille francs d'affaires.

Dans les marchés fermes la perte n'est jamais limitée. Ainsi, vous achetez fin courant 25 actions du Crédit foncier à 810 francs. Si à l'échéance elles ne sont qu'à 750 fr. vous n'êtes pas moins obligé de les lever à 810 fr. Comme le spéculateur n'achète que pour vendre, il peut, si la baisse se prolonge, perdre des sommes considérables. Dans le cas où il garderait ses titres, il a toujours un capital engagé qui ne lui produit rien. Il lui reste toujours la ressource de se faire *reporter* dont il sera parlé plus loin. En revanche, s'il y a hausse, c'est tout bénéfice pour lui ; s'il peut revendre à 825 francs après avoir payé 810 francs, c'est 375 francs de bénéfice fait, sur lesquels il faut déduire le courtage de l'agent de change.

Dans les opérations fermes, toute la science du spéculateur consiste à prévoir les oscillations de hausse et de baisse, ou même à provoquer celle dont il a besoin, s'il est assez puissant pour cela.

L'énormité des risques des marchés fermes a fait imaginer les marchés à primes ou marchés libres dont il va être parlé.

Marchés à primes ou marchés libres.

Le mot *prime* a plusieurs sens dans la langue financière :

1° Il sert à désigner la plus-value acquise par un effet. — Des actions émises à 500 francs qui se négocient à 650, font 150 francs de *prime*.

2° Il désigne encore le bénéfice qu'on fait sur une opération. — J'achète des obligations du chemin de fer d'Orléans à 860 francs. Je les revends à 872 francs, soit à 12 francs de *prime*.

3° On appelle encore ainsi la somme en plus du capital et des intérêts qui échoit, par voie du tirage au sort, à telle obligation venant à remboursement. En 1852, la ville de Paris a emprunté 50 millions ; les obligations de 1000 francs portent intérêt à 5 %, et sont remboursables en 47 tirages semestriels : le premier numéro sortant gagne, en sus du remboursement, une *prime* de 50,000 francs. Cette prime est un appât au capitaliste. Elle ne suffit pas toujours pour le séduire.

4° Enfin, on désigne par ce nom le maximum de la perte qu'on peut faire dans l'espèce de marché à terme, dont il va être parlé.

Les ventes et achats à prime engagent le vendeur sans engager l'acheteur.

Exemple. — J'achète à 1,055 francs cinquante actions du Nord *dont* 10. Cela veut dire que j'entends limiter ma perte à 10 francs par action, soit 500 francs pour le tout. Si, à l'échéance j'ai intérêt à ne pas lever, par exemple, dans le cas où les Nord auraient baissé et seraient tombés à 1,030 francs, j'abandonne à mon vendeur la prime de 10 francs par action, et le marché se trouve résilié. Je perds 500 francs, tandis qu'en levant avec 25 francs de baisse, j'en perdrais 1250 fr. Ai-je, au contraire, bénéfice à me faire livrer, au cas où les actions seraient montées, je suppose à 1,060 fr ? le vendeur ne peut refuser de tenir son engagement, la faculté d'annulation n'étant acquise qu'à l'acheteur — et en vendant immédiatement à 1,060 francs, on peut réaliser un bénéfice de 500 francs.

La prime est ordinairement imputée à compte sur le capital. Dans l'espèce, les cinquante actions me coûteront 52,750 francs. Si la prime a été payée, comme c'est l'usage, au moment du marché, je ne dois plus que 52,250 fr.

2me Exemple. — Vous achetez à prime dont 0,50 c., 1,500 fr. de rente 3 % à 56.50 fin courant, soit 33,250 francs de capital. On paye comptant pour la prime, 500 fr. Si, à l'échéance on prend livraison, on n'a plus qu'à payer 32,750 francs. Mais à la fin du mois le 3 % n'est plus qu'à 55 fr. Ce qui veut dire que les 1,500 francs de rente ne valent plus en capital que

32,500 francs, la perte pour l'acheteur est donc de 750 francs. Dans ce cas, il faut abandonner les 500 francs de prime et le marché est nul ; c'est le vendeur qui profite de la prime. Si, au contraire, la rente est à 57.50, vous prenez les titres et vous bénéficiez de toute la plus-value.

Les primes, au lieu de se payer comptant, se portent quelquefois en compte ; elles sont alors exigibles à la liquidation.

La faculté laissée à l'acheteur de maintenir ou de résilier le marché, fait que les ventes à *prime* se font à un plus haut prix que les ventes fermes. Cette différence de cours donne lieu à des opérations combinées, sur lesquelles il sera parlé plus loin.

La négociation qui vient d'être décrite a son inverse : le vendeur donne une prime à l'acheteur pour l'obliger à recevoir, à un prix convenu, aux jour et heure indiqués, les titres qui lui ont été vendus. Le marché est libre pour le vendeur et obligatoire pour l'acheteur. Les primes *pour recevoir* ne sont en usage que chez les coulissiers.

La réponse des primes se donne le 15 et le dernier jour du mois, à deux heures au plus tard, c'est-à-dire que les acheteurs préviennent les vendeurs s'ils lèvent ou non les effets achetés.

Les marchés à terme sont le véritable champ de bataille de la spéculation, les interdire, ce serait restreindre des quatre-vingt-dix-neuf centièmes les opérations plus ou moins abusives qui se font à la Bourse. Nombre d'individus seraient forcés de travailler pour vivre, qui, avec peu ou point de capitaux, font d'immenses affaires, et sans trop de fatigue ni même de risques, mènent bon train et font chère lie.

Liquidations.

Les négociations *à terme* ont une échéance déterminée. A part quelques affaires sur promesses d'actions qui se règlent à l'*émission*, c'est-à-dire au jour où les actions sont cotées au parquet, l'échéance est de plein droit à la fin du mois pour la rente, le 15 et le dernier du mois pour les chemins de fer. Chaque joueur, à cette époque, *liquide*, en effet, sa position avant de s'engager dans de nouvelles opérations. Les acheteurs de *ferme* prennent livraison, reçoivent ou soldent leurs différences ; les acheteurs à *primes* donnent *leur réponse*, c'est-à-dire déclarent s'ils abandonnent la prime ou maintiennent leur marché.

Les liquidations sont aussi le moment des exécutions. Quand un acheteur n'est pas en mesure de tenir ses engagements, le vendeur a le droit de négocier les titres qui lui restent pour compte, et de se faire payer par l'acheteur inexact la différence entre le prix de la première acquisition et celui auquel il revend, c'est ce qu'on appelle *exécuter* un spéculateur. Il y a chance d'exécution lorsque les cours à la liquidation sont notoirement inférieurs aux prix d'achat ; car si les prix sont supérieurs, l'acheteur n'a qu'à gagner. Le vendeur qui n'est pas en mesure de livrer est également exécutable. L'exécution est la faillite de l'homme de bourse. Il peut l'ajourner au moyen du *report*, dont il sera parlé tout à l'heure.

Quand un joueur est exécuté, si l'agent de change n'a pas de lui une couverture suffisante, il est tenu de combler de ses propres fonds le déficit.

La liquidation mensuelle dure cinq jours (les jours fériés ne comptent pas). Le dernier du mois, on donne la réponse des primes ; — le premier du mois, on liquide les actions de chemins de fer ; — le second jour, on liquide les autres valeurs ; — le troisième, les agents de change balancent leurs comptes et se mettent d'accord sur les différences qu'ils ont à se payer et les effets qu'ils doivent se livrer ; — enfin, le quatrième, on effectue les paiements et les livraisons.

La liquidation du 15 étant spéciale pour les chemins de fer, dure un jour de moins ; à part cette différence, on procède comme pour celle de la fin du mois.

D'après ce qui vient d'être dit sur la nature des opérations, il est aisé de comprendre combien les livraisons sont minimes, comparativement aux chiffres des différences à solder.

Il suffit de dire quelques mots sur les motifs qui ont fait établir la liquidation du 15 et quels sont ses résultats :

Motifs : Encombrement causé par l'insuffisance des agents.

Résultats : Double report, double courtage à leur profit.

Reports.

Le mot *report*, comme le mot *prime*, a plusieurs significations en langue boursière.

Les titres, avons-nous dit, se cotent plus cher à terme qu'au comptant ; lorsque le 3 % est à 56 fr. au comptant et à 56 fr. 40 fin de mois, on dit que le report de la rente à la fin du mois est de 40 c. — Dans ce sens, le report a pour terme opposé le *déport*. Lorsque les baissiers arrivent à la liquidation, sans s'être pourvus des valeurs qu'ils ont à livrer, ils sont obligés d'acheter à tout prix, de crainte d'exécution ; il arrive alors que le comptant devient plus cher que la vente à terme. La rente restant à 56 fr. 40 fin de mois, si le comptant s'élève à 56 fr. 70, le déport est de 30 c.

Le report est un prêt sur dépôt de titres ; celui qui prête est *reporteur*, celui qui emprunte, le *reporté*. Le prêt sur gages a été prévu par le Code et soumis à de certaines formalités d'actes et d'enregistrement ; il doit se faire au taux légal, sous peine de répression comme usure. Qu'ont imaginé les boursiers ? Ils ont imaginé une fiction de marché qu'on appelle contrat Mohatra.

Le contrat *Mohatra*, disent ces savants casuistes, est celui par lequel on achète des étoffes chèrement et à crédit pour les revendre, au même instant et à la même personne, au comptant et à bon marché. — Le Mohatra est quand un homme qui a besoin de vingt pistoles, achète d'un marchand des étoffes pour trente pistoles payables dans un an, et les lui revend à l'instant même pour vingt pistoles comptant.

Le report existe lorsqu'une personne, qui a besoin de 20,000 fr. vend au comptant 25 actions d'Orléans à 800 fr., qu'elle rachète immédiatement à 805 fr. pour la liquidation suivante.

Le déport existe, lorsqu'une personne, qui a besoin de valeurs pour les livrer en liquidation, achète comptant 25 Orléans à 810 fr. pour les revendre au même instant et à la même personne à 800 fr. et payable en liquidation prochaine.

Dans le Mohatra ou dans le déport, le propriétaire des actions n'est, comme on le voit, qu'un prêteur déguisé ; dans le report, c'est un emprunteur, c'est toute la différence.

Dans les reports, dit M. Deplanque, on voit fréquemment l'intérêt s'élever jusqu'à 10 % de la somme prêtée par quinze jours, laps de temps pour lesquels sont consentis ces sortes de contrats. A ce taux, si les capitaux pouvaient toujours être employés, on retirerait de son argent un petit revenu de plus de 250 % par an. Quoi qu'il en soit, il n'y a pas à la bourse d'opération qui vaille mieux que celle-là.

Je vais montrer par quelques exemples toute l'excellence de la position du reporteur.

Je possède 60,000 fr. dont j'aurai besoin dans un mois ou deux ; je ne puis les engager dans une affaire de commerce pour si peu de temps ; et afin de ne pas les laisser improductifs, je fais l'opération suivante : J'achète du 3 % à 56 fr. au comptant et je le revends de suite fin courant à 56 fr. 35. Mes fonds seront disponibles pour l'époque où j'en aurai besoin, et ils m'auront rapporté pendant ce mois 35 c. de bénéfice par coupon, soit un taux de 5 fr. 40 % l'an.

Si je veux prolonger mon opération :

J'ai opéré un premier report fin juillet. Je dois remettre à X les titres que je lui ai vendus ; cependant je n'ai pas encore besoin de dégager mon capital. J'achète alors une somme de valeur égale à celle que je dois livrer ; mon dernier vendeur fera la livraison à X, et recevra de lui la somme que je devais toucher moi-même. Je garde ainsi mes titres Je puis les revendre fin août et recommencer de mois en mois, ou de deux en deux mois la même opération. Dans ce cas, mon premier achat devient une opération de placement ;

mes achats de fin de mois sont opérations de spéculation; elles se trouvent consommées dans les délais légaux.

On a intérêt à employer ce moyen quand, à l'échéance du marché, les fonds sont en baisse. Ainsi, j'ai acheté comptant du 5 % à 56, je le revends fin prochain à 56.75. A l'époque de la livraison le 5 % est à 55. J'ai intérêt à racheter des rentes, car je bénéficie de la différence entre 56.75 et 55 soit 1 fr. 55, tandis qu'en livrant mes titres achetés à 56, ma plus-value n'est plus que de 75 c. Je puis ainsi attendre la hausse. Si je suis forcé de réaliser, je ne perds rien à la baisse, car j'ai vendu à 75 centimes de profit, seulement je manque à gagner.

Lorsqu'au contraire les fonds sont en hausse au moment de la livraison, il faut consommer la première opération, sauf à en recommencer une identique le mois suivant. Ainsi, dans l'exemple précédent, supposons que les fonds soient à 57 fr. pour livrer à 57 f. 25 c. c'est mon acheteur qui profite de la plus-value de 25 c. Mais, encore une fois, je ne perds rien, puisque je reçois 57 f. 25 et que j'ai payé 57.

Les opérations que je viens de décrire sont relativement honnêtes. Les habiles ne s'en contentent pas. Ils s'empressent de vendre, font de nouveaux reports sur la même valeur, revendent et reportent à outrance, écrasant les cours et poussant à la baisse, afin de pouvoir racheter à bas prix, en liquidation, les valeurs dont ils sont tenus de couvrir leurs reportés.

Ceux-ci emploient le report afin de prolonger une opération qui se solderait en perte, et d'éviter momentanément l'exécution.

Exemple : — J'achète 25 actions de la Banque de France à 4,455 fr. La baisse se déclare et je suis obligé de vendre à 4,400 fr. c'est 1375 fr. de perte pour moi, si je termine là mon opération ; mais j'ai foi au retour de la hausse. En même temps que je vends à 4,400, je rachète fin courant à 4,405 fr., en supposant que le taux du report soit de 5 fr. Je paie en liquidation les 250 f. à mon déficit, seulement mon opération n'est pas terminée ; je puis, si la hausse revient, couvrir ma perte et me retirer avec bénéfice. On peut répéter le même manége de mois en mois et se faire reporter ainsi indéfiniment.

De même que le change et les valeurs, les reports sont cotés à la bourse. Les opérations qui en résultent sont soumises aux mêmes règles que les autres ; elles ne peuvent se faire à plus d'un mois pour les actions de chemins de fer, ni à plus de deux mois pour les autres effets.

Qu'appelle-t-on report sur prime ? On appelle *report sur prime*, dans le premier sens que nous avons donné du mot *report*, une opération par laquelle on achète ferme fin courant des effets qu'on revend *à prime* fin prochain. Comme la vente à prime est plus chère que la vente ferme, le report se trouve plus élevé. Il y a souvent de très-grands écarts entre le prix du *ferme* et le prix de la *prime* ; seulement, en cas de baisse, on court la chance de ne pas voir lever ses titres et de rester acheteur de fonds dont on pouvait avoir intérêt à se débarrasser. Dans ce cas on fait toujours le bénéfice de la prime, ce qui diminue d'autant le prix des valeurs qui ne sont pas levées.

Combinaisons auxquelles donnent lieu les différentes sortes de Marché.

Nous avons signalé 3 sortes de marchés :

1º Au comptant ;

2º A terme ferme ;

3º A terme et à prime.

La vente et l'achat, suivant l'un ou l'autre de ces trois modes, peuvent se combiner deux à deux de toutes les ma-nières possibles, au choix des joueurs, suivant leurs calculs et leurs intérêts.

Les spéculations sont à la *hausse* ou à la *baisse*. Dans le premier cas, on achète pour vendre ; dans le second, on vend avant d'acheter. Ainsi, les cours sont à la hausse ; je deviens acquéreur de 3 % à 58 fr. et j'attends pour vendre que la rente ait monté à 59 ou à 60 fr. ou au-dessus. — Inversement, la baisse va *crescendo* : je vends à 59 et j'attends pour acheter que le cours soit au-dessous de ce taux, ou à 58, à 57.50 et même au-dessous.

D'où il résulte que les opérations à la baisse sont nécessairement à terme ; qu'il y a intérêt pour les baissiers à discréditer les valeurs ; que le gouvernement a par conséquent le droit et le devoir d'arrêter cette débâcle, par tous les moyens que la liberté des transactions autorise, car c'est son crédit à lui qu'on cherche à ruiner, du moins en ce qui concerne la rente, crédit moral dans tous les cas, crédit matériel s'il a besoin d'emprunter.

Opérations à la hausse.

Les opérations à la hausse peuvent se faire au comptant ou à terme.

(A) Achetant au comptant, vous pouvez revendre : 1º au comptant; 2º ferme ; 3º à prime dès que la hausse est venue.

A terme vous pouvez :

(B) Acheter ferme, vendre : 1º ferme ; 2º à prime.

(C) Acheter à prime et revendre : 1º ferme ; 2º à prime.

Prenons des exemples :

(A) J'achète au comptant 1,500 francs de rente 3 % à 58 francs soit en capital 29,000 francs.

1º Je les vends le lendemain à 58 fr. 40 c. soit 29,200 fr.: différence à mon profit 200 fr.

2º Je les vends ferme fin du mois à 58 fr. 70 c. le taux du report étant de 70 c. : différence à mon profit 350 fr.

3º Je les vends à prime fin prochain à 59 dont 1, la rente à prime étant toujours la plus chère, soit 29,500 fr.: excédant à mon profit 500 fr., que les titres soient levés ou non. S'ils ne sont pas levés, c'est qu'il y a baisse, et je reste acquéreur de fonds publics en attendant la hausse.

(B) J'achète ferme, fin courant, 25 actions du Comptoir d'Escompte à 580 fr., soit en capital 14,500 fr.

1º Je les vends ferme, fin prochain, à 590 fr. soit 250 fr, à mon profit. Dans ce cas, il faut que j'aie de quoi prendre livraison à mon échéance de fin courant; si je n'ai pas 14,500 fr. je ne puis pas revendre à un délai plus long que celui auquel j'ai acheté.

2º Je les vends à prime dont 5, fin courant, bénéfice 125 fr. à mon profit, si les actions sont levées. Si elles ne sont pas levées, c'est qu'il y a baisse, et dans ce dernier cas, comme j'ai besoin de vendre pour lever moi-même l'achat étant ferme, j'ai fait une fausse spéculation. Supposons que, par suite de la baisse survenue, je sois obligé de les vendre à 573 fr.; ce sera 14,225 que je recevrai contre 14,500 fr. que j'aurai à payer; différence à mon préjudice, 175, desquels il faut déduire la prime de 125 fr. qui me reste et qui réduit ma perte à 50 fr. Dans ce marché les pertes sont illimitées.

(C) J'achète à prime dont 10, fin courant 50 Nord à 1,020 fr. soit en capital 51,000 fr.

1º Je les revends ferme à 1,024 fr. : différence à mon profit, 200 fr. Si les actions sont descendues à 1,015 elles ne seront pas levées, et comme j'ai payé 500 fr. de primes, j'ai intérêt à les lever; car, revendant à ce prix : soit 50,750, je perds 250 fr., tandis qu'en ne prenant pas livraison, je perds les 500 fr. de prime. Dans ce marché, la perte ne peut excéder 500 fr. plus le courtage de l'agent.

2º Je les revends à prime dont 5 à 1,026 fr.: différence à mon avantage 300 fr. Si la livraison ne s'effectue pas, c'est qu'il y a baisse, et les 250 fr. de prime me restent. Mais, j'ai moi-même payé une prime de 500 fr.; si je dois l'abandonner aussi, mon déficit ne sera que de 250 fr.

Ce dernier exemple est une opération de prime contre prime, il sera utile d'y revenir.

Opérations à la baisse.

Les opérations à la baisse sont nécessairement à terme.

(A) Je vends ferme à découvert et j'attends la baisse.

Ainsi, je vends ferme 50 obligations de la ville de Paris à 285, soit en capital 14,250. Entre l'époque du marché et du jour de l'échéance, elles tombent à 275 fr. J'achète à ce prix comptant ou à terme et je livre les titres: différence à mon profit, 500 fr. — Si les cours se maintiennent à 285 fr., je ne gagne rien, mais je ne perds que les droits de courtage. Si la hausse survient au lieu de la baisse, ma perte peut devenir considérable.

(B) Je vends à prime à découvert.

Exemple : — Je vends à prime dont 0,50, fin prochain, 1,500 fr.; de rente 3 % à 57 fr. soit en capital 28,500 fr., prime 500 fr.; si la baisse survient, et que la rente soit à 54 fr. à l'échéance, on ne lèvera point les titres. Je n'aurai pas besoin d'acheter pour les livrer, je gagnerai les 500 fr. de prime. — S'il y a hausse, et que mon acquéreur prenne livraison, je perdrai la différence entre le prix de vente et celui auquel je serai obligé d'acheter. La perte, dans cette opération, n'est pas limitée pour le vendeur à découvert ; elle est limitée à 500 fr. pour l'acheteur.

(C) J'achète à prime et je vends ferme à l'instant même.

Exemple : — Le 3 % à prime dont 1, est à 57, fin courant, et la rente ferme à 56,50. J'achète 1,500 fr. de rente à prime dont 1, à 57 fr. soit en capital 28,500 fr., prime 500 fr. Je les revends ferme de suite à 56,50 soit en capital 28,250 fr. différence à mon désavantage 250 fr. Si la baisse survient, conformément à mes prévisions, et que le 3 % descende à 55 fr., j'annule mon premier marché par l'abandon de la prime et j'achète ferme à 55 fr., soit en capital 27,500. J'ai vendu 28,250, bénéfice brut 1000 fr. d'où il faut déduire la prime de 500 fr. que j'ai abandonnée ; il résulte donc un bénéfice de 500 fr. — La hausse se maintient-elle jusqu'à l'époque de la livraison : Je réalise mon achat à prime qui me coûte 28,500 fr. et ma perte se trouve limitée à 250 fr.

Opérations complexes.

Les combinaisons dont je viens d'exposer le mécanisme se composent des différentes sortes de marchés analysés précédemment ; celles qui suivent sont des combinaisons des opérations mêmes. Elles présentent des complications à l'infini. On y a recours lorsque les fluctuations de la cote sont indécises, tantôt en hausse, tantôt en baisse. Je citerai les plus usitées.

Opérations à la hausse ou à la baisse.

Si les variations ne sont pas considérables :

J'achète ferme 25 actions de la Banque à 4,400 fr., ci 110,000 fr., et j'en vends 50 à prime, dont 10 à 4,410 fr., ci 220,500 fr. Les effets seront levés ou ne le seront pas.

1° *Si les effets sont levés :*

J'aurai à racheter 25 actions au cours du jour. La hausse est-elle permanente : j'ai fait une mauvaise spéculation. Mais si mes prévisions se réalisent, il doit y avoir des alternatives de hausse et de baisse ; j'achète en baisse 25 actions à 4,402 fr., soit en capital 110,050 fr.

Ainsi, j'ai d'une part :

25 actions à 4,400 fr., soit..............	110,000
25 actions à 4,402 —	110,050
	220,050

J'ai revendu les 50 actions....................	220,500
Différence à mon profit......................	450

L'acheteur à prime à 4,410 fr., prendra livraison si les actions sont seulement à 4,402 fr. 50 ; car il perd 7 fr. 50 par action, 375 fr., au lieu qu'en abandonnant sa prime de 10 fr. par action il perd 500 fr.

J'ai supposé le second achat plus cher que le premier,

l'inverse pouvait avoir lieu : le bénéfice était alors augmenté d'autant.

2° *Si les titres ne sont pas levés :*

Je puis me trouver acheteur non-seulement de 25 actions, mais de 50 ; car j'ai dû me mettre en mesure en prévision de la livraison. J'ai vendu à mes périls et risques, à 4,395 fr. supposons, soit en capital..................... fr. 219,750

Je dois payer 220,000

Déficit.................. 250

Mais la prime de 500 fr. me reste, et je me trouve en fin de compte avoir gagné 250 fr.

Les chances favorables d'un marché de ce genre sont donc subordonnées aux deux conditions essentielles dont nous avons parlé, savoir : Oscillations perpétuelles dans la cote et variation peu considérable. Des joueurs consommés peuvent seuls prévoir ces accidents.

Si les variations sont considérables :

J'achète 50 actions à prime.

Je revends ferme de suite 25 actions, je suis en perte puisque la vente ferme est moins chère que la vente à prime.

J'attends pour vendre les 25 actions qui me restent que la hausse soit revenue au point de couvrir mon déficit et de me donner du gain. Dans ce cas, l'opération se termine là.

Si la baisse vient au-dessous du taux auquel j'ai vendu les 25 actions, j'annule, par l'abandon de la prime, mon premier achat de 50 actions qui me coûte plus cher que je n'ai vendu, et je rachète en baisse les 25 actions que j'ai vendues ferme, pour les livrer.

Opérations de primes contre primes.

Les opérations de primes contre primes ont l'avantage de limiter les pertes ; en revanche elles offrent peu de bénéfices. Elles reposent sur ce fait que plus la prime est forte, moins le prix est élevé. Ainsi la prime dont 1 fr. est moins chère que la prime dont 50 c. — Ces sortes d'affaires exigent une grande habitude de la Bourse et ne sont pas bonnes pour les débutants.

Exemple : J'achète 1,500 fr. de rente 3 %, dont 1 à 57, je les revends de suite à 57 fr. 60, dont 50 c.

1° Si à l'échéance les cours sont en hausse, les primes sont levées, et je gagne la différence de 60 c. par coupon, soit 300 fr.

2° Si les cours sont en baisse, l'acheteur m'abandonne sa prime dont 50 c., soit 250 fr. J'abandonne la mienne dont 1 fr., soit 500 fr., ma perte n'est alors que de 250 fr.

3° Si les cours sont au pair ou à peu près à 57 fr. 05 c., par exemple, mon acheteur ne lève point sa prime, qui me reste, soit 250 fr., et je revends à 5 c. de bénéfice, soit 25 fr., en tout 275 fr., sauf déduction de courtage.

Autre exemple : — Inversement, j'achète à 57 fr. 60, dont 50 c. et je revends à 57 fr. dont 1 fr.

1• Si, à l'échéance, le cours est en hausse, ma perte est limitée à 60 centimes ;

2° Si, à l'échéance, le cours est en baisse, et que les primes soient abandonnées, je reçois 1 fr. et je ne donne que 50 c., bénéfice pour moi 50 centimes.

3° Si la baisse n'est pas assez forte, pour empêcher mon acheteur de prendre livraison, qu'elle ne soit que de 50 c., par exemple (56, 50) j'abandonne mon premier marché et je rachète à 56,50 ; comme je suis vendeur à 57, mon bénéfice brut est de 50 c., d'où il faut déduire les 50 centimes de prime que j'ai abandonnés ; le bénéfice de cette opération est nul. J'en suis pour mes courtages.

Autre exemple. — Je vends 25 actions à prime dont 10, fin courant ; je rachète 25 actions à prime dont 20, fin prochain.

Si, à la fin du mois, les 25 actions ne sont point levées, je gagne les 10 francs, ce qui diminue de moitié ma prime dont 20.

S'ils sont levés, j'achète ferme fin courant les 10 actions que j'ai à livrer, et je reste acquéreur pour un mois encore des premières 25 actions, ce qui me permet de profiter des chances de hausse.— C'est ce qu'on appelle *se faire reporter sur prime*.

Arbitrages sur effets publics.

L'arbitrage sur effets publics est une opération qui consiste à échanger une valeur contre une autre, du 3 % contre du 5 %. Par exemple, afin de bénéficier de la différence, elle repose sur ce fait que les diverses espèces de fonds ne sont pas toujours au même taux ; ainsi, le 3 0/0, sur lequel se porte de préférence la spéculation, est plus cher que le 5 0/0. Le 3 0/0 est dans ce moment à 56 lorsque le 5 0/0 est à 89 fr.

Exemple d'une opération d'arbitrage. — Je suis possesseur de 1,500 francs de rente 3 0/0. Le 3 0/0 est à 56, tandis que le 5 0/0 est à 89. Je vends mes 1,500 francs de rente 3 0/0 à 56 et je réalise en capital 28,000 francs. Avec cette somme je rachète du 5 0/0 à 89 francs, 1,578 fr. de rente au prix de 27,923 fr. Si je borne là mon opération, ma rente s'est accrue de 78 fr. et il me reste 77 fr. sur mon capital.

Mais si j'ai voulu faire une spéculation, j'ai été conduit à changer mon placement dans l'espoir de voir monter le 5 0/0 et baisser le 3 0/0. Je n'ai donc fait jusqu'à présent que la moitié de l'opération. Supposons que ma prévision se réalise : le 5 0/0 est monté à 94 fr. et le 3 0/0 à 57. Je vends à 94 francs 1,578 fr. de rente 5 0/0, soit. . .   29,666 40

Je rachète à 57 1,500 fr. de rente 3 0/0 à   28,500 00

Différence à mon profit. 1,166 40
Plus les 77 fr. de bénéfice de la 1re opération   77 00

Bénéfice total. 1,243 40

Ainsi, je me trouve comme auparavant possesseur de 1,500 fr. de rente 3 0/0, et j'ai réalisé un bénéfice de 1,243 fr. 40 c.

15

Moyens de bonifier les fausses spéculations.

J'ai déjà indiqué comment au moyen des reports on peut prolonger une opération devenue mauvaise au moment de la liquidation. Il y a encore d'autres moyens, dont je dois parler également :

1º J'ai vendu à découvert de la rente à 88,50 ; la hausse survient, je suis obligé d'acheter à 89 fr. pour faire ma livraison. Je perds 50 centimes par coupon si mon opération se termine là. Mais je crois au retour de la baisse. Je vends fin prochain à 89 fr. 30, le report étant présumé de 30 c. Je paye en liquidation la différence de 50 centimes, et je reste vendeur à terme en attendant la baisse;

2º J'ai acheté 1,500 francs de rente 3 0/0 à 57; la rente tombe à 55 ; j'en achète à ce prix une même quantité. Je me trouve donc acquéreur de 3,000 francs de rente 3 0/0 au cours moyen de 56; pour peu que les fonds montent au-dessus de ce dernier chiffre, j'aurai du bénéfice. C'est ce qu'on nomme *une commune* ou *faire une commune ;*

3º J'ai vendu à découvert 1,500 fr. de rente 3 0/0 à 57, survient la hausse à 59 ; je revends à ce prix même quantité de titres. Je me trouve vendeur de 3,000 fr. de rente au cours moyen de 58 fr. pourvu que la baisse revienne au-dessous de ce dernier chiffre, je pourrai acheter en bénéfice.

4º Opérant à la hausse, j'ai acheté 20 actions, c'est la baisse qui survient ; je suis en perte. Mais je revends 40 actions. Acheteur de 20 actions, vendeur de 40, je reste vendeur de 20. J'attends pour les acheter que la baisse me permette de couvrir au moins la perte de mon premier marché. — Cette opération, commencée à la hausse, se termine à la baisse ;

5º J'ai vendu à découvert 1,500 fr. de rente 3 0/0, à 56 fr. Survient la hausse à 58. J'achète non pas 1,500 fr. de rente, mais 3,000 ; je liquide à perte mon premier marché, mais je reste acheteur de 1,500 fr. de rente et j'attends pour vendre

que la hausse puisse m'indemniser de mon déficit. — Cette
spéculation commencée à la baisse finit à la hausse.

J'ai passé en revue les différentes combinaisons de la spéculation. Je ne prétends pas les avoir toutes énumérées, car
elles revêtent les formes les plus diverses. A chaque instant,
on en invente de nouvelles. Ce qui les caractérise en général,
c'est que, bien qu'elles puissent servir, par exception, à des
opérations sérieuses, elles n'ont habituellement d'autre motif
que le jeu, et qu'elles tombent en dehors de la spéculation
productive et sous le coup des interdictions de la loi. Mais la
loi, le joueur de Bourse la défie ; que ne donnerait-il pas pour
pouvoir défier aussi bien la fortune !..

Calculs de Bourse.

Dans l'intérêt des capitalistes et même des spéculateurs,
je crois, qu'il est utile de leur faire connaître les moyens les
plus simples et les plus faciles de faire les calculs de Bourse.

Tous les calculs de Bourse se font à l'aide de la règle de
trois, et comme beaucoup de personnes ne la connaissent
pas et que ce n'est pas le lieu d'en faire la démonstration, je
donne ici une formule très-simple pour les résoudre.

Plusieurs cas peuvent se présenter :

1o Un capitaliste peut avoir besoin de savoir combien lui
coûtera une certaine somme de rentes qu'il veut acheter ;

2o Un capitaliste, ayant une somme capitale disponible, désire savoir combien de rentes il peut acheter avec cette somme ;

3o Un capitaliste désire savoir à quel taux il place son argent en achetant de la rente au cours de la Bourse ou à un
prix déterminé.

Pour faire ces calculs facilement, il faut d'abord se rendre
compte de la nature de la rente sur laquelle on doit opérer,
il est utile de remarquer si c'est du 3 %, du 4 1/2 % ou
du 5 %, et quel est le prix de cette rente.

1er Cas.

Exemple. — Combien coûteront 1500 fr. de rentes 3 %, achetés à 57 fr.

Pour résoudre ce problème, il faudrait employer la règle de trois, qu'on placerait ainsi :

$$3 : 1500 :: 57 : X = 28,500 \text{ fr.}$$

Ainsi, 1500 fr. de rentes 3 % achetés à 57 f. coûteront 28,500 f.

Pour résoudre ce problème sans le secours de la règle de trois, il suffit de savoir qu'il faut multiplier la somme de la rente achetée par le prix du cours de la rente, et prendre le tiers du produit de la multiplication.

$$\frac{1500 \times 57}{3} = 28,500 \text{ fr.}$$

Si on achète de la rente 5 % au lieu de prendre le 1/3, il faudra prendre le 1/5.

Exemple. — Combien coûteront 2500 fr. de rente 5 %, achetés à 90 fr.

$$\frac{2500 \times 90}{5} = 45,000 \text{ fr.}$$

Ainsi, 2,500 fr. de rente 5 %, achetés à 90 fr. coûteront 45,000 fr. Si on achète du 4 1/2, il faudra diviser par 4.50 c.

Exemple. — Combien coûteront 2,500 fr. de rente 4 1/2 % à 83.50.

$$\frac{2500 \times 83.50}{4.50} = 46,388 \text{ fr. } 90 \text{ c.}$$

Ainsi 2,500 fr. de rente 4 1/2, achetés à 83.50, coûteront 46,388 fr. 90 c.

2e Cas.

Exemple. — Un capitaliste ayant une somme capitale disponible de 56,345 fr. désire savoir combien il achètera de rente 3 % à 56 fr.

En employant la règle de trois, on placera la proportion suivante :

$$56 : 56,345 :: 5 \; X = 3,018 \text{ fr. } 50 \text{ c.}$$

Donc, avec une somme capitale de 56,345 fr. on achètera 3,018 fr. de rente 3 %.

Ce qui revient à dire que pour obtenir, sans le seco urs de la règle de trois, la somme de rentes 3 % qu'on peut acheter avec un capital déterminé, il faut multiplier la somme capitale par le taux de la rente et diviser le produit de la multiplication par le cours de la rente, ou le prix de la rente, ce qui est la même chose.

$$\frac{56,345 \times 3}{56} = 3,018 \text{ f. } 50$$

Exemple. — Avec une somme de 87,000 fr., combien achètera-t-on de rentes 5 % à 90 fr. ?

$$\frac{87,000 \times 5}{90} = 4,833 \text{fr. rente } 5 \text{ %.}$$

Donc avec une somme capitale de 87,000 fr. on achètera 4,833 fr. de rentes 5 %.

Exemple. — Avec une somme de 67,000 fr., combien achètera-t-on de rentes 4 1/2 à 78 fr. ?

$$\frac{67,000 \times 4.50}{78} = 3,865 \text{ fr. rente } 4 1/2$$

Donc avec une somme capitale de 67,000 fr., on achètera 3,865 fr. de rentes 4 1/2.

3ᵉ Cas.

Exemple. — A quel taux place-t-on son argent, lorsqu'on achète du 3 % à 56 ?

En employant la règle de trois, on placera la proportion suivante :

$$56 : 100 :: 3 : x = 5 \text{ fr. } 35.$$

En achetant du 3 % à 56, on place son argent à 5 fr. 35 %.

Ce qui revient à dire que pour trouver le taux de l'intérêt auquel on place son argent, en achetant du 3 % à 56, il faut multiplier la somme capitale 100 fr. par le taux de la rente, et diviser le produit par le prix de la rente.

$$\frac{100 \times 3}{56} = 5 \text{ fr. } 35.$$

Exemple. — A quel taux place-t-on son argent, lorsqu'on achète du 5 % à 91 fr. ?

$$\frac{100 \times 5}{91} = 5 \, fr. \, 50.$$

Donc, en achetant du 5 % à 91 fr., on place son argent à 5 1/2 %.

Exemple. — A quel taux place-t-on son argent, en achetant du 4 1/2 à 80 fr. ?

$$\frac{100 \times 4.50}{80} = 5 \, fr. \, 62 \, 1/2.$$

Donc, en achetant du 4 1/2 à 80 fr., on place son argent à 5.62 1/2 %.

Exemple. — A quel taux a-t-on placé son argent en souscrivant à l'emprunt 5 % 1871, à 82 50 ?

$$\frac{100 \times 5}{82.50} = 6 \, fr. \, 06.$$

En souscrivant à l'emprunt 5 % de 1871, on a placé son argent à 6 fr. 06 %.

Reports.

Exemple. — 56,000 fr. m'ont produit dans une opération de reports 587 fr. en un mois ; à quel taux pour % l'an, ai-je placé mon argent ?

Puisque 56,000 fr. me rendent 587 pour un mois, je multiplie 587 par 12, représentant le nombre de mois de l'année = 7,044 fr.

La question est donc celle-ci : lorsque 56,000 fr. produisent 7,044 fr. dans l'année, quel est le taux de 100 fr. ?

Je multiplie 100 par l'intérêt 7,044 et je divise par le capital 56,000 fr.

$$\frac{100 \times 7,044}{56,000} = 12 \, fr. \, 57.$$

Le bénéfice du report dans cette affaire représente un taux de 12 fr. 57 % l'an.

Fonds étrangers.

S'il s'agit de calculer des fonds étrangers, la méthode est toujours la même.

La valeur du florin d'Autriche est de 2 fr. 60.

Exemple. — Combien paierai-je pour 15.000 florins d'Autriche au change de 2 fr. 30 le florin ?

Il faut multiplier simplement 15,000 par le prix du florin, et on obtient le prix de 15,000 florins.

$$15,000 \times 2.30 = 34,500 \text{ fr.}$$

Donc, 15,000 florins achetés au change de 2 fr. 30, me coûteront 34,500 fr.

On peut avoir des francs à convertir en valeurs étrangères.

La valeur du thaler est de 3 fr. 71, se divisant en 30 gros d'argent à 12 pfennigs.

Exemple. — Combien achèterai-je de thalers au change de 3 fr. 45, pour la somme de 25,000 fr. ?

Pour faire cette opération, il faut diviser simplement 25,000 fr. par le prix du thaler.

$$\frac{25,000}{3.45} = 7,246 \text{ thalers, 11 gros d'argent et 4 pfennigs.}$$

25,000 fr. convertis en thalers au change de 3 fr. 45, donneront 7,246 thalers, 11 gros d'argent et 4 pfennigs. Pour obtenir les gros d'argent et les pfennigs, il faut procéder par les parties aliquotes.

Du Change.

Qu'est - ce que le change ?

Le change (du mot latin *cambium*, qui signifie change, troc, etc.,) se dit dans le commerce de toute opération par laquelle une personne cède à une autre une valeur en retour d'une autre valeur. Cette opération est généralement une vente pour la personne qui cède, et un achat pour la personne qui acquiert.

Les lettres de change ainsi que tous les papiers représentant une valeur métallique, les matières d'or et d'argent, soit monnayées, soit en lingots, les marchandises de toute nature peuvent donner lieu à des opérations de change.

Le change dans les places cambistes s'entend

de la vente qu'on fait de la monnaie d'une nation pour recevoir en retour la monnaie d'une autre nation, par le moyen d'une lettre de change, payable en monnaie différente de celle qu'on donne pour obtenir cette lettre de change.

Ainsi, acheter ou vendre 500 livres sterlings pour des monnaies de France, c'est recevoir ou donner une lettre de change de 500 livres sterlings qu'on achète ou qu'on vend pour des francs.

Combien y a-t-il de sortes de change ?

Il y a deux sortes de change : 1º Le change intérieur ou national ; 2º le change extérieur ou international.

Qu'est-ce que le change intérieur ou national ?

Le change intérieur ou national se fait ordinairement par un échange d'effets, de lettres de change sur des places du même pays, contre des marchandises, des espèces, etc. Ce moyen est plus commode, bien moins embarrassant que la remise directe des espèces, et il ne donne lieu à aucun déplacement.

Qu'est-ce que le change extérieur ou international ?

Le change extérieur ou international a beaucoup de similitude avec le change intérieur ; dans l'un comme dans l'autre change, il s'agit toujours d'acheter ou de vendre des effets. Dans le change extérieur, les effets sont payables à l'étranger au lieu d'être payables à l'intérieur ; la différence consiste dans la conversion qu'on est obligé de faire des monnaies d'un pays en celles d'un autre, d'après la cote des changes du moment où la négociation a lieu.

Des Monnaies.

Combien y a-t-il de sortes de monnaies ?

Il y a deux sortes de monnaies: 1º La monnaie de compte ; 2º la monnaie réelle.

Qu'est-ce que c'est que les monnaies de compte ?

Monnaies de compte. — Les monnaies de compte, comme les francs et les centimes à Pa-

ris, la livre sterling à *Londres*, la piastre à *Madrid*, le marc-banco à *Hambourg*, sont des monnaies de compte, parce qu'elles servent à tenir les écritures de commerce ; elles peuvent être réelles ou fictives. On doit convertir toutes les monnaies d'or ou d'argent en monnaie de compte. Ainsi, à Londres, on convertit toutes les monnaies d'or et d'argent en *livres sterlings*, *schellings* et *pences*, qui sont des monnaies de compte.

Qu'est-ce que c'est que les monnaies réelles ?

Monnaies réelles. —Les monnaies réelles, que l'on nomme aussi *monnaies effectives*, sont les pièces d'or, d'argent, de cuivre ou de tout autre métal. On est généralement obligé de résoudre toutes les monnaies réelles en monnaies de compte pour la tenue des écritures.

Il y a certaines places où la monnaie de change ou de compte est en même temps la monnaie réelle; par exemple : en France, les francs et les centimes sont la monnaie de compte et sont aussi la monnaie réelle.

Qu'est-ce que le prix du change ?

Le prix du change est le bénéfice ou la perte qui résulte pour le vendeur ou pour l'acheteur dans toute opération de change. — Ce prix s'appelle encore le cours du change.

Les cours du change sont sujets à de très-grandes variations, qui tiennent à de nombreuses causes, dont les principales sont l'abondance plus ou moins grande du papier et du numéraire sur lesquels s'opère le change. Les nouvelles politiques exercent aussi une très-grande influence sur le cours du change.

La plus grande similitude existe entre le papier, les monnaies, l'or et l'argent en lingots et les marchandises. Plus une marchandise est abondante, moins le prix en est élevé ; de même, plus le papier est abondant, moins il vaut ; au contraire, moins une marchandise est abondante, plus le prix en est élevé ; de même, moins le papier est abondant, plus il vaut.

De la rareté ou de l'abondance du papier, c'est-à-dire des lettres de change, il résulte des bénéfices ou des pertes provenant du prix du change.

Qu'est - ce que le pair ?

Le papier est dit être au *pair*, lorsque la lettre de change est encaissée au prix de sa valeur nominale. Ainsi, si une lettre de change dont la valeur nominale est de 1000 fr. produit à la négociation aussi une somme nette de 1000 fr., cette lettre de change est dite négociée, au *pair*, c'est-à-dire, qu'il n'y aura ni bénéfice ni perte au papier ; si elle produit moins de 1000 fr. à la négociation, il y aura alors perte au *papier* ; si elle produit plus de 1000 fr. il y aura alors bénéfice au papier.

Qu'entend-on par le change haut ?

Le change est au-dessus du pair ou *haut*, lorsqu'il faut donner pour une lettre de change, dans une ville, une somme supérieure à celle qu'on recevra dans une autre ville.

Qu'entend-on par le change bas ?

Le change est au-dessous du pair ou bas, lorsqu'il faut donner pour une lettre de change, dans une ville, une somme inférieure à celle qu'on recevra dans une autre ville.

Trois exemples suffiront pour faire comprendre ce que c'est que le pair, ce que c'est que le change haut et le change bas.

Je donnerai pour exemple la livre sterling dont la valeur nominale ou valeur intrinsèque est de 25 fr. 21 c.

1° *Exemple* : — J'ai acheté une lettre de 500 livres sterlings au change de 25 fr. 21 c. la livre sterling.

Pour obtenir la valeur de la lettre de change il suffit de multiplier 500 par 25 fr. 21 c. ═ Rép.: 12,605 fr.

Le pair pour la livre sterling étant de 25 fr. 21 c., le change est donc *au pair*, puisque j'ai acheté la livre sterling à 25 fr. 21 c.; il n'y a donc ni bénéfice ni perte.

2e *Exemple* : — J'ai revendu la lettre de change de 500 livres sterlings au change de 25 fr. 60 c. = Rép.: 12,800 fr. J'ai donc fait un bénéfice de 195 fr. sur l'opération.

On dira que le change *est haut*, puisque le change est de 39 c. au-dessus du pair.

3e *Exemple* : — J'ai revendu la lettre de change de 500 livres sterlings à 25 fr. 10 c. la livre sterling. = Rép.: 12,550 fr. J'ai donc fait une perte de 55 fr. sur l'opération.

On dira que le change *est bas*, puisque le change est de 0,11 c. au-dessous du pair.

Lorsque le change est haut, il est favorable au vendeur et défavorable à l'acheteur.

Lorsque le change est bas, il est défavorable au vendeur et favorable à l'acheteur.

Qu'est-ce que le certain et l'incertain ? — Le *certain* est une valeur qui est fixe et invariable.

L'*incertain* est une valeur qui est variable ou susceptible de hausse ou de baisse.

Toutes les fois qu'un change a lieu entre deux places étrangères, il y a toujours une de ces deux places qui donne le *certain* et l'autre qui donne l'*incertain*. L'usage et la facilité des calculs du change ont seuls pu fixer et déterminer quelles étaient les places qui doivent donner le *certain* et celles qui doivent donner l'*incertain* en retour. Autrefois, Paris donnait le *certain* à Londres, c'est-à-dire Paris donnait à Londres 3 francs pour 30 deniers sterlings, plus ou moins; aujourd'hui, le contraire a lieu, c'est Londres qui donne le *certain* à Paris, une livre sterling pour 25 francs, plus ou moins.

La place qui donne le *certain* est celle dont la valeur monétaire ne change jamais, et la place qui donne l'*incertain* est celle dont la valeur monétaire varie du plus au moins.

On peut dire que la place qui donne le *certain* est le vendeur, et que la place qui donne l'*incertain* est l'acheteur. Le *certain* représente donc la marchandise et l'*incertain* en représente le prix. Par exemple : Londres donne le *certain* à Paris, parce que Londres vend à Paris une livre sterling pour 25 francs, *plus* ou *moins*. Cette expression *plus* ou *moins* veut dire que la livre sterling peut être payée un prix supérieur à 25 francs, ou bien un prix inférieur à 25 francs. Le prix de la livre sterling est donc sujet à variation. Londres est donc par conséquent le vendeur et Paris l'acheteur.

Supposons le change entre Paris et Amsterdam à 208 fr. plus ou moins, pour 100 florins, ce qui veut dire qu'Amsterdam vend à Paris 100 florins pour la somme de 208 francs, plus ou moins ; dans cette opération de change, Amsterdam donne le *certain*, parce que 100 florins ne varient pas, et Paris donne l'*incertain*, parce que le prix de 100 florins varie. Il peut aussi bien être 209 francs que 207 francs, au lieu de 208 francs.

Les mouvements qui se produisent dans les cours des changes, sur les places étrangères, présentent du bénéfice ou de la perte, suivant que telle place donne le *certain* ou l'*incertain*. Aussi, pour en étudier et en bien comprendre les variations, est-il nécessaire de connaître les deux règles suivantes :

1° Toute place qui donne l'*incertain* doit *tirer*, *fournir* ou *négocier* au plus haut change, et *prendre* et *remettre* au plus bas ;

2º Toute place qui donne le certain doit *tirer, fournir* ou *négocier* au plus bas change, et *prendre* et *remettre* au plus haut.

En effet, Paris donnant à Londres l'*incertain*, c'est-à-dire 25 francs plus ou moins pour une livre sterling, il lui est avantageux de *tirer* sur Londres à 25 fr. 25 au lieu de 25 fr, et de remettre à 25 fr., au lieu de 25 fr. 25, par la raison qu'en tirant à 25 fr. 25, il reçoit 25 fr. 25 c. pour une livre sterling qu'il donne, et qu'en remettant à 25 fr. il ne donne que 25 francs pour une livre sterling qu'il reçoit ; donc le plus haut change est le plus avantageux pour tirer, et le plus bas pour *remettre*, lorsque la place où l'on est donne le prix *incertain*.

Londres, au contraire, donne à Paris le *certain*, c'est-à-dire une livre sterling, pour 25 fr. plus ou moins ; il lui est donc avantageux de *tirer* sur Paris à 25 fr.; au lieu de 25 fr. 25 ; et de remettre à 25 fr. 25 au lieu de 25 fr. par la raison qu'en tirant à 25 fr., il ne donne que 25 fr. pour une livre sterling qu'il reçoit, et qu'en remettant à 25 fr. 25 c. il reçoit 25 fr. 25 c. pour une livre sterling qu'il donne ; donc le plus bas change est le plus avantageux pour tirer et le plus haut pour remettre, lorsque la place où l'on est donne le certain.

De même aussi, Paris cote Londres à 25 fr. 25 à vue, soit 25 fr. à 3 mois, si l'escompte est à 4 0/0, tandis que Londres cote Paris 25 fr. 25 à vue et 25 fr. 50 à 3 mois, si l'escompte est également à 4 0/0, c'est-à-dire 25 c. *au-dessus* du cours à vue. Pourquoi ? Parce que, comme nous l'avons dit, Paris donne l'*incertain* à Londres, tandis que Londres, donnant le *certain* à Paris, doit lui donner plus de francs pour une lettre de change qui a 3 mois à courir, que pour une lettre de change à vue.

En général, on entend par *tirer :* vendre ou négocier une lettre de change, et par *remettre :* prendre ou acheter cette même lettre de change.

On se sert en banque de l'expression *remettre*, pour signifier qu'on n'achète des lettres de change que pour les *remettre* ou pour en couvrir ses créanciers.

Des mots argent et papier placés en tête des colonnes des changes.

Le mot *argent* qui se trouve en tête de la colonne des changes, signifie *demandé*, et le mot *papier* signifie *offert*.

Les chiffres qui sont dans la colonne intitulée *argent*, indiquent les prix offerts par les acheteurs qui ont besoin des valeurs qui y sont cotées, et ceux qui sont dans la colonne intitulée *papier*, indiquent les prix demandés par les porteurs des valeurs qui y sont cotées.

En un mot, les acheteurs offrent de l'argent et les vendeurs donnent le papier.

Londres. Argent 25 fr. 20 signifie que les acheteurs demandent le papier sur Londres à 25 fr. 20 c. la livre sterling, et *Londres, papier* 25 fr. 30 signifie que les vendeurs en demandent 25 fr. 30 c.

Des mots le Paris, le Londres, etc.

Pour distinguer le papier de la place de commerce où il est payable, on fait précéder le nom de la ville de l'article *le*.

On dit: Le *Paris*, le *Londres*, l'*Amsterdam*, ou du *Paris*, du *Londres*, de l'*Amsterdam*, etc., au lieu de dire le papier sur Paris, sur Londres, sur Amsterdam.

Des cours ou cote des changes.

Après la clôture de la Bourse, qui a lieu chaque jour, excepté les jours fériés, les agents de change, dont les fonctions sont de servir d'intermédiaires dans les négociations qui y sont traitées, arrêtent le cours des valeurs, et c'est ce cours qui est publié en un bulletin ou tableau appelé cote des changes. Ce tableau doit être écrit, certifié sincère par le syndic des agents de change.

Pour l'intelligence des changes, j'ai réuni les cotes des principaux états du monde publiées à une même époque avec les additions nécessaires pour les rendre intelligibles ; j'ai ajouté à chaque cote la désignation des monnaies qui y figurent, ainsi que les égalités des changes. Ainsi, si on trouve sur la cote de Paris: *Londres* à vue, 25 fr. 25 c. j'ajoute francs pour une livre sterling.

J'ai ajouté aussi au bas de chaque cote l'escompte ou l'intérêt du papier de la place où se fait le change. Je mets 4 % au bas de la cote de Paris, 3 1/2 % au bas de celle d'Amsterdam, etc., ce qui veut dire que l'intérêt est à 4 % à Paris, à 3 1/2 % à Amsterdam.

Cet escompte est lui-même sujet à de très-grandes variations.

Des calculs des changes.

Par le moyen des cotes expliquées qui précèdent, les calculs des changes deviennent d'une extrême facilité.

1er *Exemple*. — Si j'achète à Paris 50 livres sterlings à vue au change de 25 fr. 25 c. la livre sterling, sachant que la livre sterling coûte 25 fr. 25 c., il suffira de multiplier 25 f. 25, prix d'une livre sterling, par 50, nombre de livres sterlings que j'ai achetées, et on obtiendra par une simple multiplication, le prix de 50 livres sterlings.

Ainsi: $25.25 \times 50 = 1262$ fr. 50 c.

50 livres sterlings, au change de 25.25, coûteront donc 1262 fr. 50 c.

2e *Exemple*. — Si j'achète à Paris 50 livres sterlings à vue, au change de 24 fr. 90 la livre sterling, je multiplierai 24 f. 90, prix d'une livre sterling, par 50, donc $24.90 \times 50 = 1245$ fr.

50 livres sterlings, au change de 24 fr. 90, coûteront 1245 f.

3e *Exemple*. — Si j'achète à Paris 350 florins courants, à 90 jours, au change de 213 fr. 50 c. les 100 florins courants, il suffira de multiplier 213 fr. 50 par 350 florins courants ; donc, 213 fr. $50 \times 350 = 747$ fr. 25 c.

350 florins courants au change de 213 fr. 50 coûteront donc 747 fr. 25 c.

Il y a dans cette opération quatre chiffres décimaux à retrancher, parce que 213 fr. 50 contiennent 2 chiffres décimaux et que 213 fr. 50 c. sont le prix de 100 florins et non pas d'un florin; il y a, par conséquent, une division par 100 sous-entendue.

Lorsque le *certain* n'a pas pour base le nombre 1.10 ou 100, il faut alors procéder par une règle de trois.

4ᵉ Exemple. — Si j'achète 400 florins courants, à 2 mois, au change de 54 1/4 pour 120 fr. on fera la règle de trois suivante, en ayant toujours le soin de mettre les fractions absolues sous forme de décimales. On mettra :

$$54.25 : 400 :: 120 : x = 884 \text{ fr. } 79 \text{ c.}$$

Donc 300 florins courants, au change de 54 1/4 pour 120 f. coûteront 884 fr. 79 c.

5ᵉ Exemple. — Si j'achète 500 florins courants à 3 mois, au change de 182 florins pour 100 roubles argent, on fera la règle de trois suivante :

$$182 : 500 :: 100 : x = 274 \text{ R. arg. } 72 \text{ c.}$$

Donc 500 florins courants, au change de 182 francs pour 100 roubles argent, coûteront 274 roubles argent 72 c.

Lorsqu'il se rencontrera dans le change plusieurs espèces de monnaies, comme des livres sterlings, des schellings et des pences, on procédera alors par le système des *parties aliquotes*. Il est important pour cela de bien connaître les valeurs relatives des monnaies, savoir: qu'une livre sterling vaut 20 schellings et un schelling vaut 12 deniers sterlings ou pences.

Un exemple suffira pour tous les cas.

7ᵉ Exemple. — J'achète 56 livres sterlings 15 schellings 6 pences au change de 25 fr. 10 c. la livre sterling; je multiplie d'abord 25 fr. 10 par 56.

$$25 \text{ fr. } 10 \times 56 - 1405 \text{ fr. } 60$$

$$
\begin{array}{r}
25.10 \\
56 \\
\hline
150\ 60 \\
1255\ 0 \\
\hline
1405\ 60
\end{array}
$$

Pour 10 schellings.....12 55   la moitié de 25 fr. 10
Pour 5 schellings......6 27   la moitié de 12 fr. 55
Pour 6 pences......... 62   le dixième de 6 fr. 27

$$
\begin{array}{r}
\hline
1425\ 04
\end{array}
$$

Donc 56 livres sterlings 15 schellings 6 pences, au change de 25 fr. 10 c. la livre sterling, coûteront 1425 fr. 04 c.

Des arbitrages de banque.

Les arbitrages sont les calculs faits par un banquier ou par un capitaliste ou même un spéculateur pour connaître les moyens les plus avantageux de payer ce qu'il doit, ou de recouvrer ce qui lui est dû dans une place étrangère, en employant un *moyen indirect*, c'est-à-dire en employant l'intermédiaire d'une place étrangère autre que celle où il est débiteur ou créancier.

Il résulte des arbitrages, pour le banquier, trois positions bien distinctes qu'il ne doit pas perdre de vue : celle où il est débiteur. 2° celle où il est créancier; 3° celle où il est spéculateur.

Parités à vue.

Les parités sont le résultat des arbitrages, elles expriment la valeur en monnaies d'une place, d'une quantité déterminée de monnaies d'une autre place étrangère. On les appelle *parités à vue*, parce qu'elles représentent des valeurs en espèces.

Pour calculer des parités, il faut toujours prendre pour base le *certain* du change de la place avec laquelle on doit opérer. Ce *certain* est exprimé par 1, 10, 100, 120, 200, etc., plus ou moins, suivant que l'unité monétaire a plus ou moins de valeur.

La livre sterling, valant 25 fr. plus ou moins, nous prenons Paris 1 *livre sterling* pour base de la parité exprimée en francs, que nous voulons obtenir.

Les parités peuvent tout à la fois exprimer des prix de revient ou des prix de vente.

Arbitrage.

1ᵉʳ Exemple. — Un banquier de Paris, devant à Londres 500 livres sterlings, demande s'il ne lui serait pas plus avantageux d'acheter des florins d'Amsterdam pour payer son créancier à Londres.

Je vois sur la cote de Paris que le change à vue sur Londres est à 25 fr. 25 c. pour 1 livre sterling.

Je vois aussi sur la cote de Paris que le change à vue sur Amsterdam est à 215 les % florins.

Je vois encore sur la cote d'Amsterdam que le change à vue sur Londres est à 11, 50 florins pour 1 livre sterling.

Dans ce cas, il faut placer la conjointe suivante :

1ʳᵉ égalité : x francs égalent 1 livre sterling ;

2ᵉ égalité : 1 livre sterling égale 11,50 florins ;

3ᵉ égalité : 100 florins égalent 215 francs.

1º Je cherche combien de francs en espèces ou à vue on débourserait à Paris, en y achetant des valeurs sur Amsterdam, qui coûteraient à Londres 1 livre sterling en espèces ou à vue ;

2º Sachant qu'une livre sterling en espèces ou à vue coûte à Amsterdam 11 fl. 50 en espèces ou à vue ;

3º Et enfin que 100 florins en espèces ou à vue coûtent à Paris 215 fr. en espèces ou à vue.

Résultat :

$$\frac{1 \times 11,50 \times 215}{1 \times 100} = 24 \text{ fr. } 725$$

La livre sterling, en employant la voie d'Amsterdam, ne coûtera que 24 fr. 725 au lieu de 25 fr. 25 c. en employant la voie directe de Londres.

Le banquier fera donc 0.425 de bénéfice sur une livre sterling; donc 500 livres sterling, multipliées par 24 f. 725 = 12362 f. 50 c.; donc le banquier n'emploiera que 12,362 f. 50 pour payer 500 livres sterling, au lieu de 12,625 fr. qu'il aurait payés s'il avait opéré directement sur Londres.

Le banquier de Paris fera donc, dans cette opération, un bénéfice de 262 fr. 50 c.

2e Exemple. — Un banquier de Paris veut se faire payer 500 livres sterlings qui lui sont dues à Londres, en faisant un arbitrage entre le Hambourg, le Vienne et l'Amsterdam, demande lequel de ces trois moyens sera le plus avantageux pour lui:

1o De faire acheter par son débiteur à Londres du Hambourg au change de 12 marcs 13 schillings pour 1 livre sterling pour être négocié à Paris au change de 191 fr. 1/2 pour 100 marcs lubs;

2o Ou de faire acheter par son débiteur du Vienne au cours de 10 florins pour 1 livre sterling pour être négocié à Paris au change de 243 fr. pour 100 florins;

3o Ou, enfin, de faire acheter par son débiteur de l'Amsterdam au change de 12 florins pour 1 livre sterling, pour être négocié à Paris au change de 215 f. pour 100 florins.

Arbitrage du Hambourg.

Pour pouvoir calculer le premier arbitrage, il faut savoir que le *marc-lub* égale 16 *schillings*, et qu'il faut réduire tous les marcs lubs en schillings.

On placera la conjointe suivante:

x francs égalent 1 livre sterling;

1 livre sterling égale 12 marcs 13 schillings;

100 marcs lubs ou 16,000 schillings égalent 191 f. 50

Résultat:

$$\frac{1 \times 12 \times 16 + 13 \times 191{,}50}{1 \times 100 \times 16} = 24 \text{ fr. } 53 \text{ c. } 1^{\text{re}} \text{ parité.}$$

Arbitrage du Vienne.

x francs   égalent 1 livre sterling.
1 livre sterling   égale 10 florins.
100 florins   égalent 243 francs.

Résultat :

$$\frac{1 \times 10 \times 243}{1 \times 100} = 24 \text{ fr. } 30, \text{ 2}^{\text{me}} \text{ parité.}$$

Arbitrage de l'Amsterdam.

x francs   égalent 1 livre sterling.
1 livre sterling   égale 12 florins.
100 florins   égalent 215 francs.

Résultat :

$$\frac{1 \times 12 \times 215}{1 \times 100} = 25 \text{ fr. } 80 \text{ c. } 3^{\text{me}} \text{ parité.}$$

Le résultat des trois opérations sera donc :

1º En prenant du Hambourg 1 livre sterling produira 24.53
2º En prenant du Vienne   1 livre sterling produira 24.30
3º En prenant de l'Amsterdam 1 livre sterling produira 25.80

Le prix de l'Amsterdam est donc le prix le plus avantageux, puisque chaque livre sterling produira au banquier de Paris, 25 fr. 80, tandis que le Hambourg ne lui produira que 24 fr. 53 c. et le Vienne 24 fr. 30 c. Le banquier de Paris ordonnera donc à son débiteur de lui acheter de l'Amsterdam, et en admettant que le change direct sur Londres soit à 25 fr. 25 la livre sterling, le banquier fera donc un bénéfice de 55 centimes par livre sterling, et fera par conséquent un bénéfice de 275 fr. sur 500 livres sterlings, en employant la voie de l'Amsterdam.

Pour calculer les parités avec exactitude, il faut tenir compte de la différence de l'échéance des lettres de change, de l'escompte, des jours de grâce, des droits de timbre, de courtage, ports de lettres, etc. etc ..

Changes et Arbitrages.

Monnaies, Poids et Mesures

des principaux états du monde.

Angleterre.

On compte à Londres, ainsi que dans toute l'Angleterre, en livres sterlings, schellings et pences. La livre sterling est une monnaie fictive ou de convention, qui est tout à la fois monnaie de change et de compte. On s'en sert dans toutes les transactions. Les billets de banque sont généralement en livres sterlings.

1 livre sterling	= 20 schellings	= 25 f. 20,79
1 schelling	= 12 pences	= 1 26,03
1 penny ou denier	=..............	= 0 10,50

Avec une livre poids de Troy au titre Standard, on fait 46 29/40 souverains d'or et 66 schellings d'argent.

Monnaies réelles.

		Sh. d.	Poids en gr.	Titres en 1000e.	Valeur en francs
En or :	1 souverain	20	7.98	917	25 f. 20
—	1/2 id.	10	3.99	917	12 » 60
—	1 guinée	21	8.38	917	26 » 47
—	1/2 id	10.6	4.19	917	13 » 23
En argent :	1 couronne	5 »	28.27	925	5 » 80
—	1/2 id.	2.6	14.13	925	2 » 90
—	1 schelling	0.12	5.65	925	1 » 16
—	1/2 id.	0.6	2.82	925	0 » 58
En cuivre :	1 penny	0.1	...	...	0 » 10
—	1/2 id.	0.1/2	....	...	0 » 05
—	1 farthing	0.1/4	....	...	0 » 2 1/2

La livre sterling, comme monnaie de compte, a la même valeur que le souverain, et depuis quelques années on ne frappe plus de guinées ni de 1/2 guinées.

Usages commerciaux.

Toute lettre de change est payable dans la monnaie qu'elle indique; les traites fournies en francs ou toute autre monnaie étrangère sont généralement payées au cours du jour. Pour les effets payables dans les villes de l'intérieur, la perte de place est presque toujours invariablement fixée à 1/4 %, soit 5 shellings par 100 livres sterlings ; le minimum est de 2 schellings 6 pences.

Une lettre de change sur laquelle l'échéance n'est pas exprimée, est payable *à vue.* La *valeur fournie* n'est pas exigée. La lettre de change est valable lors même qu'elle n'est pas tirée d'un lieu sur un autre lieu.

De l'acceptation.—A moins de stipulation contraire, la présentation à l'acceptation n'est pas obligatoire, si l'échéance de la lettre de change est fixée. Cependant, il est prudent que cette présentation soit faite, car le porteur pourrait être responsable en cas d'insolvabilité du tiré.

Les lettres de change payables à un certain temps de vue doivent être présentées à l'acceptation; elles restent ordinairement vingt-quatre heures entre les mains du tiré ; si le tiré ne rend pas la lettre de change dans le délai de vingt-quatre heures, il est considéré comme l'ayant acceptée.

Du protêt faute d'acceptation. — Le protêt faute d'acceptation n'est pas nécessaire pour les lettres de change de l'intérieur de l'Angleterre, mais il est exigé pour une lettre de change étrangère. En Ecosse, l'omission du protêt faute d'acceptation entraîne la perte de tout recours.

Jours de grâce. — Les lettres de change, même celles *à ue* jouissent de trois jours de grâce à dater de l'échéance, mais celles payables *on demand* doivent être présentées et payées de suite.

La lettre de change est payable la veille, lorsque le dernier jour de grâce est un jour férié ou un dimanche.

Usance. — A Londres, l'usance est d'un mois pour les lettres de change d'Allemagne et de Hollande, de deux mois pour

celles d'Espagne et de Portugal, de trois mois pour celles d'I-
talie, et de 30 jours pour celles de France. Ces délais courent
du jour de la date de la lettre de change.

Protêt faute de paiement. — Dans le cas de refus d'acceptation ou de non-paiement d'une lettre de change, un notaire
inscrit sur la lettre de change une note provisoire appelée
nothing. Cette note doit être signée, et elle énonce la date
ainsi que le refus d'accepter ou de payer. Cette note sert à
rédiger l'acte conforme dans le cas où il doit être produit en
justice.

Quand le tiré a fait faillite ou a disparu avant l'échéance,
il faut faire un *protêt de sûreté, for beller security.*

Timbre. — Les lettres de change doivent être faites
sur papier timbré, au droit proportionnel, sous peine de nullité et d'une amende de 50 livres sterlings.

Tarif du timbre, pour toutes lettres de change payables
en Angleterre.

De liv. st. 5 et au-dessous. Liv. st.	0.0.1	de liv. st. 300 à 400 liv. st.	0.4.0
5 à 10	0.0.2	400 . 500	0.5.0
10 . 25	0.0.3	500 . 750	0.7.0
25 . 50	0.0.6	750 . 1000	0.10.0
50 . 75	0.0.9	1000 . 1500	0.15.0
75 . 100	0.1.0	1500 . 2000	1.0.0
100 . 200	0.2.0	2000 . 3000	1.10.0
200 . 300	0.3.0	3000 . 4000	2.0.0

Le timbre augmente de 10 sch. par 1000 liv. st. ou fraction
de 1,000 liv. st.

Tarif du timbre pour les lettres de change tirées d'Angleterre sur l'étranger :

Si la lettre de change est tirée en un seul exemplaire, le
timbre est le même que pour les effets payables dans l'intérieur.

Si, au contraire, elle est tirée par 1re, 2e, 3e, etc., le droit
de timbre frappe chaque exemplaire et est fixé ainsi qu'il
suit :

De liv. st. 25 et au-dessous. Lir. st. 0.0.1 de liv. st. 500 à 750 liv. st. 0.2.6

—	25 à 50	—	0.0.2	—	750.1000	—	0.3.4
—	50 . 75	—	0.0.3	—	1000.1500	—	0.5.0
—	75 .100	—	0.0.4	—	1500.2000	—	0.6.8
—	100 .200	—	0.0.8	—	2000.3000	—	0.10.0
—	200 .300	—	0.1.0	—	3000.4000	—	0.13.4
—	300 .400	—	0.1.4	—	4000.5000	—	0.16.8
—	400 .500	—	0.1.8,				

0.1.8, et ainsi de suite en augmentant de 3 sch. 4 pences par 1000 liv. st.

Opérations de change.

Les opérations de change se traitent généralement à Londres, le mardi et le vendredi, et les règlements ont lieu 3 jours après.

Le courtage pour la négociation des lettres de change sur l'étranger est de 1 °/oo et est payé par l'acheteur et le vendeur.

Cours des changes.

		Incertain.	Certain.
Paris...........	3 mois	fr. 25.45	Pour 1 liv. st.
id.	3 j. vue	fr. 25.20	Pour 1 liv. st.
Hambourg.......	3 mois	m. 13.7	— 1 liv. st.
Berlin..........	id.	th. 6.26	— 1 liv. st.
St-Pétersbourg..	id.	d. st. 35.3/4	— 1 rouble.
Amsterdam.....	id.	fl. 11.17 stur.	— 1 liv. st.
id.	3 j. vue	fl. 11.15	— 1 liv. st.
Anvers.........	3 mois	fr. 25.32 1/2	— 1 liv. st.
Francfort-s.-Mein	id.	fl. 118	— 10 liv. st.
Vienne.........	id.	fl. 11.25	— 1 liv. st.
Trieste........	id.	fl. 11.20	— 1 liv. st.
Italie..........	id.	liv. ita. 25.70	— 1 liv. st.
Madrid.........	id.	d. st. 49.1/2	— 1 piastre.
Barcelone.......	id.	id. 49.1/4	— 1 piastre.
Lisbonne.......	id.	id. 51.1/2	— 1000 reis.
Porto..	id.	id. 51.3/4	— 1000 reis.

Poids anglais.

Il y a deux sortes de poids :

1° La livre poids de Troy $=$ 0 k. 373. 2 g.

2° La livre avoir du poids, ou poids
de commerce $=$ 0   453.55

Poids de Troy.

1 Livre poids de Troy $=$ 12 onces $=$ 240 deniers $=$ 5760 grains
   (Troy pound)   (ounces) (pennyweights).

Poids de Commerce.

1 Livre av. d. p. $=$ 16 ounces $=$ 256
   drammes $=$ 0 k. 453.55 g.

1 Onces $=$ 437 1/2 grains $=$ 16 drammes $=$ 0 »   28.34

1 Tonneau $=$ 20 hundredweights $=$1015 » 952

1 Hundredweights $=$ 112 livres avoir du
   poids $=$ 50 » 797.60

1 Quarter $=$ 28 livres avoir du poids $=$ 12 » 699.40

1 Stone (de laine, $=$ 14   id. $=$ 6 » 349.70

1 Stone (de marché) $=$ 8   id. $=$ 4 » 233.13

1 Stone (de verre) $=$ 5   id. $=$ 2 » 645.75

Mesures.

Mesure de longueur :   1 fathom $=$ 2 yards $=$ 1ᵐ 829

    —   1 yard $=$ 3 pieds $=$ 0 »914

    —   1 pied $=$ 12 pouces$=$ 0 »304

    —   1 pouce $=$ $=$ 0 »025

Mesures de capacité.

Pour les liquides :

1 tonne $=$ 7 barils   375 $=$ 1144 litres 00

1 baril $=$ 32 gallons 1000 $=$ 145   »   00

1 gallon impérial$=$ 4 quarts $=$ 4   »   54

1 quart	2 pints		1 litre	13
1 pint	4 gills		0 »	56
1 gill			0 »	14
1 last de goudron			1717 »	00

Marchandises sèches :

1 quarter	8 boisseaux	290 »	75
1 boisseau	8 gallons	36 »	34
1 gallon		4 »	54

Titre des monnaies.

Le titre des monnaies d'or et d'argent s'évalue en 24 carats à 4 grains à 4 quarts pour l'or, et en 12 onces à 20 deniers ou pennyweights pour l'argent.

Le titre standard ou étalon des monnaies est de 22 carats de fin pour l'or, équivalant à 916 2/3 millièmes ; par conséquent, 11 onces d'or fin égalent 12 onces standard.

Le titre standard pour l'argent est de 11 onces 2 pennyweyghts, ou 222 pennyweyghts équivalant à 925 millièmes ; ainsi, 37 onces argent fin représentent 40 onces standard.

Autriche.

On compte en *florins*, valeur de l'empire d'Autriche, à 100 neukreutzers ;

| 1 florin | = | 100 neukreutzers | = | 2 fr. 469 |
| 1 neukreutzers = | | | = | 0   0246 |

A la taille de 45 florins à la livre d'argent fin, dite livre *zollverein*, ce qui leur fait donner le nom de florins au pied de 45.

Monnaies réelles.

		Poids en gr.	Titre en 1000e	Valeur en fr.
En or :	1 couronne	11.111	900	34.45
—	1/2 couronne	5.555	900	17.23
—	1 ducat ad legem imperii	3.490	986	11.85

	Poids en g.	Titre en 100e	Valeur en fr.
En argent : 1 double-florin	24.691	900	4.938
— 1 florin	12.345	900	2.469
— 1/2 florin	5.390	520	0.623
— 1 pièce de 10 neukreutzers	2.500	500	0.246
— 1 pièce de 5 id.	1.375	375	0.123

En cuivre : pièces de 3 neukreutzers, simples et 1/2 neukreutzers.

Usages commerciaux.

La nouvelle législation allemande pour les lettres de change ayant été adoptée en Autriche le 1er mai 1850, les jours
de grâce sont abolis, et, en cas de non paiement d'un effet, le
protêt doit être fait au plus tard le lendemain de l'échéance.
L'usance est de 15 jours.

Le courtage pour la négociation des lettres de change est
de 1 1/2 °/₀₀.

Timbre. — D'après une loi du 8 juillet 1858, le timbre des
effets de commerce a été fixé comme suit :

de 100 fr. et au-dessous	0 fl.	5 kr.	dé 2000 à 3000 fl.	2 fl. 00
de 100 à 200	0	10	3000 à 6000	3 00
de 200 à 300	0	15	6000 à 8000	4 00
de 300 à 500	0	25	8000 à 10000	5 00
de 500 à 1000	0	50	10000 à 12000	6 00
de 1000 à 1500	0	75	12000 à 16000	8 00
de 1500 à 2000	1	00		

et ainsi de suite jusqu'à 40000 f. en augmentant de 2 fl. par
4000 fl.

Au-dessus de 4,0000 fl. on compte 1 fl. par 2000 fl. ou frac-
ion de 2000 fl.

Cours des changes.

	Escompte.	Incertain.		Certain.
Amsterdam 3 mois	3 °/₀	fl. 89.90	pour	100 fl. de Hollande.
Augsbourg id.	3 °/₀	» 89.40	»	100 fl. du Sud.
Berlin id.	4 °/₀	» 156.10 }	»	100 th. de Prusse.
Breslau id.	4 °/₀	» 156.05 }		

		Escompte.	Incertain.		Certain.
Bruxelles	3 mois	3 %	fl. 42.30	pour	100 fr.
Francfort	id.	3 %	— 89.50	id.	100 fl. du Sud.
Gênes	id.	6 %	— 41.75	id.	100 liv. ital.
Hambourg	id.	3 %	— 79.30	id.	100 M. Bº.
Leipzig	id.	4 %	— 156.05	id.	100 th. de Prusse.
Livourne	id.	6 %	— 41.70	id.	100 liv. ital.
Londres	id.	3 %	— 106.30	id.	100 liv. sterlings.
Milan	id.	6 %	— 41.60	id.	100 liv. ital.
Paris	id.	4 %	— 42.15	id.	100 fr.
Prague	id.	4 %	— 98.75 }	id.	100 fl. autrich.
Trieste	id.	4 %	— 98.75 }		
Bucharest	31 jours de vue		— 16.10	id.	100 pièces valaques
Constantinople	id.		— 9.70	id.	100 pièces turques.

Escompte 4 1/2 à 4 3/4.

Brody, Lemberg, Pesth, Prague, Trieste, changes et monnaies comme à Vienne.

Poids d'Autriche.

1 quintal de Vienne	100 livres	=	56 k. 000
1 livre	512 phennings	=	0 » 560
1 phenning		=	0 » 001
1 quintal métrique	100 livres	=	100 » 000
1 livre	100 phennings	=	1 » 000
1 phenning		=	0 » 010

Mesures
de longueur :

1 aune de la Haute-Autriche	2 pieds 1/2	=	0 m. 80
1 pied (fuss.)	12 pouces	=	0 » 32
1 pouce (zoll.)	144 lignes.		0 » 025
1 aune légale de l'empire	2 pieds 1/2	=	0 » 78
1 pied	12 pouces	=	0 » 316
1 pouce	144 lignes	=	0 » 020

Mesures de capacité.
Liquides :

1 eimer (40 mass.)	=	58 lit. 00
1 mass (4 schoppen).	=	1 » 45
1 schoppen.	=	0 » 36

Mesures sèches :

1 metzel	= 4 viertel.	= 0 h. 61 l.
1 viertel	= 8 achtel	= 0 » 16 »
1 achtel	=10 muhlmassel	= 0 » 02 »
1 muhlmassel		= 0 » 00 2

Poids pour les matières d'or et d'argent :

Le poids pour les matières d'or et d'argent est la nouvelle livre zollverein, qui se subdivise en 1000e et dont le poids est égal à 500 grammes.

Belgique.

Bruxelles. — On y compte comme en France en *francs* et *centimes*, et, en vertu de la convention monétaire signée à Paris le 23 décembre 1865, entre la France, la Belgique, la Suisse et l'Italie, les pièces d'or et d'argent fabriquées, à l'avenir, devront avoir le même poids et seront au même titre que les monnaies françaises, savoir :

Monnaies réelles.

				Poids en gr.	Titres en 1000e.	Valeur en francs.	
En or :	1 pièce de	100 fr.		32.258	900	100	»
—	1 —	50		16.129	900	50	»
—	1 —	20		6.451	900	20	»
—	1 —	10		3.225	900	10	»
—	1 —	5		1.612	900	5	»
En argent :	1 —	5		25. »	900	5	»
—	1 —	2		10. »	835	2	»
—	1 —	1		5. »	835	1	»
—	1 —	» 50		2.500	835	»	50
—	1 —	» 20		1. »	835	»	20

USAGES COMMERCIAUX.

Les lois et usages commerciaux de la Belgique sont les mêmes qu'en France, Le Code de commerce français est en vigueur dans toute la Belgique.

Pour les effets payables en Belgique,

Le courtage pour la négociation des lettres de change est de 1 à 1/2 %₀.

Timbre. — Les effets de commerce sont assujettis au timbre, d'après le tarif ci-après :

De 200 f. et au-dessous	0 f. 10	De 1000 à 2000 f.	1 f. »
— 200 à 500 f.	0 » 25	— 2000 . 3000	1 50
— 500 . 1000	0 » 50		

et ainsi de suite pour chaque 1000 f. sans fraction, fr. 0 » 50, soit 1/2 %₀.

Pour les effets payables à l'étranger.

De 200 f. et au-dessous	0 f. 05	De 1000 à 2000 f.	0 f. 50
— 200 à 500	0 13	— 2000 . 3000	0 75
— 500 . 1000	0 25		

et ainsi de suite pour chaque 1000 f. en sus, f. 0 25, soit 1/4 %₀.

COURS DES CHANGES.

		Incertain.	Certain.
Amsterdam	Courts jours	f. 212 1/2	
	3 mois		Pour 100 fl.
Berlin	Courts jours	367 1/2	
	3 mois		— 100 th.
Francfort	Courts jours	211 3/4	
	3 mois		— 100 fl.
Gênes	Courts jours	99 25	
	3 mois		— 100 liv. it.
Hambourg	Courts jours	187 5/8	
	3 mois		— M. B°.
Lisbonne	Courts jours	5 42	
	3 mois		— 1000 reis.
Londres	Courts jours	25.22 1/2	
	3 mois		— 1 liv. sterl.
Madrid	Courts jours		
	3 mois		— 1 piastre.
Naples	Courts jours	99 25	
	3 mois		— 100 liv. it.

	Incertain.	Certain.
Paris............ Courts jours	100.12 1/2	} Pour 100 fr.
3 mois		
St-Pétersbourg. Courts jours		} — 100 roub.
3 mois		
Vienne......... Courts jours	227 1/2	} — 100 fl.
3 mois		
Anvers.........		
Gand........... } Courts jours.	99.87 1/2	— 100 fr.
Liége...........		

Escompte, 2 3/4 à 3 1/2 °/o.

Pour les poids et les mesures, le système métrique adopté en France y est également en vigueur.

Berlin.

On compte en *thalers* ou écus de Prusse à 30 gros ou silbergros à 12 pfennigs.

1 thaler	= 30 silbergros	= 3 fr. 703
1 silbergros	= 12 pfennigs	= 0 » 123
1 pfennig		= 0 » 01

A la taille de 30 thalers à la livre d'argent fin, dite livre zollverein, ce qui leur a fait donner le nom de thalers ou pied de 30.

Monnaies réelles.

		Poids en gr.	Titres en 1000e	Valeur en francs.
En or :	1 double Frédéric	13.364	903	41 fr. 54
—	1 Frédéric	6.682	903	20 » 77
—	1/2 Frédéric	3.341	903	10 » 38
—	1 couronne	11.111	900	34 » 45
—	1/2 couronne	5.555	900	17 » 23
En argent :	1 thaler nouveau	18.518	900	3 » 70
—	1 double thaler	37.036	900	7 » 40
—	1 thaler ancien	22.269	750	3 » 71

Pièces de 10, 5 et 2 1/2 gros dans la proportion.

Cuivre et billon : Pièces de 1 et 1/2 gros 4, 3, 2 et 1 pfennig.

USAGES COMMERCIAUX.

La nouvelle législation allemande pour les lettres de change, étant en vigueur en Prusse depuis le 17 février 1849, les jours de grâce sont abolis, et en cas de non paiement d'une lettre de change, le protêt doit être fait au plus tard le lendemain de l'échéance. L'usance est de 15 jours après présentation.

Le courtage pour la négociation des lettres de change sur l'étranger est de 1/2 p. °/oo, et n'est payé que par l'acheteur; cependant, pour les effets sur Vienne et St-Pétersbourg, le vendeur le paie également.

Timbre. — Les droits de timbre sont ainsi établis depuis le 1er janvier 1870 :

De 50 th. et au-dessous		1 Silbergros.
— 50	à 100	1 1/2
— 100	. 200	3
— 200	. 300	4 1/2
— 300	. 400	6
— 400	. 500	7 1/2
— 500	. 600	9
— 600	. 700	10 1/2
— 700	. 800	12

et ainsi de suite en augmentant de 1 1/2 sgr. pour 100 th. et fraction de cette somme. Timbre : — 1/2 °/oo.

COURS DES CHANGES.

		Incertain.	Certain.
Amsterdam	10 jours	th. 145 1/8	Pour 250 fl.
id.	2 mois	— 144	
Hambourg	8 jours	— 153 1/8	— 300 M. B°.
id.	2 mois	— 152 1/4	
Londres	3 mois	— 6 23	— 1
Paris	2 mois	— 81 1/8	— 300 fr.
Vienne	8 jours	— 92 7/8	— 150 fl. d'Aut.
id.	2 mois	— 92 1/8	
Augsbourg	2 mois	— 57 5/8	— 100 fl. du sud.
Francfort	2 mois	— 57 3/4	

		Incertain.	Certain.
Leipzig.........	8 jours	th. 99 3/4 ⎫	
id.	2 mois	— 99 1/6 ⎭	Pour 100 th.
St-Pétersbourg..	3 semaines	—99 1/8 ⎫	
id.	3 mois	— 97 3/4 ⎭	— 100 roub.
Varsovie........	8 jours	— 88 1/2	— 90 id.
Brême.........	8 jours	— 110 1/2	— 100 th. Louis d'or.

Escompte 4 à 4 1/4 %.

Les poids et mesures sont semblables à ceux de l'empire d'Allemagne.

Brême.

On compte à Brême en thalers louis d'or à 72 grotes à 5 schwares.

1 Thaler louis d'or $=$ 72 grotes $=$ 4 f. 169
1 Grote $=$ 5 schwares $=$ » 058
1 Schware $=$ » 011

On ne se sert du thaler Louis d'or que comme monnaie de compte, car il n'existe pas comme monnaie réelle ; ce thaler est compté comme égal au 1/5me du louis d'or de 5 thalers, qui ne peut être évalué exactement en monnaie d'argent, mais on compte 39 5/9 pièces de 5 thalers au marc d'or fin de Cologne, ce qui donne au louis d'or une valeur de 20 fr. 8472.

Monnaies réelles.

		Poids en gr.	Titres en 1000e.	Valeur en francs.
En or :	1 Louis d'or	6.679	906	20 8472
En argent :	1/2 thaler	8.889	986	1 956
	1 Pièce de 12 grotes	3.951	740	» 878
	1 id. 6 id.	1.975	740	» 413
	1 id. 1 id.	».769	281	» 069
En cuivre :	Pièces de 2 1/2 et 1 schware.			

USAGES COMMERCIAUX.

La loi commerciale allemande est en vigueur à Brême depuis le 25 avril 1849. Toutefois, le paiement des effets de

17

commerce ne s'effectue, suivant un ancien usage, que le *mercredi* et le *samedi* de chaque semaine. Ainsi, un effet dont l'échéance tombe un dimanche ou un lundi n'est exigible que le mercredi suivant; mais, en cas de non paiement, le protêt doit être fait le jour même; le non paiement peut être simplement constaté, comme à Londres, à l'aide d'un *nothing*. L'usance est de 14 jours pour les effets tirés d'Allemagne et de 1 mois pour ceux tirés de France et d'Angleterre.

Le courtage est de 1 ‰ tant pour l'acheteur que pour le vendeur; les affaires de change se traitent principalement le mardi et le vendredi de chaque semaine et les règlements ont lieu le lendemain.

Timbre. — Le timbre pour les effets de commerce est ainsi établi :

Pour les effets de 100 Th. et au-dessous			Th.	»	3	grotes
id.	100	à	199	»	0 4	id.
id.	200	à	299	»	0 8	id.
id.	300	à	399	»	0 12	id.
id.	400	à	499	»	0 16	id.

et ainsi de suite, en augmentant de 4 grotes par 100 thalers en plus, ce qui représente 1 grote par 25 thal. ou portion de 25 thal.

COURS DES CHANGES.

Amsterdam	courts jours	Th. louis d'or	130 3/4	Pour 250 Fl. des Pays-Bas.
id.	2 mois	»	129 1/2	
Hambourg	courts jours	»	138 1/2	Pour 300 M. B°.
id.	2 mois	»	137 1/2	
Londres	courts jours	»	613	Pour 100 livres sterlings.
id.	2 mois	»		
Paris	»	grotes	17 1/2	Pour 1 fr.
Francfort	»	Th. Louis d'or	51 1/2	Pour 100 fl. du Sud.
Augsbourg	»	»	51 1/3	
Leipzig	»	Th. de Prusse	111 5/8	Pour 100 Th. louis d'or.
Berlin	»		111 1/2	
Breslau	»		111 1/2	

Poids pour les matières.

Pour peser les matières d'or et d'argent, on se sert, soit du marc de Cologne, soit de la nouvelle livre zollverein, adoptée en Allemagne.

Poids de Brême.

1 centner (quintal)	= 116 pfund	=	37 k. 837
1 pfund (livre)	= 2 marck. 32 loths. =		0 » 326

Varie selon les marchandises, ainsi :

1 Last.......	de harengs = 12 tonnes	= 1795	000
	de sel	= 1994	000
	de pierres de taille	= 2493	000

Mesures de longueur.

1	Elle (aune)	=	0 m. 578
1	Ruthe (perche)	=	4 » 628
1	Klafter (toise)	=	1 » 735
1	Fuss (pied)	=	0 » 292
1	Zoll (pouce)	=	0 » 020

Mesures de capacité, liquides.

1 Oxhoft (barrique) 30 viertel , 6 anker 264 quarts	=	2 hect. 172
1 Quart (bouteille)	= 0	082

Marchandises sèches.

1 Last. 4 quarts, 40 scheffel (boisseau) 60 viertel (velte) 640 spint	= 28	420
1 Spint	= 0	040

Danemarck.

Copenhague. — On compte en rixthalers de banque à 6 marcs, à 16 schillings, ou en rixthalers à 96 schillings.

1 Rixthaler	= 6 marcs	= 2 f. 809
1 Marc	= 16 schillings =	» 468
1 Schilling	=	» 029

au pied de 18 1/2 rixthalers au marc de Cologne, argent fin.

Monnaies réelles.

		Poids en gr.	Titres en 1000°.	Valeur en francs	
En or:	1 Double Frédéric	13.268	896	40 f.	948
	1 Simple Frédéric	6.642	896	20	487
	1 Ducat spécies	3.489	979	11	761
En argent:	1 Thaler species	29.262	875	5	618
	1/2 Thaler	14.447	875	2	809
	1/4 de Thaler	7.223	875	1	404
	1 pièce de 1/6	5.197	625	0	721
	1 pièce de 1/24		250	0	117

En cuivre : Pièces de 1 et 1/2 schilling.

USAGES COMMERCIAUX

Les lettres de change à vue doivent être payées immédiatement ou protestées dans les 24 heures ; celles tirées à date fixe jouissent de huit jours de grâce, et le porteur peut encore différer de deux jours avant de faire protester. Les effets dont l'échéance se rencontre un dimanche ou un jour férié, doivent être payés la veille, mais pour l'acceptation on peut différer au lendemain. Il n'y a pas d'usance.

Timbre. — Le timbre, pour les effets de commerce sur l'étranger n'est exigible qu'en cas de contestation ; en voici le tarif:

Pour les effets de 500 rixthalers et au-dessous 8 schillings.

id.   500   à   1000 rixthal.   16   id.

id.   1000   à   2000   id.   32   id.

et ainsi de suite, en augmentant de 16 schillings pour 1000 ou fractions de 1000 rixthal.

COURS DES CHANGES.

			Incertain.		Certain
Altona	2 mois	Rixthal.	200 1/8	pour	300 Mar. Bº.
Amsterdam	id.	id.	189 1/2	id.	250 fl. d. P.-Bas
Hambourg	Courts jours	id.	200 1/4	id.	300 M. Bº.
Londres	3 mois	id.	8,86 schil.	id.	1 livre sterling.
Paris	2 mois	id.	0,35 1/2 »	id.	1 Fr.
Stockholm	Courts jours	id.	0,47 schil.	id.	1 Rixth Ricksm.

Les transactions sur les changes étrangers se font principalement par la voie de Hambourg et d'Altona, en calculant 200 rixth. de banque = 300 M. B° ; les comptes avec l'étranger se tiennent généralement en marcs de banque.

Poids de Danemarck.

1 exhood	=	2 tonnes	=	112	k. 000
1 tonne	=	112 livres	=	56	» 000
1 livre	=	16 onces	=	0	» 500
1 once	=	2 loths	=	0	» 250
1 loth	=	4 quentins	=	0	» 062.5
1 quentin	=	4 orts	=	0	» 015.6
1 ort	=	16 es	=	0	» 000.9

Le poids de la tonne de harengs est de 262 l. = 131 » 000
Le poids de la t. de pommes de t. est de 150 l. = 75 » 000

MESURES DE CAPACITÉ.

Liquides :

1 tonne	=	139 pots	=	1 hect. 39
1 pot	=		=	0 » 01

Marchandises sèches.

1 last	=	22 barils	=	30 » 60
1 baril (toende)	=	8 boisseaux	=	1 » 39.12
1 boisseau (skieppe)	=		=	0 » 17.39

Empire d'Allemagne.

On compte en marcs à 100 pfennigs.

1 marc ou reichsmarc = 100 pfennigs = 1 fr. 25 c.
1 pfennig = 0 » 01 25

La loi du 24 novembre 1871, relative à la fabrication d'une nouvelle monnaie de l'empire allemand, dit :

Il sera fabriqué une monnaie d'or de l'empire, une livre d'or fin formera 139 pièces 1/2.

La dixième partie de cette monnaie sera appelée marc et divisée en 100 pfennigs.

Outre la monnaie d'or de 10 marcs, on fera une monnaie de 20 marcs, dont 69 pièces 3/4 seront formées d'une livre d'or fin.

La proportion du mélange des monnaies de 10 et de 20 marcs sera de 900 parties d'or et de 100 parties de cuivre; par conséquent :

125 . 55 pièces de 10 marcs
62 . 775 pièces de 20 marcs } pèseront une livre.

La monnaie d'or sera désormais une monnaie légale; la loi prescrit que le créancier est obligé d'accepter les pièces d'or en paiement comme suit :

La pièce de 10 marcs à 3 1/3 thalers ou 5 fl. 50 kreutz. ou 8 marcs 5 1/3 schillings, Lubeck et Hambourg courant ou 3 1/3 thalers, Ldr. de Brême.

La pièce de 20 à 6 marcs 2/3 thalers ou 11 fl., 40 kreutz. ou 16 marcs 10 2/3 schill. Lubeck et Hambourg courant, ou 6 2/93 thalers Ldr. de Brême.

Les nouvelles pièces d'or ne seront pas frappées exclusivement par l'empire; le droit de monnayage étant conservé aux divers états, chacun d'eux pourra en frapper; seulement, toutes les pièces porteront, d'un côté, les armes de l'empire allemand, et de l'autre, soit les armes de l'état particulier, soit l'effigie du prince.

Monnaies réelles.

En or :	1 pièce de 20 marcs		= 24	fr.	72
—	1 pièce de 10 marcs		= 12	»	36
En argent:	1 marc	= 100 pfennigs	= 1	»	23
—	1 thaler	= 30 gros d'arg.	= 3	»	71
—	1 florin	= 60 kreutzers	= 2	»	14.28
En cuivre:	1 gros d'arg. ou 30e de thal.	= 0	»	12.05
—	1 bon gros ou 24e de thaler	= 0	»	15.62
—	1 pfennig de 12 au gros d'arg.	= 0	»	01.04
—	1 pfennig de 12 au bon gros	= 0	»	04.30
—	1 kreutzer	= 0	»	03.57

Législation commerciale.

Loi du 26 novembre 1848. — Tous les états allemands ont adhéré à la nouvelle législation commerciale. Les jours de grâce ne sont plus admis pour le paiement d'une lettre de change, et en cas de non paiement, le protêt doit être fait le jour de l'échéance, ou, au plus tard, le lendemain de l'échéance ; si l'échéance se rencontre un dimanche ou un jour de fête, l'effet n'est exigible que le lendemain, et non la veille comme en France.

Pour être valable, la lettre de change doit toujours porter la mention de lettre de change (en allemand *Wechsel*), mais la stipulation de valeur fournie n'est pas obligatoire, du moins, le nouveau code est muet à cet égard.

Les traites tirées par un négociant sur lui-même sont autorisées par la nouvelle loi et l'endossement en blanc est permis, il transfère la propriété de la lettre de change.

La présentation d'un effet à l'acceptation est obligatoire.

En cas de non paiement d'un effet, le porteur doit prévenir l'endosseur, par correspondance, dans les deux jours du protêt.

L'intervention au paiement n'est pas permise par la loi allemande à toute personne, comme d'après les dispositions des articles 126 et 128 du code de commerce français ; en Allemagne, le porteur peut la refuser lorsque l'intervenant n'est pas indiqué sur la lettre de change pour payer au besoin.

La loi nouvelle admet, comme en France, les copies des lettres de change, et l'usage des duplicata y est le même.

La prescription des lettres de change est de 3 ans.

Enfin, l'usance, admise dans beaucoup de villes d'Allemagne pour un nombre de jours déterminé, n'est pas reproduite dans la nouvelle loi, ce qui laisse à chaque pays ses usages particuliers sous ce rapport.

Titre des monnaies.

L'étalon monétaire est désormais la livre dite du zollverein, dont le poids est égal à 500 grammes, et les monnaies nouvellement frappées devront être au titre de 900 millièmes.

Voici quelle est la base du nouveau système :

1° Le système prussien, valable en Prusse, en Saxe et dans quelques principautés secondaires, établi sur le pied de 30 thal. avec une livre zollverein, c'est-à-dire qu'on frappe 30 thalers avec une livre zollverein ; comme auparavant on frappait 14 thal. avec un marc de Cologne, il s'en suit que les nouveaux thalers subissent un légère dépréciation, d'après la proportion suivante :

$$233.855 : 14 : : 500 : x = 29.933$$

2° Le système des États du Sud ou Süddeutsche Wæhrung, en vigueur à Francfort-sur-le-Mein, dans la Bavière, le Wurtemberg, le grand-duché de Bade et quelques petites principautés ; d'après ce système, on frappe 52 1/2 florins avec un livre zollverein, comme on frappait auparavant 24.1/2 florins au marc de Cologne ; il en résulte que les nouveaux florins se trouvent également un peu dépréciés, d'après la proportion suivante :

$$233,855 : 24 \, 1/2 : : 500 : x = 52,383$$

La dépréciation n'est presque pas appréciable.

3° Le système autrichien, valable aussi dans la principauté de Liechtenstein. Il est établi sur le pied de 45 florins, ce qui veut dire qu'on frappe 45 fl. avec une livre zollverein. Ce système s'appelle, en allemand, œsterreichische Wæhrung, c'est-à-dire valeur de l'empire d'Autriche ; mais il ne faut pas confondre cette nouvelle valeur de l'empire avec la Reichswæhrung, valeur de l'empire allemand, cette dernière n'existant plus depuis longtemps.

Avant l'adoption du système actuel, on se servait en Autriche du florin au pied de 20 pour un marc de Cologne, dont le modèle pesait 233 g. 870. En établissant la proportion suivante :

$$233.870 : 20 : : 500 : x = 42.759$$

Il en résulte que les nouveaux florins auraient subi une forte dépréciation, puisqu'on doit frapper 45 florins avec une livre zollverein au lieu de 42 fl. 759.

Poids pour les matières.

Le poids pour les matières d'or et d'argent est actuellement la nouvelle livre zollverein, qu'on subdivise en millièmes, et dont le poids est égal à 500 grammes.

Aix-la-Chapelle.	Dantzig	Kœnigsberg.
Breslau.	Dusseldorf	Magdebourg.
Cassel.	Elberfeld	Stettin.
Cologne.	Erfurt	Posen.
Coblentz.	Hanovre	Trèves.

Toutes les villes dénommées ci-dessus ont les mêmes monnaies qu'à Berlin. A Cologne, et dans les autres villes de la Prusse-Rhénane, les banquiers et les commerçants subdivisent maintenant le thaler en 100mes pour la tenue des écritures.

Poids.

Deux sortes de poids : celui dit de Douane, celui dit de Prusse.

POIDS DIT DE DOUANE.

1	schiff'slast	=	37 1/2 quint.	=	1875 k. 000
1	tonne harengs	=	3 »	=	150 k. 000
1	quintal	=	100 liv. »	=	50 » 000
1	livre	=		=	00 » 500

POIDS DIT DE PRUSSE.

1	last de sel	=	4.050 livres	=	1,894 k. 185 g.
1	livre	=	2 marcs Cologne.		0 » 467 62
1	marc de Cologne	=	16 loths	=	0 » 233 81
1	loth.	=	18 grains	=	0 » 015 00
1	grain.			=	0 » 000 10

Mesures de capacité.

4 mesures de capacité figurent au tarif des douanes. Elles appartiennent aux systèmes prussien, saxon, bavarois. Elles sont spéciales aux grains et menus grains, à la chaux et au plâtre.

1 tonne (chaux et plâtre $=$ 4 scheffels $=$ 12,288 p. c.
$=$ 2 hect. 20.

1 scheffel (grains) $=$ 16 metzen $=$ 3,072 p. c.
$=$ 0 hect. 55.

1 metzen $=$ 4 mæsseln $=$ 0,192 p. c.
$=$ 1 hect. 03.

Saxe.

1 scheffel de Dresde $=$ 16 metzen
$=$ 1 hect. 07.

Bavière.

1 scheffel $=$ 6 Metzen $=$ 8,944 p. c.
$=$ 2 hect. 22.

1 metzen $=$ 1,491 p. c.
$=$ 0 hect. 37.

Espagne.

Madrid. — On compte en réaux de Veillon à 100 centimes.

1 réal de Veillon $=$ 100 centimes $=$ 0 fr. 26 1/3
1 centime $\quad$ 0 $\quad$ 00 26

calculés au change fixe de 5 fr. pour 19 réaux de Veillon.

Monnaies réelles.

Aux termes de la loi du 18 mai 1864, l'unité monétaire devra être à l'avenir l'écu, *escudo*, monnaie d'argent du poids de 12 gr. 960, au titre de 900/1000, et représentant 10 réaux ou la moitié de la piastre espagnole ; les multiples et sous-multiples seront au même titre. En voici la désignation :

En or :

		Valeur en réaux.	Valeur en écus.	Poids en grammes.	Valeur en francs.
1 doublon	d'Isabelle	100	10	8.387	25 fr. 92
1 id.	de 4 écus	40	4	3.354	10 36
1 id.	de 2 écus	20	2	1.677	5 18

En argent :

1 piastre		20	2	25.960	5 11
1 écu		10	1	12.980	2 55

	Valeur en réaux.	Valeur en écus.	Poids en grammes.	Valeur en francs.	
1 piécette	4	0.40	5.192	1	02
1 demi-piécette	2	0.20	2,596	0	51
1 réal	1	0.10	1.298	0	25

En bronze et billon :

1 1/2 réal	0.50	0.05	12.500	0	12
1 cuartello	0.25	0.025	6.250	0	06
1 décime	0.10	0.010	2,500	0	025
1 demi-décime	0.05	0.005	1.250	0	012

Dans les transactions commerciales, on continue à compter en réaux et en piastres, mais les comptes avec l'État doivent être tenus en écus.

USAGES COMMERCIAUX.

L'usance des lettres de change tirées d'une place sur une autre place, dans l'intérieur, est de *deux mois*, elle est de *trente jours* pour les effets tirés de France ; de *deux mois*, pour ceux tirés d'Angleterre, de Hollande et d'Allemagne, et *trois mois* pour ceux tirés d'Italie ; à l'égard des autres places, l'usance est calculée suivant l'usage de la place d'où la traite est tirée.

Les lettres de change tirées à jour fixe et déterminé, doivent être payées au jour indiqué pour leur échéance, avant le coucher du soleil, sans égard aux coutumes locales, pour les délais de faveur et de grâce.

Les lettres de change à vue ou à plusieurs jours de vue, tirées de l'étranger sur les places de l'Espagne, doivent être présentées, soit pour l'acceptation, soit pour le paiement, dans les *quarante jours* qui suivront leur introduction.

En cas de non acceptation d'un effet, le protêt doit être fait le lendemain du jour de la présentation de l'effet, et en cas de non paiement, le lendemain de l'échéance ; s'il se trouve un jour férié, le protêt se fait le surlendemain.

Pour les comptes de retour, les règles sont les mêmes qu'en France, et tous les comptes de retour doivent être légalisés par un courtier de commerce.

Les usages sont également les mêmes pour la remise des premières de change, acceptées sur la présentation des secondes ; de plus, le dépositaire d'une première de change acceptée est autorisé, afin d'éviter qu'elle ne soit périmée, à la présenter à l'accepteur le jour de l'échéance, dans le cas où le porteur de la seconde ne serait pas venu la retirer avant l'échéance.

Les traites sur l'Espagne, stipulées en *effectif*, doivent être payées en numéraire ; celles tirées en *francs* sont toujours converties au change fixe de 5 fr. pour 19 réaux de Veillon, ou 100 fr. pour 19 piastres fortes. La pièce de 5 fr. est la seule monnaie étrangère qui soit légalement tarifée ;

Le courtage de change est de 1 %₀ et est supporté tant par le vendeur que par l'acheteur.

Timbre. — Tous les effets de commerce doivent être sur papier timbré ; comme suit :

Pour les effets de						
2000 R. V. et au-dessous	R. V.	1	de	80001 R. V. à	90000 R. V.	45
2001 — 5001		2 1/2	de	90001	à 100000	50
5001 — 10000		5	de	100001	à 120000	60
10001 — 20000		10	de	120001	à 140000	70
20001 — 30000		15	de	140001	à 160000	80
30001 — 40000		20	de	160001	à 180000	90
40001 — 50000		25	de	180001	à 200000	100
50001 — 60000		30	de	200001	à 250000	125
60001 — 70000		35	de	250001	à 300000	150
70001 — 80000		40		et ainsi de suite.		

COURS DES CHANGES.

		Incertain.	Certain.
Paris	8 jours, vue	5 fr. 12 1/2	
»	3 mois	5 » 17 1/2	
Londres	8 jours, vue	49 d. sl. 1/8	
»	3 mois	49 » 1/2	
Gênes	8 jours vue	5 L. it. 19	Pour 1 piastre forte
»	3 mois	5 » 25	
Hambourg	»	43 sch. 3/4	
Amsterdam	»	2 fl. 42 3/4	
Lisbonne	»	955 Rs.	

Cadix	courts jours	3/4 % perte.
Barcelone	»	1/8 % id.
Séville	»	1/4 % id.
Cordoue	»	1/4 % id.

Toutes les autres places d'Espagne se cotent de même avec prime ou perte, suivant la situation monétaire de chacune d'elles.

Nota. Bien que le réal de Veillon soit adopté comme monnaie de compte, on continue toujours à se servir de la piastre forte pour les changes, tant en Espagne qu'à l'étranger ; la piastre se subdivise en 20 réaux de Veillon.

Poids d'Espagne.

Les poids et mesures d'Espagne sont les mêmes que ceux de France. Une loi du 19 juillet 1849 a rendu le système décimal obligatoire.

Grèce.

Athènes. On compte en drachmes à 100 leptas.

$$1 \text{ Drachme} = 100 \text{ leptas} = 1 \text{ f. } 00$$
$$1 \text{ Lepton} = 0 \quad 01$$

La convention monétaire du 23 décembre 1865, passée entre la France, la Suisse, la Belgique et l'Italie, a été adoptée également par la Grèce, le système décimal a dû être mis en vigueur à partir du 1er janvier 1869.

Monnaies réelles.

EN OR :

	Valeur en Drachmes.		Titre en 1000°.	Valeur en francs.
1 Tesseraconta drachme	40	drachmes	900	40 f. 00
1 Icossa drachme	20	id.	900	20 00

En argent :

1 Pentadrachme	5	id.	900	5 00
1 Drachme	1	id.	900	1 00
1 Hemidrachme	0 50	id.	900	0 50
1 Tetartodrachme	0 25	id.	900	0 25

En cuivre:

Pièces de 10, 5, 2 et 1 lepta.

Le code de commerce grec n'est que la reproduction textuelle du code français, à part quelques changements très-peu importants, relatifs à l'organisation des tribunaux de commerce ; il est en vigueur depuis le 1er mai 1835 :

COURS DES CHANGES

		Incertain.	Certain.	
Amsterdam	3 mois	dr. 235.10 pour	100 fl. des P.-B.
Hambourg	»	» 207.20 »	100 M. Bº
Londres	60 jours de vue	» 28.40 »	1 livre sterling.
Paris	30 id.	112.60 »	100 fr.
Vienne	3 mois	252.60 »	100 fl. d'Autr.

Syra. Comme à Athènes.

Patras. Cette place change sur Londres à 3 mois, à raison de 50 deniers sterl. plus ou moins, pour une piastre de 5 drachmes ; le reste comme à Athènes.

Pour les poids et mesures le système décimal français a été complétement adopté.

Hambourg.

On compte à Hambourg en marcs banco ou marcs de banque, à 16 schillings à 12 deniers.

1 Marc de banque	= 16 schillings	= 1 f. 8813
1 Schilling	= 12 deniers ou pfennigs	= 0 1175
1 Denier ou pfennig		= 0 0098

Le *marc banco*, qui sert comme monnaie de compte et valeur de banque pour les opérations de change et de fonds publics, est une valeur idéale ; cependant elle est sous tous les rapports invariable ; pour chaque marc de Cologne d'argent fin déposé à la banque, on y est crédité de 27 marcs 12 schillings de banque, prix fixe ; mais on n'y admet pas l'argent au-dessous du titre de 982/1000e. Il y a peu de temps encore, la banque retenait 1/8 contre le retrait d'un marc de Cologne, c'est-à-dire qu'on était crédité de 27 5/8 pour un marc de Cologne et débité de 27 3/4.

La valeur des monnaies frappées à Hambourg doit représenter la proportion de 123 1/3 marcs courants pour 100 marcs de banque, mais l'abondance plus ou moins grande du numéraire rend ce cours variable et il varie généralement de 22 à 24 %.

Monnaies réelles.

		Poids en gr.	Titres en 1000°.	Valeur en francs.
En or :	1 Double ducat ad legem imperii	6,978	986	23 f. 70
	1 Simple ducat	3,489	986	11 85
	1 Ducat de la ville de Hambourg	3,452	979	11 61
En Argent :	1 Double marc	18,272	754	3 03
	1 Marc courant	9,164	750	1 52
	1 Pièce de 8 schillings	5,200	625	0 71
	1 Pièce de 4 schillings	3,248	500	0 35

En billon : Pièces de 2 et de 1 schilling, de 6 et de 3 deniers.

On compte 67 ducats *ad legem imperii* pour un marc de Cologne.

USAGES COMMERCIAUX.

La nouvelle législation commerciale allemande a été adoptée à Hambourg en 1849 (voir Empire allemand, p. 261).

L'usance est de 14 jours de vue pour les effets tirés d'Allemagne; un mois de date pour ceux tirés d'Angleterre, de France et des Pays-Bas; deux mois de date pour ceux tirés de Portugal, de l'Espagne, de l'Italie et de Trieste.

En cas de recours pour traites protestées faute de paiement, l'intérêt légal est de 6 % l'an; le porteur a droit, en outre, au remboursement de ses frais et à une commission de 1/3 %.

Lorsque l'accepteur d'une lettre de change fait faillite, le porteur doit immédiatement faire protester sans attendre l'échéance; et l'acte de protêt doit être envoyé, sans retard, à l'endosseur immédiat.

Le porteur d'une seconde de change ne peut retirer la première acceptée, que si la seconde lui a été endossée.

Le paiement des effets stipulés en francs a lieu généralement au cours de la cote officielle, qui est presque toujours défavorable et représente pour le porteur une perte de 1/2 à 3/4 % sur le change courant.

Le courtage pour la négociation des lettres de change sur l'étranger est 1 %, et est payé tant par l'acheteur que par le vendeur.

Toutes les lettres de change tirées sur Hambourg et sur Altona se soldent en valeur de banque.

Timbre. — Comme en Prusse depuis le 1ᵉʳ janvier 1870.

Jusqu'à Bᶜᵒm	100 ou 50 thal.	1 sgr.
»	200 » 100 »	1 1/2.
»	400 » 200 »	3
»	600 » 300 »	4 1/2.
»	800 » 400 »	6
»	1000 » 500 »	7 1/2

et ainsi de suite en augmentant de 1/2 sgr. pour chaque 100 thaler ou 200 bᶜᵒm, ou fraction de cette somme (timbre = 1/2 °/₀₀).

COURS DES CHANGES.

			Incertain.		Certain.	
Paris	3 mois	fr.	189 1/8	}	Pour 100 M. B.	
id.	courts jours	»	187 3/8	}		
Anvers	3 mois	»	188 1/4	}	»	100 M. B.
id.	courts jours	»	186 5/8	}		
Gênes	3 mois	l. ita.	190 5/8	}	»	100 M. B.
id.	courts jours	»	187 7/8	}		
Londres	3 mois	M.B.	13 5	}	»	1 livre sterling.
id.	courts jours	»	13 6 1/4	}		
St-Pétersbourg	3 mois	sch.	31 1/4		»	1 rouble.
Madrid	3 mois	sch.	43 7/8		»	1 piastre
Lisbonne	id.	»	45 3/4		»	1000 reis
Amsterdam	id.	florins	35 40	}	»	40 marcs bᵒ.
id.	courts jours	id.	35 15	}		
Francfort	3 mois	id.	89	}	»	100 m. bᵒ.
Augsbourg	id.	id.	89 1/8	}		

		Incertain.			Certain.
Vienne	3 mois.	florins. 83	1/8	}	= 100 m. bº.
Trieste	id.	id. 83	1/4		
Berlin	id.	Th. 153	1/4	}	= 300 m. bº.
Leipzig	id.	id. 153	1/8		
Brême	id. th. louis d'or 139		1/2		= 300 m. bº.

Escompte, 2 1/2 à 2 3/4 %.

Poids pour les matières.

Le poids usité pour les matières d'or et d'argent est le marc de Cologne à 16 onces à 4 quarts.

1 marc de Cologne	= 16 onces	=	233 gr. 855
1 once	= 4 quarts	=	14 » 616
1 quart		=	3 » 634

L'échelle du titre pour les matières se divise en 24 carats à 12 grains fins, le grain en 1/2, 1/4, etc., pour l'or et en 16 loths à 18 grains fins pour l'argent.

Poids de Hambourg.

1 Scheffpfund charr.	= 320 livres	=	155 k. 000
1 id ordin.	= 280 id.	=	135 » 630
1 Centner	= 112 id.	=	54 » 250
1 Liespfund	= 20 id.	=	9 » 680
1 Pfund (livre)	= 2 marcs	=	0 » 480
1 Marck	= 8 unzen	=	0 » 240
1 Unze	= 2 loths	=	0 » 030
1 Loth	=	=	0 » 015
1 Last de mer	= 4.000 livres	=	1937 » 640
1 Last de sel	= 4.800 id.	=	2525 » 000

La livre poids de pharmacie 12 onces = 96 drachmes = 288 scrupules = 5,760 grains = 0 » 358

Mesures de longueur.

1 Brabanter elle ou aune long.	= 2 fuss. 5 zolls	= 0 m. 69
1 Kurze elle ou aune courte.	= 2 fuss.	= 0 » 57
1 Fuss (pied)	= 12 zolls	= 0 » 28 6

18

1 Zoll (pouce)	= 8 Linien	= 0 » 02 3
1 Ruth (perche)	= 16 pieds	= 4 » 58
1 Ruth	= 14 id.	= 4 » 03

Brabanter-Elle sert à mesurer les cotons imprimés, les tissus de laine, les futaines et autres étoffes similaires.

Kurze-Elle sert pour les soieries, les toiles, les tissus de coton blanc.

Mesures de capacités, liquides.

1 Oxhoft (barrique)	= 6 Auker	= 2 hecto.	17
1 Auker	= 5 Viertel	= 0 »	36
1 Viertel (velte)	= 8 quart.	= 0 »	07
1 Quartier (bouteille) =		= 0 »	00 9

Marchandises sèches.

1 Last	= 60 Fass	= 31 » 59
1 Fass	= 2 Himpten	= 0 » 52
1 Himpten	= 4 Spint	= 0 » 26
1 Spint	=	= 0 » 65

Les villes de Lubeck et Altona comptent comme Hambourg.

Hollande.

On compte en *florins* à 100 *cents courants* ou des Pays-Bas.

1 Florin	= 100 cents	= 2 fr. 10
1 Cent		= 0 » 02

à la taille de fl. 105,82 au kilogramme d'argent fin.

Le florin se subdivisait autrefois en 20 *stuvers*, le stuver vaut par conséquent 5 cents et est encore resté sur quelques places, notamment à Londres, pour la cotation des changes.

Monnaies réelles.

		Valeur légale.	Poids en gr.	Titre en 1000e	Valeur en francs.
En or :	1 double Ducat	fl. 11	6.965	982	23 f. 56
—	1 Ducat	» 5.50	3.482	982	11 » 78
—	1 double Guillaume	» 20.	13.458	900	41 » 72
—	1 Guillaume	» 10.	6.729	900	20 » 86
—	1/2 Guillaume	» 5.	3.364	900	10 » 43
En argent :	1 Rixdale	fl. 2.50	25	945	5 f. 25
—	1 Gulden ou fl.	» 1.	10	945	2 » 10
—	1/2 florin	» 0.50	5	945	1 » 05

Pièces de 25, 10 et 5 cents dans la même proportion et au titre de 644/1000 ; mais on a cessé d'en frapper.

Pièces de 1 et de 1/2 cent.

Depuis 1850, on a cessé de frapper des monnaies d'or, et l'argent seul a cours légal.

USAGES COMMERCIAUX.

Le porteur d'une lettre de change à vue ou à plusieurs jours de vue, tirée du continent ou des îles de l'Europe doit en exiger le paiement ou l'acceptation dans un délai de 6 mois de la date de la lettre ; ce délai est d'un an pour les lettres de change tirées d'Amérique, et de deux ans pour celles tirées des Indes.

L'accepteur d'une lettre de change ne peut rétracter, annuler ou biffer l'acceptation une fois mise sur la lettre de change, même avant de la rendre ; il n'en serait pas moins tenu au paiement.

L'échéance d'une lettre de change à un ou plusieurs jours ou mois de vue est fixée par la date de l'acceptation ou par celle du protêt, faute d'acceptation, mais le délai court du lendemain et non du jour.

L'usance est de 30 jours, qui courent du lendemain de la date de la lettre de change.

Si l'échéance d'une lettre de change tirée à terme, tombe un dimanche, le paiement ne peut être exigé que le *lendemain*, et non la veille comme en France. En cas de non paiement, le protêt doit être fait le *lendemain* du jour de l'échéance, et si le jour est un dimanche, le protêt doit être fait le *lundi*, c'est-à-dire le jour même du paiement.

Une lettre de change doit être payée dans la monnaie qu'elle indique; cependant, si la somme indiquée n'a pas cours légal et que le cours légal n'ait pas été indiqué dans la lettre, le paiement sera fait en monnaie nationale, au cours du jour.

En cas d'intervention, soit à l'acceptation, soit au paiement d'une lettre de change, l'intervenant est tenu d'en donner immédiatement avis, sous peine de tous frais, dommages et intérêts, s'il y a lieu.

Opérations de change. — Les lettres de change sur Paris se négocient plus généralement le *lundi* et le *jeudi* de chaque semaine; celles sur Londres, le *mardi* et le *vendredi*.

Le courtage pour la négociation des lettres de change sur l'étranger est compté ainsi qu'il suit : Il est de 3/4 % pour les effets sur Hambourg et Londres, de 1/2 % pour les effets sur Bruxelles et de 1 % pour les autres places; il est payable tant par l'acheteur que par le vendeur.

Timbre. — Toutes les lettres de change doivent être sur papier timbré, le timbre avait été primitivement fixé à 1/2 %, mais depuis 1834 ce droit a été augmenté de 38 % de la valeur du timbre.

Pour les effets payables à l'intérieur.

De 300 fl. et au-dessous, timbrés à 15 cent. on paie 21 cent.
» 300 à 500 id. » 25 id. id. 34 1/2
» 500 » 1000 id. » 50 id. id. 69
» 1000 » 1500 id. » 75 id. id. 1,03 1/2

et ainsi de suite pour chaque 500 fl. en plus.

Pour les effets payables à l'étranger.

De 600 fl. et au-dess. timb. à 15 cents on paie 21 1/2 cents.
» 600 fl. à 1000 id. » 25 id. id. 34 1/2 id.
» 1000 fl. à 2000 id. » 50 id. id. 69 id.
et ainsi de suite par chaque 1000 fl. en plus.

COURS DES CHANGES.

			Incertain.	Certain.
Paris	courts jours fl.	56 5/16	}	pour 120 fr.
id.	2 mois »	55 15/16		
Londres	3 jours vue»	11 77 1/2	}	» 1 livre sterl.
id.	2 mois »	11 72 1/2		
Hambourg	courts jours »	35 1/4	}	» 40 m. b°
id.	2 mois »	35 1/8		
Madrid	3 mois »	2 40	}	» 1 piastre
Cadix	id. »	2 42		
Lisbonne	id. »	40 1/2	}	» 40 cruzades
Porto	id. »	40 3/4		de 400 reis.
Gênes	2 mois »	46 1/4	}	
Livourne	id. »	46 3/8		» 100 liv. it.
Naples	id. »	46 3/8		
St-Pétersbourg	3 mois »	174 1/2		» 100 roub.
Vienne	6 semaines »	105 1/4	}	» 100 fl.
Trieste	id. »	105 3/8		
Francfort	id. »	99 3/4	}	» 100 fl.
Augsbourg	id. »	99 1/2		

Escompte 3 à 3 1/2 %.

Poids pour les matières.

Pour les matières d'or et d'argent, on se sert maintenant, comme en France, du kilogramme.

Pour les poids et mesures, le système décimal est en pleine vigueur.

Italie.

Rome. — On y compte, ainsi que dans toute l'Italie, en livres italiennes à 100 centimes, et en vertu de la convention monétaire signée à Paris le 23 décembre 1865, entre la France, l'Italie, la Suisse et la Belgique, les pièces d'or et d'argent fabriquées à l'avenir devront avoir le même poids et seront au même titre que les monnaies françaises, savoir:

Monnaies réelles.

			Poids en gr.	Titre en 1000e.	Valeur en francs.	
En or :	1	Pièces de 100 liv. ital.	32.258	900	100 f.	»
	1	50	16.129	900	50	»
	1	20	6.451	900	20	»
	1	10	3.225	900	10	»
	1	5	1.612	900	5	»
En argent :	1	5	25.000	900	5	»
	1	2	10.000	835	2	»
	1	1	5.000	835	1	»
	1	» 50	2.500	835	»	50
	1	» 20	1.000	835	»	20

USAGES COMMERCIAUX.

Les lois et usages commerciaux y sont les mêmes qu'en France. Le Code de commerce français y est complétement en vigueur. Les traites tirées sur l'étranger sont généralement créées à quatre-vingt-dix jours de date ; celles sur les places italiennes sont à trente jours.

Le courtage de change est de 1/8 %.

Timbre. — En vertu d'un décret du 1er octobre 1866, le tarif du timbre pour les effets de commerce a été fixé comme suit:

Effets de 100 liv. it. et au-dessous	liv. it.	» 15	de 600 liv. it. à 700	1 05
100 — à 200	—	» 30	. 700 — . 800	1 20
200 — . 300	—	» 45	. 800 — . 900	1 35
300 — . 400	—	» 60	. 900 — .1000	1 50
400 — . 500	—	» 75	.1000 — .2000	3 »
500 — . 600	—	» 90	.2000 — .3000	3 50

et ainsi de suite, en comptant 1.50 liv. ital. pour chaque 1000 liv. ital. en sus, soit 1 1/2 %oo.

Les secondes, troisièmes ,ou copies de lettre de change
paieront le même timbre que les premières ou originaux
jusqu'au timbre de liv. ital. 1; au-dessus, elles paieront le timbre fixe de 1 liv. ital.

COURS DES CHANGES.

			Incertain.	Certain.
Livourne......	8 jours	liv. ita.	99 2/3	} Pour 100 liv. it.
id.	30 »	»	99 1/3	
id.	60 »	»	99 7/8	
Bologne.......	30 »	»	99 2/5	} » 100 liv. it.
Ancone	30 »	»	99 2/5	
Naples........	30 »	»	99 1/2	
Milan........	30 »	»	99 1/2	
Venise........	30 »	»	99 1/2	
Gênes	30 »	»	99 1/2	
Turin........	30 »	»	99 1/2	
Trieste	30 »	»	225	} » 100 fl. aut.
id.	90 »	»	223	
Vienne........	30 »	»	227	} » 100 fl. aut.
id.	90 »	»	225	
Augsbourg....	30 »	»	212	} » 100 fl. du Sud.
id.	90 »	»	210 1/2	
Francfort.....	30 »	»	210 3/4	» 100 fl. du Sud.
Amsterdam ...	90 »	»	211 1/8	» 100 fl. des P.-B.
Hambourg....	90 »	»	188 1/8	» 100 M. Bº.
Londres......	30 »	»	25 3/5	} » 1 livre sterling.
id.	90 »	»	25 20	
Paris.........	30 »	»	100 3/4	} » 100 fr.
id.	90 »	»	100 1/4	
Lyon.........	90 »	»	100 3 4	» 100 fr.

Escompte ordinairement à 5 1/2 ou 6 %.

En ce moment l'escompte est à 14 ou 15 %.

Le Piémont a été le premier état de l'Italie qui ait adopté
le système monétaire français.

Pour les poids et les mesures, le système métrique adopté
en France y est également en vigueur.

Paris.

On compte à Paris, ainsi que dans toute la France, en francs et centimes; les francs et les centimes sont tout à la fois monnaies réelles et monnaies de compte.

Monnaies réelles.

				Poids en gr.	Titre en 1000e	Valeur en francs.
En or :	1	pièce de	100 fr.	32.258	900	100 fr.
—	1		50 »	16.129	900	50 »
—	1		20 »	6.451	900	20 »
—	1		10 »	3.225	900	10 »
—	1		5 »	1.612	900	5 »
En argent :	1		5 »	25.000	900	5 »
—	1		2 »	10.000	835	2 »
—	1		1 »	5.000	835	1 »
—	1		0.50	2.500	835	0.50
—	1		0.20	1.000	835	0.20

USAGES COMMERCIAUX.

(Voir usages de place au f° 159 et suivants.)

Cote de Paris.

	Incertain.		Certain.		
	à vue	à 90 jours			
Amsterdam	215	213 50	Fr.	pour	100 fl. cour.
Anvers	»	» 1/4	»	»	100 fr. de perte.
Hambourg.....	191 1/2	188	»	»	100 M. Bo.
Berlin	371	370	»	»	100 thalers.
Londres	25 25	25	»	»	1 livre sterling.
Madrid	525	515	»	»	100 piastres fortes
Cadix..........	527 50	520	»	»	100 »
Bilbao.........	525	517 50	»	»	100 »
Lisbonne.......	550	540	»	»	100 milreis.
Porto..........	555	545	»	»	100 »
Naples.........	»	465	»	»	100 ducats.
Vienne.........	245	243	»	»	100 fl. 20.
Trieste	244 1/2	242	»	»	100 ».
Venise.........	84 1/2	82 1/8	»	»	100 liv. autr.
Augsbourg.....	254	252 1/2	»	»	100 fl. 20.
Francfort......	214 1/4	212 1/2	»	»	100 fl. 24.
St-Pétersbourg.	400	398	»	»	100 Roub. arg.

Escompte 4 à 4 1/2 %.

L'Algérie, l'Italie, la Belgique, la Suisse et la Grèce ont entièrement adopté notre système monétaire, notre système de poids et mesures, et le code de commerce français est en pleine vigueur dans tous ces états.

POIDS.

1 Myriagramme = 10 kilogrammes = 10,000 grammes
1 Kilogramme = 10 hectogrammes = 1,000 grammes
1 Hectogramme = 10 décagrammes = 100 grammes
1 Décagramme = 10 grammes
1 Gramme = 10 décigrammes = 1,000 milligram.
1 Décigramme = 10 centigrammes = 100 milligram.
1 Centigramme = 10 milligram.

Le poids d'un gramme équivaut à la pesanteur d'un centimètre cube d'eau distillée réduite à son maximum de densité.

Mesures de longueur.

1 Mètre = 10 décimètres = 1,000 millimètres
1 Décimètre = 10 centimètres = 100 millimètres
1 Centimètre = 10 millimètres

La longueur d'un mètre équivaut à la 10 millionième partie du quart du méridien terrestre.

Mesures de capacité.

1 Kilolitre = 10 hectolitres = 1,000 litres
1 Hectolitre = 10 décalitres = 100 litres
1 Décalitre = 10 litres
1 Litre = 10 décilitres = 100 centilitres
1 Décilitre = 10 centilitres

Un litre équivaut à la contenance d'un décimètre cube.

Je n'ai pas donné au tableau des poids et mesures décimales tout le développement qu'il comporte, je l'ai restreint à l'application qui peut en être faite seulement aux marchandises.

Portugal.

Les comptes se tiennent à Lisbonne en Milreis (1000 reis), en centaines de 1000 reis et contos (1,000,000 reis).

1 conto de reis = 1,000,000 de reis = 5,555 fr. 555

1000 reis ou milreis = 1,000 reis = 5 » 555

Depuis 1854, le Portugal a adopté l'or comme étalon monétaire, et la monnaie d'argent n'est plus frappée que comme monnaie de billon.

Monnaies réelles.

		Valeur en reis.	Poids en gr.	Titre en 1000e.	Valeur en francs.
En or :	1 couronne	10.000	17.735	917	56 fr. 10
	1/2 couronne	5.000	8.868	917	28 » 05
	1/5 couronne	2.000	3.547	917	11 » 22
	1/10 couronne	1.000	1.774	917	5 » 61
En argent :	1 pièce de 5 tostaos	500	12.50	917	2 » 54
	1 pièce de 2 id.	200	5.00	917	1 » 27
	1 tostao	100	2.50	917	0 » 63
	1/2 tostao	50	1.25	917	0 » 31
En cuivre :	1 pataco de 40 reis et pièces de 20, 10 et 5 reis.				

Usages commerciaux.

Le règlement de change en vigueur en Portugal depuis le 18 septembre 1833, est à peu près semblable aux règlements français.

Le porteur d'une lettre de change à vue ou à plusieurs jours de vue, tirée du continent ou des îles de l'Europe, doit en exiger le paiement ou l'acceptation dans les trois mois de sa date; ce délai est de 6 mois pour les traites tirées d'Amérique.

L'usance est de 30 jours, qui courent de la date de la lettre de change.

En cas de non paiement d'une lettre de change, le protêt doit être fait le lendemain du jour de l'échéance, ou le sur-lendemain, s'il y a un jour férié.

Le courtage de change est de 1/8 % tant sur l'achat que sur la vente.

Pour les effets en francs, le reis est souvent évalué au pair conventionnel de reis 180 pour un fr. ou reis 540 pour 3 fr. ; mais cette conversion n'est pas obligatoire, et les effets stipulés en francs sont plus généralement payés au cours du jour.

Timbre. — Tous les effets de commerce venant de l'étranger sont assujettis au timbre dont voici le tarif :

Pour les effets de reis 100.000 et au-dessous   reis 0.050
      id.   100.000 à 200.000   id. 0.100
      id.   200.000 » 300.000   id. 0.200
      id.   300.000 » 400.000   id. 0.300
et ainsi de suite en augmentant de 100 reis par 100,000 reis.

COURS DES CHANGES.

	Incertain.		Certain.
Londres	90 jours de date d. st. **53**		
id.	60 » 52 3/4	pour 1000 reis
id.	30 » 52 1/2	
id.	courts jours 52 1/4	
Paris	100 jours de date rs 541	» 3 fr.
id.	courts jours 547	
Hambourg	90 jours de date sch. 47 1/4	» 1000 reis.
Amsterdam	id. fl. 41 1/2	» 40 cruz de 400 r.
Gênes	id. rs 536	» 3 liv. ital.
Espagne	8 jours de vue » 932	» 1 piastre.
Rio de Janeirio	30 jours de vue » 235 %	» 100 reis.

Nota.—Dans les calculs des changes, on compte la cruzade de change = 400 reis, d'où 40 cruzades de 400 reis = 16,000 reis.

POIDS POUR LES MATIÈRES.

Pour peser les matières d'or et d'argent, on se sert du marc à 8 onces à 8 outavas (octaves) à 72 grains.

1 Marc	=	8 onces	=	229 gr. 500
1 Once	=	8 outavas	=	22 » 687
1 Outava	=	72 grains	=	3 » 586
1 Grain			=	0 » 049

POIDS

1 Quintal	=	4 arrobes	=	58 k. 750 gr.
1 Arrobe	=	32 livres	=	14 » 687 »
1 Livre	=	2 marcs	=	0 » 460 »
1 Marc	=	8 onces	=	0 » 230 »
1 Once			=	0 » 030 »

MESURES

de longueur.

1 Vare	=	5 palmes	=	1 m. 10
1 Pied	=	12 pouces	=	0 » 33
1 Palme	=	8 pouces	=	0 » 22
1 Pouce			=	0 » 0275

liquides.

1 Pipa	=	30 almudes	=	4 hec. 96
1 Almude	=	12 canadas	=	0 » 16.74
1 Canada	=	4 quartilha	=	0 » 01.38
1 Quartilha			=	0 » 00.34

MARCHANDISES SÈCHES

1 Monio	—	60 alqueires	—	8 hec. 28 litres
1 Alqueire			—	0 » 1380

Russie.

St-Pétersbourg.—On compte en *roubles argent* à 100 copecks :

1 Rouble	=	100 copecks	=	4 f.
1 Copeck			=	0 04

Monnaie réelles.

En or :

	Poids en gr.	Titre en 1000e	Valeur en francs
1 Ducat impérial ancien	3.491	979	11 f. 77
1 Ducat impérial nouveau	3.484	986	11 83
1 Impériale (1801) de 10 Roubl.	12.102	988	41 10
1/2 Impériale (1801) de 5 Roubl.	6.051	988	20 55
1/2 Impériale (1817) de 5 Roubl.	6.540	917	20 49

En argent :

1 Rouble	20.73	868	4 00
1 Poltinik ou 1/2 rouble	10.36	868	2 00
1 Polpoltinik ou 1/4 de rouble	5.18	868	1 00

En billon :

Pièces de 1/5, 1/10 et 1/20 de rouble en proportion.

En cuivre :

Pièces de 5, 3, 2 et 1 copeck, 1/2 et 1/4 de copeck.

USAGES COMMERCIAUX.

Toute lettre de change doit être présentée au tiré dans les vingt-quatre heures ou au moins le jour suivant après son arrivée dans le lieu où elle est payable ; sont exceptés de cette règle les jours de fêtes de l'église et les fêtes des membres de la famille impériale autrement dit *fêtes du tableau;* sont en outre exceptés les samedis, mais pour les israélites seulement.

Dans les lettres de change payables à vue, ou à un ou plusieurs jours de vue, le tireur a le droit de fixer l'époque à laquelle, à partir de la date, on est tenu de présenter cette lettre de change à celui qui doit la payer; si le délai n'a pas été fixé, la présentation doit avoir lieu dans l'intervalle de douze mois de la date de la lettre de change, sinon elle devient périmée.

Une lettre de change payable à *usance* est échue quinze jours après la présentation à l'acceptation.

L'échéance pour les lettres de change venant de l'étranger se compte d'après le style grégorien ou nouveau style, et pour le papier russe d'après le vieux style ou Julien, qui est en retard de 12 jours sur le nouveau ; pour les traites tirées de Russie sur l'étranger, il est d'usage d'indiquer les deux dates, qui, par le fait, n'en forment qu'une; ainsi, une lettre de change tirée de Saint-Pétersbourg sur Paris du 12/24 janvier, à trois mois de date, est à échéance du 24 avril.

Il n'est accordé aucun jour de grâce pour les lettres de change payables en foire et pour celles dont l'acceptation a été refusée; à l'égard des effets acceptés, les jours de grâce commencent à compter de la matinée du jour qui suit celui de l'échéance et sont réglés de la manière suivante : pour les lettres de change payables à vue, il est accordé *3 jours*, et, pour celles dont l'échéance est déterminée, il est accordé *10 jours*, y compris les jours fériés ; mais, si le dernier jour de grâce était férié, il ne serait pas compté.

Les lettres de change venant de l'étranger, dont le montant est indiqué payable en monnaie russe, doivent être payées suivant le cours du change.

Timbre. — Toutes les lettres de change doivent être écrites sur papier timbré, valant de 30 copecks à 30 roubles la feuille, selon le montant de la traite, jusqu'à concurrence de 15,000 roubles, en voici le tarif :

Effets de	1 à 150 roub.	0 r. 50	de 4501 à 6000	r. 13 »
id.	151 » 300 id.	1 » 00	id. 6001 à 7500	» 17 »
id.	301 » 900 id.	2 » 00	id. 7501 à 9000	» 20 »
id.	901 » 1500 id.	3 » 50	id. 9001 à 10000	» 23 »
id.	1501 » 2000 id.	4 » 50	id. 10001 à 12000	» 26 »
id.	2001 » 3000 id.	7 » 00	id. 12001 à 13000	» 30 »
id.	3001 » 4500 id.	10 » 00	id. 13001 à 15000	» 33 »

Les sommes excédant 15000 roubles doivent être tirées en deux ou plusieurs traites.

On paie un droit fixe de 0,20 copecks pour les deuxièmes, troisièmes, quatrièmes de change, ainsi que pour les copies.

Les lettres de change tirées de Russie sur l'étranger n'acquittent que la moitié du droit de timbre fixé pour les lettres de change intérieures ; beaucoup de maisons s'en affranchissent, en ne créant que la deuxième de change avec indication que la première (qui n'existe pas) a été envoyée à l'acceptation. Le porteur remplit alors les formalités d'usage avec la deuxième.

COURS DES CHANGES.

		Incertain.		Certain.
Paris	3 mois	}	fr. 360 à 361	pour 100 roubles
»	70 jours			
Londres	3 mois		d.sterl. 34 1/4	pour 1 rouble
Amsterdam	3 mois	}	fl. 168	pour 100 roubles
»	65 jours			
Hambourg	3 mois	}	sch. 30 1/2	pour 1 rouble
»	65 jours			
Berlin	10 jours		th. 96 à 96 1/4	pour 100 roubles

Escompte 5 1/2 à 6 %

Varsovie.

On comptait autrefois à Varsovie en florins à 30 gros polonais ; mais un ukase a rendu obligatoire en *Pologne* les monnaies russes à partir du 15 septembre 1841.

COURS DES CHANGES

		Incertain.		Certain.
Amsterdam	2 mois	R. 148.40 pour		250 fl. des P.-B.
Berlin	id.	» 101.00	—	100 th. de Prusse.
Hambourg........	id.	» 156.10	—	300 M. B°.
Londres..........	3 mois	» 6.90	—	1 livre sterling.
Paris............	2 mois	» 83.50	—	300 fr.
Vienne	id.	» 93.50	—	150 fl. d'Aut.
St-Pétersbourg....	1 mois	» 99.75	—	100 roub.

Odessa.

On compte à Odessa comme à St-Pétersbourg.

Cours des changes.

		Incertain.		Certain.
Amsterdam.....	3 mois	fl... 167 1/2 pour		100 roub.
Anvers.........	id.	fr... 369	—	100 id.
Smyrne........ ⎫ Constantinople . ⎭	21 jours vue	r ... 0.6 1/8	—	1 p. turque.
Gênes..........	75 jours date	l. ita. 372 1/2	—	100 roub.
Hambourg......	3 mois	M. Bᵒ. 187 1/2	—	187 id.
Londres........	id.	r ... 6 78	—	1 livre sterling.
Paris..........	id.	fr... 370	—	100 roub.
Vienne........ ⎫ Trieste........ ⎭	id.	fl... 196	—	100 id.

L'usance est à Odessa de 14 jours après l'acceptation. Les effets tirés à vue doivent être payés ou protestés dans les 24 heures ; ceux, au contraire, tirés à vue et à plusieurs jours de vue et acceptés, jouissent de trois jours de grâce, et ceux tirés à date fixe et acceptés en ont dix, les jours de fête compris. Les effets non acceptés ne jouissent d'aucun jour de grâce.

Poids pour les matières.

Le poids pour l'or et pour l'argent est la livre russe à 32 loths à 3 solonicks, à 96 dolis :

Poids de Russie.

1 tonneau........	6 berkovetz........	982 k.	840
1 berkovetz.......	10 pouds...........	163 .	800
1 poud...........	40 livre...........	16 .	380
1 livre..........	32 loths...........	.	409.512
1 loth...........	3 solonicks	.	012.797
1 solonick........	96 dolis...........	00 .	004.226
1 doli...........		00 .	000.044

MESURES

de longueur :

1 sagène.....	==	3 archines.....	==	2 mèt.	133
1 archine. ...	==	16 verschocks..	==	0 .	711
1 verschock..			==	0 .	044
1 pied........	==	12 pouces......	==	0 .	304
1 pouce......	==	10 lignes.......	==	0 .	025
1 ligne...........			==	0 .	002.5

MESURES DE CAPACITÉ

Liquides :

1 tonneau....	==	40 vedros......	==	4 hect.	92
1 oxhoft......	==	18 id.	==	2 .	21
1 ancre......	==	3 id.	==	0 .	37
1 vedro	==	10 crouchkas...	==	0 .	12
1 crouchka........			==	0 .	01

Marchandises sèches :

1 tchetvert...	==	8 tchetveriks..	==	2 .	10
1 tchetverik..	==	8 garnitz......	==	0 .	26
1 garnitz.........			==	0 .	03

Suède.

Stockholm. — On compte en riksthalers (riksmynt) à 100 ore.

1 riksthaler...	==	100 ore........	==	1 fr.	417
1 ore.............			==	0 .	014

Cette monnaie n'est légalement adoptée que depuis 1856, mais elle était déjà en usage depuis longtemps ; le riksthaler valait antérieurement 48 schellings à 4 stuvers. On comptait aussi par thaler spécies de 4 riksthalers et par thaler banco, argent de banque, qui valait 1 1/2 riksthaler.

19

Monnaies réelles.

		Poids en gr.	Titre en 1000e	Valeur en francs.
En or :	1 ducat simple	3.481	975	11 fr. 67
	1 ducat double	6.962	975	23 . 34
	1 ducat quadruple	13.924	975	46 . 68
En argent :	1 thaler spécies de 4 rik.	34.007	750	5 . 67
	1/2 thaler spécies	17.008	750	2 . 83
	1/4 thaler spécies	8.502	750	1 . 41

En cuivre : Pièces de 50, 25 et 10 ore à proportion.

Pièces de 5, 2, 1 et 1/2 à proportion.

Usages commerciaux.

L'acceptation ou le refus d'une lettre de change doit avoir lieu dans les 24 heures.

Les effets de commerce jouissent de 6 jours de grâce, fêtes et dimanches compris, c'est-à-dire que si le dernier jour de grâce est un jour férié, le paiement doit avoir lieu la veille ; les effets à vue ou à plusieurs jours de vue, ne jouissent d'aucun jour de grâce, et doivent être payés dans les vingt-quatre heures

L'usance est de un mois de vue.

Le courtage de change est de 1/8 % tant pour l'achat que pour la vente.

Timbre. — Le timbre pour les effets de commerce est fixé comme suit :

Pour les effets de	1 à 100 riksthalers	r. 0.20 ores
	101 . 400	. 0.40 .
	401 . 1000	. 0.75 .
	1001 . 2000	. 1.50 .

et ainsi de suite, en augmentant de 75 ores par 1000 ou fraction de 1000 riksthalers.

Cours des changes.

			Incertain.	Certain.
Londres	90 jours	riksth.	17.70	} pour 1 livre sterling.
—	courts jours	id.	17.87 1/2	
Hambourg	90 jours	id.	132.30	} — 100 m. b°.
—	courts jours	id.	133.40	
Paris	90 jours	id.	70.00	} pour 100 fr.
»	courts jours	id.	70.80	
Amsterdam	70 et 90 jours	id.	150.00	pour 100 fl. des P. B.
Berlin	vue et 90 jours	id.	262.00	pour 100 thal.
St-Pétersbourg	vue et 30 j.	id.	260.00	pour 100 roub.
Copenhague	8 j. de date	id.	202.00	pour 100 rix. du roy.

Escompte 5 à 5 1/2 °/°.

Poids pour les matières.

Pour peser les matières d'or et d'argent, on se sert du skalpund (livre) à 32 lod à 4 qwintin.

1 skalpund	=	32 lod	=	425 gr.	010
1 lod	=	4 qwintin	=	13 .	281
1 qwintin			=	3 .	520

Poids de Suède.

1 skalpund (livre)	=	100 ort	=	0 k.	4251
1 ort			=	0 . .	0042
100 skalpund	=	1 centner	=	42 .	5100
100 centner	=	1 uzlaet	=	4251 .	0000

Mesures.

1 Fot (pied à 10 tun) pouces à 10 liniers (lignes = 0ᵐ. 2969.

La subdivision en 12 pouces à 12 lignes est cependant encore pour la plupart conservée dans le commerce, tant pour les mesures de longueur que pour celles de superficie et de solidité.

Suisse.

Genève. — On compte à Genève ainsi que dans toute la Suisse en francs et en centimes, comme en France, et en vertu de la convention monétaire signée à Paris, le 23 décembre 1865, entre la France, la Suisse, la Belgique et l'Italie, les pièces d'argent et d'or fabriquées à l'avenir doivent avoir le même poids et le même titre que les monnaies françaises. (Voir Paris f° 280).

Usages commerciaux.

A Genève, il n'y a pas d'usance fixe ; les traites dont l'échéance tombe le dimanche, doivent être payées la veille ou protestées. L'acceptation d'un effet de commerce doit avoir lieu dans les 2 jours.

Le courtage pour l'achat ou la vente des lettres de change est habituellement de 1 %o. Ce qui veut dire que le courtage doit être payé tout à la fois par l'acheteur et le vendeur.

Timbre. — Tous les effets de commerce payables dans le canton doivent être sur papier timbré ; le droit de timbre est de 0,25 c. par 1000 fr., soit 1/2 %o ; les effets de 1,500 sont soumis à un droit de 0,05 centimes p. %o.

Sont exceptés du droit de timbre : 1° Les lettres de change tirées du canton sur l'étranger et créées à l'ordre de personnes étrangères au canton ; 2° Les lettres de change tirées d'une place étrangère sur une autre place étrangère et circulant dans le canton.

Cours des changes.

		Incertain.	Certain.
Amsterdam	vue	fr. 211 1/2 à 212	} pour 100 fl.
	90 jours	212 et 4 %	
Anvers	vue	100 et 4 %	id. 100 fr.
Londres	vue	25.22 1/2	} id. 1 livre sterling.
	90 jours	25.25 et 4 %	

		Incertain.	Certain.
Hambourg	vue	fr. 186 3/4	
.	90 jours	. 187 4 %	pour 100 m. b°.
Berlin	vue	. 367 1/2 à 368	» 100 th.
Augsbourg	vue	. 210 1/4	» 100 fl.
Vienne	vue	. 226 à 227	» 100 fl.
Francfort	vue	. 210 3/4	
.	90 jours	. 211 et 4 %	» 100 fl.
Paris	vue	. 100	
.	90 jours	. 100 et 3 1/2 %	» 100 fr.
Italie	vue	. 1/2 à 3/4 % pte.	
.	90 jours	. 3/4 à 7/8 et 4 %.	
Bâle	vue	. 1/16 à 100.	
Berne	vue	. 1/8 à 100.	
Zurich	vue	. 1/8 à 100.	

Escompte 3 1/2 à 4 %.

Les poids et les mesures usités en Suisse sont les mêmes que ceux de la France.

Turquie (d'Europe).

Constantinople.—On y compte en piastres turques, à 40 paras, à 3 aspres; mais, dans le commerce avec l'étranger, on compte généralement en piastre à 100 aspres.

1 Piastre..	= 40 paras	= 0 fr. 2218
1 Para	= 3 aspres.....	= 0 0055
1 Aspres.......		= 0 0018

à la taille de 1001.86 piastres par kilogr. d'argent fin.

100 piastres = 1 livre medjidié ou livre turque.

Monnaies réelles.

Les monnaies nouvellement frappées sont:

		Valeur en piastres.	Poids en gr.	Titre en 1000e	Valeur en fr.
En or :	1 Livre medjidié.	100	7.216	916	22 f. 77
	1/2 Livre id. .	50	3.608	916	11 » 38
	Pièce de 10 et 5 piastres dans la proportion.				
En argent: 1	Medjidié.......	20	24.055	830	4 » 55

Pièces de 10, 5, 2, 1 et 1/2 piastres dans la proportion.

En cuivre : Pièces de 40, 20, 10, 5 et 1 paras.

Les monnaies anciennes qui suivent sont encore en usage :

En or :	1 Mahmoudié	=	60 piastres	....	13 fr. 30
	1 Stamboule.	=	30 id.	.... =	6 65
	1 Messir. ...	=	25 id.	.... =	5 53
	1 Mendouhié.	=	20 id.	.... =	4 43
En argent :	1 Bechlik....	=	5 id.	.... =	1 10
	1/2 Bechlik....	=	2 1/2 id.	.... =	0 55
	1 Altilik.....	=	6 id.	.... =	1 33
	1/2 Altilik.....	=	3 id.	.... =	0 66

On compte aussi pour les sommes importantes par *kis* ou bourse de 500 piastres = 110 fr. 85; le *kitze* ou bourse d'or représente une valeur de 30,000 piastres = 6,651 fr.; le *juk* représente 100,000 aspres ou 833 1/4 piastres = 185 fr.

USAGES COMMERCIAUX.

A Constantinople, les usages commerciaux y sont les mêmes qu'en France, pour tout ce qui a rapport aux lettres de change ; mais si une lettre de change est tirée sur une ville de l'intérieur, où l'usage du protêt est inconnu, elle peut être renvoyée, en cas de non paiement, sans l'accomplissement d'aucune formalité.

Timbre. — Depuis le 1er septembre 1845, les effets de commerce et documents commerciaux doivent être rédigés sur papier timbré, conformément au tarif ci-après :

Pour les effets de	100 à	1000 piastres	20 paras.	
»	1001 .	2000 id.	1 piastre.	
»	2001 .	4000 id.	2 id.	
»	4001 .	6000 id.	3 id.	
»	6001 .	8000 id.	4 id.	
»	8001 .	10000 id.	5 id.	

soit 1/2 % pour les chiffres pleins, en observant que de 10,001 à 50,000 piastres, on compte par fraction de 5,000 piastres, de 50,001 à 100,000 par fraction de 10,000 piastres, de 100,001 à

500,000 par fraction de 50,000 piastres, de 500,001 à 1,000,000 par fraction de 100,000 piastres et au-dessus de 1.000,001 par fraction de 250,000 piastres,

Cours des changes.

		Incertain.	Certain.
Londres	3 mois	107 1/2 piastres caïmés	pour 1 livre sterl.
Paris	»	23,20 ou 172 paras caïmés	» 1 liv. tur. » 1 fr.
Amsterdam	»	360 id.	» 1 fl.
Gênes	»	172 id.	» 1 liv. ita.
Madrid	»	23 piastres caïmés	» 1 piastre.
Odessa..........	»	15 3/4 id.	» 1 rouble.
St-Pétersbourg..	»		
Vienne.........	»	390 paras caïmés	» 1 fl.

Smyrne, 3 jours vue 100 1/4 à 100 1/2 piastres » 100 piast.

Andrinople, Belgrade, La Canée, Ile de Chypre, comme à Constantinople.

Poids pour les matières.

On ne se sert pour peser les matières d'or et d'argent du tcheki à 100 dramm., à 16 karats et à 4 grains.

1 Tchecki...	= 100 dramm..	= 321 gr. 39
1 Dramm...	= 16 karats...	= 3 » 21
1 Karat.....	= 4 grains...	= 0 » 20
1 Grain.....		= 0 » 05

Poids de Constantinople.

1 Oka......	= 4 cheky.....	= 1 k. 283,032
1 Cheky ...	= 100 drachmes.	= 0 » 320,758
1 Drachme .		= 0 » 003,207
1 Taffu.....	= 610 drachmes.	= 1 » 924,868
1 Balman ..	= 6 okes.......	= 7 » 698,192
1 Cantaro..	= 45 okes.......	= 57 » 736,440
1 Cantaro se divise en 100 rotoli.		
1 rotoli.......................		= 0 577,364

Mesures de longueur.

1 Pic archène halebi, pour soieries et laines $= 0$ m. 675
1 Pic archène indasé, pour étoffes de cotons
et autres...................................... $= 0$ » 645

Mesures de capacité.

1 Metro......   10 okes..... $= 13$ lit. 33
1 Oke........ $= 1$ 33
1 Kilo pour céréales $= 33$ 684
1 Kilo pour autres marchandises $= 50$ 526

Turquie d'Asie.

Smyrne. — On y compte, comme à Constantinople, en *piastres turques* à 40 *paras* à 3 *aspres* et les monnaies courantes y sont les mêmes.

Les affaires avec l'étranger se traitent aussi quelquefois, comme dans tout le *Levant*, soit en piastres d'Espagne, soit en ducats de Hollande, soit enfin en thalers de Marie-Thérèse.

La livre Medjidié, ou livre turque, y est calculée au change fixe de 108 piastres pour la cotation des changes; mais, dans les transactions courantes, elle subit un prix variable comme toutes les monnaies étrangères.

Smyrne accorde *trois jours* de grâce pour toutes les traites tirées d'Europe.

Cours des changes.

		Incertain.	Certain.
Londres	3 mois	115 piastres	p. 1 livre sterling.
Paris	id.	185 paras	p. 1 fr.
Trieste	id.	440 id.	p. 1 fl. d'Autr.
Amsterdam	31 jours de vue	410 id.	p. 1 fl. des P.-B.
Constantinople	3 jours de vue	99 3/4 piastres	p. 100 piastres
Gênes	31 jours de vue	177 paras	p. 1 liv. ital
Malte	id.	355 id.	p. 1 écu de Malte
Hambourg	id.	363 id.	p. 1 M Bo.

Egypte.

Alexandrie. — On y compte, comme à Constantinople, en piastres à 40 paras à 3 aspres; les écritures se tiennent aussi en piastres à 100 aspres.

$$1 \text{ Piastre} = 40 \text{ paras} = 0 \text{ fr.} 260$$
$$1 \text{ Para} = 3 \text{ aspres} = 0 \text{ » } 006$$
$$1 \text{ Aspre} = \qquad = 0 \text{ » } 002$$

calculés au tarif de 19 10/40 piastres par pièce de 5 fr.

Les aspres courantes sont inférieures aux aspres fortes et on compte:

$$3 \text{ aspres courantes} = 2 \text{ } 1/2 \text{ aspres fortes.}$$

Monnaies réelles.

Les monnaies réelles y sont les mêmes qu'en Turquie; on y emploie aussi les sequins d'or de 3 karats au titre de 750/1000, pesant 2 gr. 600 et valant 6 fr. 716. Pièces de 1 karat et 1/2 karat dans la proportion.

Les sommes importantes se comptent par *kis* ou bourses de 500 piastres.

USAGES COMMERCIAUX.

Les lois et usages commerciaux y sont les mêmes qu'en France.

Les effets en francs sont généralement payés au prix du tarif, c'est-à-dire à raison de 19 1/4 piastres égyptiennes pour 5 fr.

Le courtage de change est de 1 %₀.

Cours des changes.

			Incertain.	Certain.
Londres....	3 mois	p. égyp.	95.3/4	pour 1 livre sterling.
Paris.......	id.	fr.	5.28	
Livourne...	id.	livre it.	5.32 1/2	pour 1 piastre d'Esp.
Trieste.....	id.	fl.	2.32	ou 20 piastres Egypt.

Poids pour les matières.

Pour peser les matières d'or et d'argent, on se sert du drachme, à 24 kirats, à 4 kommahah, à 3 habbech :

1 drachme........ = 24 kirats........ = 3 gr. 0884
1 kirat.......... = 4 kommahah.... = 0 . 1286
1 kommahah..... = 3 habbech....... = 0 . 0321
1 habbeh......... = 0 . 0107

Poids d'Egypte.

1 cantaro (quintal).... = 100 rottoli...... = 0 . 425
1 rottolo forfor......... = 0 . 603
1 rottolo zaidmo....... = 0 . 939
1 rottola mine........ = 0 . 758
1 cantaro de café..... = 47 . 000

Mesures de longueur :

1 pick (aune)......... 0 met. 680

Mesures de capacité :

1 ardeb............ ... 2 hect. 768

Calcutta.

Calcutta. — On y compte à 16 aunas, à 12 pices.

1 roupie......... = 16 aunas......... = 2 fr. 3757
1 auna.......... = 12 pices.......... = 0 . 1484
1 pice........... = 0 . 0128

A la taille de 93.5396 roupies au kilogr. d'argent fin.

La roupie la plus courante, dans les possessions indigènes, était la *roupie sicca,* dont la valeur est de 2 fr. 53 c. ; mais, quoiqu'elle existe encore, toutes les affaires, depuis le 1er juillet 1835, se traitent en roupies de la compagnie (*company's rupee,* et par abréviation co'sr). Le rapport en a été ainsi fixé:

A Calcutta.... 100 roupies sicca = 116 roupies courantes
A Bombay... 100 id. = 110
A Surate .... 100 id. = 111

Monnaies réelles.

En or : 1 mohur de la c^{ie} des Indes, == 15 roupies au titre
de 917/1000 pesant 11 gr. 664 et valant   36 fr. 84.

Double mohur 1/2 et 1/4 de mohur dans la proportion.

En argent : 1 roupie de la c^{ie} des Indes, == 16 aunas, au titre de 925/1000, pesant 11 gr. 664 et valant
2 fr. 37 1/2

Timbre — Les effets de commerce sont soumis à un droit
de timbre ainsi établi :

Pour les effets de livre stérl.	100	et au-dessous	1 1/2	sch.
id.	100	à 200	3	id.
id.	200	. 500	4	id.
id.	500	. 1000	5	id.
id.	1000	. 2000	7	1.2
id.	2000	. 3000	10	id.
id.	3000	et au-dessus	15	id.

Pour les effets de commerce indigènes, le droit de timbre
est plus élevé ; les connaissements sont timbrés à 3 schellings.

Les traites de Calcutta sur Londres, qui étaient autrefois à
6 mois de vue, ne seront plus désormais qu'à 4 mois de vue.

Cours des changes.

		Incertain	Certain.
Londres	6 et 4 mois de vue		
»	traites de banque	2 sch. 1 d.	pour 1 roupie.
»	traites sur crédits	2 . 1 7/8	id.
»	traites avec documents	2 . 1 3/8	id.
Paris	3 mois de vue	2 fr. 59	id.
»	6 mois de vue	2 . 68	id.
Canton	60 et 90 jours de vue roupies.	224 à 225	100 piastres.
La Réunion	id.	2 fr. 65 à 2 fr. 70	1 roupie.
Maurice	30 et 60 jours de vue	53 cent.	id.
Ceylan	60 jours de vue	2 sch. 0 d. 1/2 —	
Australie	id.	2 . 1	id.
Bombay	30 jours de vue	1/4 % prime	id.
Madras	id.	1/4 % perte	id.

Bombay ⎫
Madras ⎪
Surate ⎬ Changes et monnaies comme à Calcutta.
Benarès ⎭

Poids.

Il existe deux poids de commerce :

1° Le maund de bazar; 2° le maund de factorerie.

Le premier est de 10 % plus lourd que le second.

Dans les deux poids, le maund se divise en seers à 16 chattaks ou 10 siccas.

1 Bazar maund.....	=	40 seers......	=	37 k. 252
1 Seer maund.......	=	16 chattacks..	=	0 . 931
1 Chattak maund...	=	5 siccas.....	=	0 . 058
1 Sicca maund.....	=		=	0 . 011
1 Maund factorerie..	=	40 seers......	=	33 . 902
1 Seer id.....	=	56 chattaks...	=	0 . 847
1 Chattak id.....	=	5 siccas......	=	0 . 053
1 Sicca id......	=		=	0 . 010

Le seer varie beaucoup : il se compose de 40, ou 60, ou 72 ou 80 tolahs.

Pour avoir 72 tolahs, on prend 72 roupies siccas (monnaies) et leur poids donne un seer de 72 tolahs. C'est le factory seer dont on se sert pour la soie.

Le maund factory = 74 3/4 livres anglaises.

Japon.

Yokohama. — Les comptes se tiennent par tales à 10 maces à 10 condorines.

1 Tale vaut environ 3 fr. 47 c. Ce n'est pas une monnaie effective, la valeur en varie considérablement.

Les comptes avec l'étranger se tiennent en piastres à 100 centimes.

L'itchibon, monnaie d'or, sert aussi de monnaie de compte; il vaut environ 6 fr. 40 c.

1 tale	=	10 maces	=	3 fr. 47
1 mace	=	10 condorines	=	0 . 347
1 condorine			=	0 . 0347

Depuis l'établissement des succursales du Comptoir d'Escompte de Paris, à Shangaï et à Saïgon, le change se fait directement avec la France, et non plus par l'intermédiaire de Londres.

Monnaies réelles.

		Grammes.	Titré en 1000es	Valeur en fr.
En or :	1 ancien koban	17.50	854	50 fr. 75
	1 nouveau koban	13.11	901	40 . 60
	» »	12. »	854	35 . 25
	» »	12.75	667	29 . 39

1 cohangs (neuf) à 60 maces et au-dessus 25 fr. 63
1 itsybur ou itchibou à 15 maces environ 6 . 40
1 kostjukines   id. = 11 . 74
En argent : 1 itiganne ou tjoo-gin à 62 maces environ 15 . 91
1 nandiocjine à 7 1/2 maces id. = 2 . 00
1 kodamas à 3,8 maces   id. = 1 . 25
En cuivre : Simoni-seni de 4 seni ou cashs (valant environ 2 centimes) 1/2 et 1/4 en proportion.

Ces monnaies circulent généralement dans le commerce ; mais la plupart des monnaies d'or et d'argent n'ayant pas une valeur fixe, les négociants ne les prennent qu'au poids.

Cours des changes.

Londres	6 mois de vue.	
»	Traites de banque	5 sch. 2 1/2 pour 1 piastre.
»	particulières	5 . 3
»	documentaires	5 . 3 1/2
France	6 mois de vue.	
»	traites de banque	fr. 587 1/2
»	particulières	. 592 1/2 } pour 100 piastres.
	documentaires	. 597 1/2
Hong-kong, 10 jours de vue		2 à 3 % d'escompte.

Shang-Haï, 10 jours de vue.

Traites de banque	75 taéls	pour 100 piastres.
Traites particul.	75 1/4	id.	id.
295 à 305 itziboos		id.	id.

Naga-Saki
Ohosaka } Comme à Yokohama.
Yeddo

Poids du Japon.

1 peccul à 100 cattis == 130 livres anglaises == 58 k. 960
pour l'or et l'argent.

1 tale == 1/16 de catti ==0 k. 036 85

Le tale se divise en 10 maces et en 10 condorines.

Chine.

Canton et Shanghaï. — On y compte, comme dans l'intérieur de la Chine, par tale, à 10 maces, à 10 condorines, à 10 cahs.

1 Tale.......	==	10 maces.....	==	7 fr. 50
1 Mace......	==	10 condorines.	==	0 75
1 Condorine..	==	10 cashs......	==	0 075
1 Cash.......			==	0 0075

On compte dans le commerce avec l'étranger en piastres à 100 centimes.

Les Chinois ont fait prévaloir, dans le commerce, leur coutume de prendre pour unité de monnaie de compte une unité de poids qui représente le même poids d'argent pur au titre parfait de 1000/1000. Cette monnaie de compte, comme il est dit plus haut, est le *tale ou taël*, qu'on appelle aussi *liang*; mais son prix d'évaluation varie suivant les places. Aussi le tale représente :

à Shang-Haï, 34 gr. 302 d'argent pur == 7 fr. 62 1/2
à Canton 37 253 » == 8 » 28

d'où il résulte que : 109 tales de Shang-Haï == 100 tales de Canton.

L'usage s'est établi depuis quelque temps de convertir les taëls en piastres, et réciproquement d'après les bases suivantes : 72 tales == 100 piastres.

Il n'y a point en Chine d'autre monnaie réelle que le cash. L'or est considéré comme marchandises; les lingots d'argent sont employés comme monnaie; ils sont évalués au poids dans les échanges.

Le Comptoir d'Escompte de Paris ayant établi cinq comptoirs en Chine et au Japon, le change se fait désormais directement sur la France, sans passer par la voie de Londres.

Cours des changes à Sanghaï.

		Incertain.		Certain.
Londres 6 mois vue....	bank bills	6 sch. 2 1/4 ⎫		
	crédit »	6 6 ⎬	Pour	1 tael.
	dcmts »	6 7 1/2 ⎭		
Paris 6 mois vue......	bank »	785 fr. ⎫		
	crédit »	795 ⎬	»	100 —
	dcmts »	797 1/2 ⎭		
Hong-Kong 3 jours vue	7 taëls »	72 1/2 ⎫		
15	— »	72 1/4 ⎬	»	100 piastres
30	— »	72 » ⎭		
Calcuta 3 jours de vue..	Roupies	304 1/2 ⎫		
Bombay 3 jours de vue..	»	304 1 2 ⎬	»	100 taëls.

Escompte 10 à 12 %.

Avances sur dépôt de matières à courts jours, 18 %.

Poids de Chine.

1 Peccul à 100 cattys == 133 1/3 liv. angl. == 60 k. 472
1 Catty............. == 16 tales...... == 0 60472
1 Tale............. == 0 038

Le tale se divise en 10 maines, le mace en 10 condorines.

Etats-Unis.

New-York. — On compte en dollars à 100 cents ou centimes.

1 Dollar. == 100 cents. == 5 fr. 18
1 Cent... == == 0 0518

Depuis l'indépendance des Etats-Unis d'Amérique, le dollar a toujours servi comme monnaie de compte ; il avait dans le principe la même valeur que la piastre espagnole, mais il a subi, à différentes époques, plusieurs modifications comme monnaie effective, principalement à partir de l'année 1853. Le nouveau dollar d'or pèse 1 gr. 671 ; il est au titre de 900/1000 et vaut par conséquent, 5 fr. 18 ; la monnaie d'or est la monnaie légale.

Monnaies réelles.

En or :

		Poids en gr.	Titre en 1000e	Valeur en francs.
Aigle de dix dollars de	1792 à 1834	17.475	916	55 f. 21
—	1834 . 1837	16.716	899	51 77
—	1837 . 1853	16.766	900	51 98
—	depuis 1853	16.710	900	51 80

1/2 et 1/4 d'aigle, pièces de 3 et 1 dollars dans la proportion.

En argent :

Dollar de	1792 à 1837	26.953	892	5	34
—	1837 . 1853	26.800	900	5	36
1/2 dollar nouveau		12.440	900	2	49

En cuivre :

Pièces de 25, 10, et 1 cents de dollar dans la proportion. Pièces de 1 centime.

USAGES COMMERCIAUX.

La législation commerciale aux Etats-Unis est en général la même qu'en Angleterre ; les principes qui s'y rattachent sont presque universellement puisés à cette source, mais ils sont modifiés par la législation de chacun des Etats.

Le porteur d'une lettre de change n'est pas tenu de la présenter à l'acceptation, à moins qu'il n'en ait reçu l'ordre de son cédant, et aucun délai n'est fixé pour la présentation des traites à vue ou à plusieurs jours de vue.

Il est accordé *3 jours de grâce* aux traites et mandats venant de l'étranger, ainsi qu'aux traites tirées dans l'Union.

Les 3 jours de grâce s'appliquent aussi aux lettres de change à vue ; mais une traite ou une lettre de change payable à ordre, ou sans époque de paiement, est payable immédiatement à présentation, sans observer les 3 jours de grâce. S le troisième jour de grâce est un jour férié, le paiement peut être exigé la veille, c'est-à-dire à l'expiration du second jour de grâce. Les 1er janvier, 4 juillet et 25 décembre sont considérés comme fêtes légales.

Les traites tirées de France sur New-York en *francs effectifs* sont généralement payés en pièces de 20 francs évaluées au cours du jour.

Le courtage de change est de 1/4 % pour la négociation des traites sur l'Europe.

Timbre. - Toute lettre de change tirée des Etats-Unis sur l'étranger ou de l'étranger sur les Etats-Unis est assujettie au timbre proportionnel de 5 cents de dollars par effet de 100 dollars ou fractions de 100 dollars, soit 1/2 %.

Le timbre n'est que de 2 cents par 100 dollars ou fractions de 100 dollars pour les traites tirés de l'étranger, et passant par le territoire des Etats-Unis.

Les connaissements sont soumis à un droit fixe de 10 cents de dollars.

Cours des changes.

		Incertain.	Certain.
Londres	60 jours de vue	109 1/2 cents	pour 0.4.6 livre sterl.
Paris	id. fr.	5 15	pour 1 dollar.
Amsterdam	id. dollar /§/	0 41	pour 1 fl. des P.-B.
Hambourg	id. »	0 37	pour 1 M.-B°.
Brême	id. »	0 79	pour 1 th. louis d'or
Francfort	id.	0 41 1/2	pour 1 fl.
Berlin	id.	0 72	pour 1 th. de Prusse.

Or, 130 à 130 1/2.

20

On cote aussi quelquefois, mais rarement.

Londres 60 jours de vue dollar /§/ 4 85   pour 1 livre sterling
Paris   »   »   0 18 1/2 » 1 fr.

Dans la cotation ci-dessus du change sur Londres, le cours de 109 1/2 signifie 9 1/2 % de prime, plus ou moins, sur le pair conventionnel de livre sterling 0. 4. 6 (ou 54 d. st.) pour 1 dollar, ou 9 livres sterlings pour 40 dollars.

Nouvelle-Orléans. ⎫
Boston .... ⎪
Philadelphie..... ⎬ Changes et monnaies comme à New-York.
San-Francisco... ⎭

POIDS.

1 Quintal.....	= 112 livres........	= 50 k. 790
1 Livre.......	= 16 onces........	= 0 » 455,5
1 Once.......		= 0 » 028,3

MESURES
de longueur.

1 Yard........	= 2 coudées.......	= 0 m. 91
1 Coudée.....	= 6 palmes	= 0 » 46
1 Palm.......	= 3 pouces........	= 0 08
1 Pouce......		= 0 03

Liquides.

1 Baril.......	= 31 gallons 1/2....	= 1 hect 20
1 Gallon......	= 4 quarts........	= 0 03
1 Quart.......		= 0 01

MESURES
sèches.

1 Boisseau....	= 8 gallons.......	= 35 lit. 00
1 Gallon		= 4 » 37

Etats du Sud.

Dans presque tous les Etats de l'Amérique du Sud, qui se sont formés des anciennes possessions espagnoles, on y a conservé l'usage des monnaies, poids et mesures de l'Espagne auquel on y a ajouté l'usage des monnaies et poids de l'Angleterre.

Havane.

Cuba. — On y compte en piastres à 100 cents.

1 Piastre ... $=$ 100 cent ..... $=$ 5 f. 40
1 Cent .... $=$ » 05.4

Monnaies réelles.

En or : 1 Onza espagnola. $=$ 17 piastres ..... $=$ 91 f. 80
1 Media onza .... $=$ 8 1/2 piastres .. $=$ 45 » 90
1 Doblon .... $=$ 4 1/4 id. .. $=$ 22 » 95
1/2 Doblon .... $=$ 2 1/8 id. .. $=$ 11 » 48
1 Onza mejicana . $=$ 16 id. .. $=$ 86 » 40
En argent : 1 Pero fuerte .... $=$ 10 réaux .... $=$ 5 » 40
1 Medio peso ...... $=$ 5 id. .... $=$ 2 » 70
1 Real fuerte .... $=$ » » 54

Cours des changes.

Londres ...... 60 et 90 jours de vue 10 à 12 % de prime.
Paris .... id. 2 . 3 % d'escompte.
Espagne ...... id. 2 . 5 % de prime.
Etats-Unis .... id. 1 . 2 % de prime.
Hambourg .... id. 43 1/2 sch. p. 1 piastre

Ainsi, quand on cote Paris, 3 % de prime, cela veut dire 10 fr. à la Havane pour 100 fr. payables en France, ce qui veut dire que l'acheteur perd 3 fr. ; Paris, 3 % escompte ou perte, signifie 97 fr. à la Havane pour 100 fr. payables en France, ce qui veut dire que l'acheteur gagne 3 fr.

Poids de la Havane.

1 Quintal .... $=$ 4 arrobes ...... $=$ 46 k. 008
1 Arrobe .... $=$ 25 livres .... $=$ 11 » 500
1 Livre .... $=$ 0 » 460
1 Once .... $=$ 0 » 028
1 Charge de cheval .. $=$ 8 arrobes .... $=$ 92 » 017
1 Charge de cheval .... (bois à brûler) ... $=$ 20 stères.

MESURES

de longueur :

1 Vara........	=	3 pieds........	=	0 mèt.	844
1 Pied....	=	12 pouces.......	=	0 »	281
1 Pouce...........................			=	0 »	023
1 Cuerda......	=	24 varas	=	20 »	256

Liquides.

1 Arrobe....... = 32 Cuartillos..... = 25 livres 498

Marchandises Sèches.

1 Tonneau................................... = 8 m. cub. 860

Brésil.

Rio-de-Janeiro. — On y compte, comme à Lisbonne, en *reis* et 1000 *reis*; pour les grandes sommes, au lieu d'écrire milreis ou 1 million de *reis*, on écrit un *conto* de reis.

Monnaies réelles.

En or :	Pièce de	20000 reis	17.926	916	56 f.	60
	id.	10000	8.963	916	28	30
	id.	5000	4.483	916	14	15
En argent :	id.	2000	25.102	916	5	10
	id.	1000	12.551	916	2	55
	id.	500	6.275	916	1	26
	id.	200	3.137	916	0	51
	id.	100	1.568	916	0	25
En cuivre :	id.	20 et 40 reis.				

Usages commerciaux.

En cas de non paiement d'une lettre de change, le protêt doit être fait le jour même de l'échéance, et, si l'échéance est un jour férié, l'effet doit être payé ou protesté la veille.

La présentation à l'acceptation doit être faite sans retard.

Timbre. — Le timbre sur les effets étrangers est comme suit :

1° Pour les effets de 50 à 200 milreis à 2 mois 100 reis.
      id.   200 . 500 id. . id. 160 id.
      id.   500 .1000 id. . id. 400 id.
2° Pour les effets de 50 . 200 id. . 3 mois 160 id.
      id.   200 . 500 id. . id. 320 id.
      id.   500 .1000 id. . id. 1000 id.

Pour les effets tirés de l'étranger le timbre est de moitié.

Cours des changes.

		Incertain.	Certain.
Londres	90 jours de vue	d. st. 27 1/2	p. 1000 reis en pap.
Paris	»	reis 347 en papier	p. 1 fr.
Hambourg	»	reis 660 »	p. 1 M. B°.
Portugal	»	97 à 101	p. % de prime.

D'après une loi du 26 juin 1862, les poids et mesures français sont adoptés, et, depuis le 26 juin 1872, les anciens poids ne doivent plus être usités.

Chili.

Valparaiso. — On y compte en piastres à 100 centavos ou centimes.

Une loi du 9 janvier 1851 a rendu le système décimal français obligatoire, et la piastre, qui valait autre fois 5 fr. 30, vaut actuellement 5 fr.

Monnaies réelles.

En or :

	Poids en gr.	Titre en 1000e	Valeur en fr.
1 Condor de 10 piastres......	15.253	900	47 f. 30
1 Doublón ou 1/2 condor......	7.626	900	23 65
1 Ecu ou pièce de 2 piastres.	3.050	900	9 50
1/2 Ecu ou pièce de 1 piastre.	1.525	900	4 75

En argent :

	Poids en gr.	Titre en 1000e.	Valeur en francs.	
1 Piastre.....................	25.000	900	5	00
1 Pièce de 50 centavos	12.500	900	2	50
1 id. 20 id.	5	900	1	00
1 id. 10 id.	2.500	900	0	50
1 id. 5 id.	1.250	900	0	25

En cuivre :

Pièces de centavos et 1/2 centavos.

Cours des changes.

Londres	90 jours de vue	44 à 44 d. st.	p. 1 Piastre.
Paris	»	4.60 à 4.62 1/2 fr.	»
Hambourg	»	38 3/4 sch.	»
Madrid	»	14 % de prime.	
Etats-Unis	»	15 % de prime.	

Mexique.

Mexico. — On y compte en piastres à 8 *réales* et à 4 *cuartillos*, mais dans le commerce avec l'étranger on subdivise généralement la piatre en 100 centièmes.

1 Piastre......	= 8 réales.......	= 5 f. 375
1 Réale.......	= 4 cuartillos ...	= 0 672
1 Cuartillo	= 3 granos......	= 0 168
1 Grano.....................		= 0 055

à la taille de 42. 9244 piastres au kilogr. d'argent fin.

Monnaies réelles.
En or :

	Poids en gr.	Titre en 1000e	Valeur en fr.	
1 Once à 16 piastres ou 8 écus d'or.	27.067	875	81 f.	55
1/2 Once......................	13.533	875	40	77
1/4 Once.......	6.776	875	20	38
1/8 Once (écu d'or)............	3.383	875	10	19
1 Once d'or augustine (1823)....	27.029	865	80	42
1 Once d'or (1831)............	27.045	868	80	71

En argent :

	Poids en gr.	Titre en 1000ᵉ	Valeur en francs
1 Piastre à 8 réales............	27.067	902	5 375
1/2 Piastre à 4 réales............	13.533	902	2 687
1/4 Piastre ou pecota...........	6.766	902	1 343
1 Réal......................	3.383	902	0 671
1/2 Réal........	1.691	902	0 335
Nouvelle piastre (1843)	26.989	899	5 337

En cuivre :

Cuartillos valant 1/4 de réal 0 167

USAGES COMMERCIAUX.

Le paiement d'une lettre de change doit s'effectuer le jour de l'échéance, les jours de grâce ayant été supprimés. Tous les effets de commerce doivent être sur papier timbré. Le courtage de change est de 1/4 %.

Cours des changes.

		Incertain.	Certain.
Londres	60 jours de vue	49 1/4 d. st.	p. 1 piastre.
Paris	»	5 15	p. » id.
Amsterdam	»	2 42 1/2 fl.	p. » id.
Hambourg	»	44 sch.	p. » id.
New-York	30 jours de vue	102 à 103 piastres	p. 100 dollars.
Vera-Cruz	Courts jours	3 à 6 % perte.	

Poids du Mexique.

Les poids et mesures du Mexique sont les mêmes que les anciens poids et mesures d'Espagne.

Poids.

1 tonneau.....	=	20 quintaux......	=	920 k. 000
1 quintal......	=	4 arrobes........	=	46 » 009 g.
1 arrobe.......	=	25 livres.........	=	11 » 501 »

1 livre	=	2 marcs	=	0	»	460 »
1 marc	=	8 onces	=	0	»	230 »
1 once	=	576 grains	=	0	»	0028
1 grain			=	0	»	00005

Mesures de longueur

1 vare	=	3 pieds	=	0 mèt. 836		
1 pied	=	12 pouces	=	0	»	278
1 pouce	=	12 lignes	=	0	»	023
1 ligne			=	0	»	001.9

Mesures de capacité

1 fanègue		=	0 hect. 55	
1 arrobe		=	0	» 16.133
1 cuartillo		=	0	» 00.504

1 pipa. — Mesure spéciale pour mesurer les vins réimportés de l'étranger $\qquad$ = 4 » 36

Des Commissionnaires.

Qu'est-ce que le contrat de commission et quels en sont les caractères ?

Le contrat de commission est ordinairement un contrat tacite et non écrit, par lequel le commissionnaire, moyennant une commission de tant pour % convenue entre son commettant et lui, prend l'engagement d'acheter, au mieux des intérêts du commettant, toutes les marchandises dont il a besoin, en les facturant au prix d'achat, en y ajoutant la commission, les frais d'emballage, etc. De son côté, le commettant prend l'engagement de payer une commission de tant pour % au commissionnaire, laquelle représente la rémunération des services à lui rendus.

Qu'est - ce qu'un commissionnaire ?

Un commissionnaire est celui qui agit en son propre nom ou sous une raison sociale, pour le compte d'un commettant.

Qu'est-ce qu'un préposé ?

Un préposé est un agent qui agit pour le compte du commettant, au lieu d'agir en son propre nom; on lui donne aussi le nom de représentant; il est quelquefois l'employé du commettant ou son intéressé. Quelquefois, le préposé est placé chez le commissionnaire par le commettant lui-même, pour veiller au mieux de ses intérêts, pour presser la rentrée des marchandises achetées sur place et veiller aux expéditions et aux emballages : en un mot, pour s'occuper de tous les soins que nécessite la bonne et prompte expédition des marchandises.

Quelle différence y a-t-il entre un préposé et un commissionnaire ?

Il existe cette différence entre le préposé et le commissionnaire, c'est que le préposé n'agit qu'au nom de son commettant et jamais en son propre nom, et ne peut, par conséquent, jamais être responsable, tandis que le commissionnaire peut agir en son propre nom et être, par conséquent, *ducroire.*

Quelle différence y a-t-il entre le commissionnaire et le courtier ?

Le commissionnaire peut être responsable des opérations qu'il fait pour le compte de son commettant. C'est ce qu'on appelle être *ducroire* ou faire le *ducroire*, et il lui est facultatif de faire des affaires pour son propre compte. Le courtier, au contraire, ne peut être responsable des opérations qu'il fait pour le compte de ses commettants; et il lui est interdit de faire des affaires pour son compte personnel. Toutes les opérations du courtier se bornent à l'achat ou à la vente des marchandises, au nom de son commettant et jamais en son nom. Le courtier reçoit un courtage de tant pour % pour les opérations qu'il fait.

Qu'est-ce que la commission ?

La commission est le prix du salaire alloué au commissionnaire pour l'opération qu'il a faite pour son commettant; elle est ordinairement de 1/2 %, 1 %, quelquefois même 2 %. Le prix de la commission dépend de l'importance et de la nature des opérations et des conventions des parties. Lorsque le commissionnaire est du-croire, le prix de la commission est double.

Quelles sont les principales obligations du commissionnaire à l'égard de son commettant ?

Les principales obligations du commissionnaire à l'égard de son commettant sont de faire tous ses efforts pour acheter les marchandises commissionnées aux meilleures conditions possibles, de ne les faire payer au commettant qu'au prix de facture, attendu que le commissionnaire reçoit une commission de tant pour % sur l'opération qu'il a faite, et de faire toutes les diligences nécessaires pour que les marchandises arrivent au commettant dans les meilleures conditions et dans le plus bref délai possible. Le commissionnaire qui facturerait à son commettant les marchandises achetées pour son compte à un prix supérieur au prix d'achat, serait passible de dommages et intérêts envers son commettant.

Quand une opération est faite par un commissionnaire au nom de son commettant, lequel des deux est débiteur ou créancier du tiers avec lequel l'opération a été faite ?

Quand un commissionnaire fait une opération au nom de son commettant, il n'est pas responsable, c'est-à-dire il n'est pas ducroire, parce qu'il n'opère pas en son nom, mais bien au nom de son commettant et pour son propre compte. C'est donc le commettant, au nom de qui l'opération a été faite, qui devient créancier ou débiteur du tiers avec lequel l'opération a été faite.

Un commissionnaire peut-il traiter pour son propre compte ?

Oui, un commissionnaire, sans se compromettre vis-à-vis de son commettant, peut faire des affaires pour son propre compte.

Quelles sont les obligations du commettant à l'égard du commissionnaire ?

Les obligations du commettant à l'égard du commissionnaire sont d'exécuter fidèlement les conditions de règlement et de paiement, lorsque les marchandises lui sont parvenues, et de lui payer la commission convenue.

Les commissionnaires ne reçoivent-ils pas souvent des marchandises dans leurs magasins avec ordre de les vendre ?

Oui, les commissionnaires reçoivent souvent des marchandises de leurs commettants avec ordre de les vendre pour leur compte. C'est ce qu'on appelle des marchandises en consignation chez un tel.

Les commissionnaires n'avancent-ils pas souvent de l'argent sur ces marchandises ?

Oui, il arrive très-souvent que le commettant a des besoins d'argent avant que ses marchandises ne soient vendues, et le commissionnaire, sur sa demande, lui fait des avances sur ses marchandises.

Qu'entend-on par privilége des commissionnaires ?

Tout commissionnaire qui a fait des avances d'argent à son commettant, sur des marchandises à lui expédiées d'une autre place, pour être vendues pour le compte de ce commettant, a privilége, pour le remboursement de ses avances, intérêts et frais, sur la valeur de ces marchandises.

N'y a-t-il pas pour condition à ce privilége que la marchandise ait été en la possession du commissionnaire ?

Oui, la condition essentielle pour que le commissionnaire ait privilége sur les marchandises envoyées en commission chez lui par un commettant, c'est que ces marchandises soient en la possession du commissionnaire.

Qu'entend-on par être en la possession du commissionnaire ?

Les marchandises sont en la possession du commissionnaire lorsqu'elles sont dans ses magasins ou dans un dépôt public ; si elles ne sont pas encore arrivées, il faut qu'il puisse constater, par une lettre de voiture ou par un connaissement, l'expédition qui lui en a été faite.

Si les marchandises ont été vendues et livrées pour le compte du commettant, le commissionnaire se rembourse, sur le produit de la vente, du montant de ses avances, intérêts et frais, par préférence aux créanciers du commettant.

Tous prêts, avances ou paiements qui pourraient être faits sur des marchandises déposées ou consignées par un individu *résidant dans le lieu du domicile du commissionnaire,* ne donnent privilége au commissionnaire ou dépositaire qu'autant qu'il y aurait un acte public ou privé, mais enregistré, qui constaterait les conventions faites, si la valeur de ces marchandises excède 150 francs, et aussi que les marchandises soient restées en la possession du commissionnaire ou d'un tiers convenu entre les parties.

Les mots *ducroire* et *décroire* sont deux vieux mots synonymes, qui veulent dire : être tenu pour bon, pour responsable ; ce qui veut dire que, lorsque le commissionnaire est *ducroire* ou fait le *ducroire,* il est responsable de l'opération qu'il a faite ; dans ce cas, il a droit à une commission double de celle qui lui est ordinairement payée par son commettant pour une commission simple.

Un compte de commission se compose : d'abord, du montant de la valeur des marchandises achetées ou vendues pour le compte du commettant, des avances que le commissionnaire a pu lui faire ou des paiements qu'il a pu faire pour son compte, de l'intérêt de ces avances et paiements, de la commission à tant pour % qui lui est allouée, des frais d'emballage, etc.

Des Transports.

Les différents moyens de transport employés pour les marchandises sont les transports par terre et par eau.

Les divers transports par terre sont les voitures et les chemins de fer.

Les divers transports par eau sont les bateaux ordinaires, les bateaux à vapeur sur les canaux, les fleuves et les rivières, et les bateaux à vapeur et les bâtiments à voile sur la mer.

Les transports par chemin de fer ne sont-ils pas soumis à certains règlements ?

Les transports par chemins de fer sont soumis à de nombreux règlements. Ces règlements sont faits par les administrations des chemins de fer, et ils doivent toujours, avant d'être appliqués, être soumis à l'homologation du gouvernement.

N'y a-t-il pas différents tarifs ?

Oui, il y a différents tarifs : il y a des tarifs généraux, où les marchandises sont classées en six séries ; il y a aussi des tarifs différentiels, qui sont des tarifs spéciaux, dont les prix sont inférieurs à ceux des tarifs généraux. Ces tarifs spéciaux sont appliqués à certaines catégories de marchandises, soit sous conditions de tonnage, soit par wagon complet de 4,000 ou 5,000 kil., suivant les conditions. Ces tarifs spéciaux s'appliquent à des marchandises très-lourdes et de peu de valeur, telles que les charbons, les minerais de fer, et pour de grandes distances. A l'aide de ces tarifs, on peut faire transporter des marchandises à de très-grandes distances, à un prix moins élevé qu'à une faible distance.

Il existe aussi des tarifs communs entre les compagnies de chemins de fer. Ces tarifs se rattachent aussi à certaines catégories de marchandises. Il existe aussi des tarifs internationaux.

Les obligations du transporteur envers le destinataire ne varient-elles pas selon le tarif employé ?

Oui, les obligations du transporteur envers le destinataire varient suivant le tarif employé. Si le destinataire emploie le tarif général, la compagnie est tenue de transporter dans les délais réglementaires ; si, au contraire, il emploie les tarifs différentiels, il est obligé de subir un supplément de délai de cinq ou dix jours en plus des délais réglementaires, quelle que soit la distance.

Quelle différence y a-t-il entre la grande et la petite vitesse ?

Les tarifs de la grande vitesse sont beaucoup plus élevés que ceux de la petite vitesse, et les délais accordés pour la petite vitesse sont beaucoup plus longs que pour la grande vitesse.

Quel est celui de ces deux moyens de transport le plus employé ?

Pour le transport des marchandises, le commerce emploie de préférence la petite vitesse.

Pourquoi?

Parce que les prix de la petite vitesse sont bien inférieurs à ceux de la grande vitesse.

Qu'entend-on par fret ou colis?

On entend par fret, toutes les marchandises qui constituent le chargement du navire. On entend aussi par fret, le prix du transport des marchandises : ainsi, on dit que le fret est cher. On entend par colis une caisse, une balle ou un ballot de marchandises.

Les obligations du transporteur par mer, et ses priviléges sont-ils les mêmes que ceux du voiturier par terre?

Les obligations et les priviléges du transporteur par mer sont les mêmes que ceux du voiturier par terre. L'un et l'autre sont responsables des marchandises qui leur sont confiées, sauf les cas de force majeure, et ils ont les mêmes priviléges sur ces marchandises, Seulement, les risques des transports maritimes étant beaucoup plus considérables et n'étant pas de même nature, et les distances à parcourir étant beaucoup plus grandes que pour les transports par terre, ont dû nécessiter des lois spéciales pour les transports maritimes, qui se trouvent tout entières au livre XI, titre IV du code de commerce :

Art. 221 — Tout capitaine, maître ou patron chargé de la conduite d'un navire ou autre bâtiment, est garant de ses fautes, même légères, dans l'exercice de ses fonctions.

Art. 222. — Il est responsable des marchandises dont il se charge. — Il en fournit une reconnaissance. — Cette reconnaissance se nomme *connaissement*.

Art. 224. — Le capitaine tient un *registre coté* et *paraphé* par l'un des juges du Tribunal de commerce, ou par le Maire ou son adjoint, dans les lieux où il n'y a pas de Tribunal de commerce. — Ce registre contient les résolutions prises pendant le voyage; la recette et la dépense concernant le navire, et généralement tout ce qui concerne le fait de sa charge, et tout ce qui peut donner lieu à un compte à rendre, à une demande à former.

Art. 225. — Le capitaine est tenu, avant de prendre charge, de faire visiter son navire, aux termes et dans les formes *prescrits par les règlements*. — *Le procès-verbal de visite* est déposé au greffe du Tribunal de commerce ; il en est délivré extrait au capitaine.

Art. 226. — Le capitaine est tenu d'avoir à bord : l'acte de propriété du navire — l'*acte de francisation* — le *rôle d'équipage* — les *connaissements et chartes-parties* — les procès-verbaux de visite — les *acquits de paiement ou à caution* des douanes.

Art. 227. — Le capitaine est tenu d'être en personne dans son navire, *à l'entrée et à la sortie des ports, havres ou rivières*.

Art. 228. — En cas de contravention aux obligations imposées par les quatre articles précédents, le capitaine *est responsable de tous les événements* envers les intéressés au navire et au chargement.

Art. 229. — Le capitaine répond également de tout le dommage qui peut arriver aux marchandises qu'il aurait *chargées sur le tillac* de son vaisseau, sans le consentement par écrit du chargeur. — Cette disposition n'est point applicable au petit cabotage.

Art. 230. — La responsabilité du capitaine ne cesse que par la *preuve d'obstacles de force majeure*.

Art. 234. — Si, *pendant le cours du voyage,* il y a nécessité de radoub, ou d'achats de victuailles, le capitaine, après l'avoir constaté par un *procès-verbal,* signé des principaux de l'équipage, pourra, en se faisant autoriser : en France, par le Tribunal de commerce, ou, à défaut, par le juge de paix ; chez l'étranger, par le consul français, ou, à défaut, par le magistrat des lieux, *emprunter* sur le corps et quille du vaisseau, mettre en gage ou vendre des *marchandises* jusqu'à concurrence de la somme que les besoins constatés exigent. — Les propriétaires, ou le *capitaine* qui les représente, *tiendront compte des marchandises* vendues, d'après les cours des marchandises de même nature et qualité dans le lieu de la décharge du navire, à l'époque de son arrivée.

Art. 235. — Le capitaine, avant son départ d'un port étranger ou des colonies françaises pour revenir en France, sera tenu d'envoyer à ses propriétaires, ou à leurs fondés de pouvoirs, un compte signé de lui, *contenant l'état de son chargement,* le prix des marchandises de sa cargaison, les sommes par lui empruntées, les noms et demeures des prêteurs.

Art. 236. — Le capitaine qui aura, sans nécessité, pris de l'argent sur le corps, *avitaillement* ou équipement du navire, engagé ou vendu des marchandises ou des victuailles, ou qui aura employé dans ses comptes des avaries et des dépenses supposées, sera responsable *envers l'armement,* est personnellement tenu du remboursement de l'argent ou du paiement des objets, sans préjudice de la *poursuite criminelle, s'il y a lieu.*

Art. 248. — Hors les cas de péril imminent, le capitaine ne peut décharger *aucunes mar-*

chandises avant d'avoir fait son rapport, à peine de poursuites extraordinaires contre lui.

Qu'est-ce qu'un commissionnaire de transport ?

Le commissionnaire de transport est celui qui se charge de faire transporter d'un lieu à un autre lieu des marchandises pour le compte d'un expéditeur. Il y a deux sortes de commissionnaires de transport : le commissionnaire de roulage, qui est chargé des transports par terre, et le commissionnaire chargeur, qui est chargé des transports par eau.

Quelles sont ses obligations vis-à-vis de son commettant ?

Le commissionnaire de transport, sauf les cas de force majeure, est responsable, vis-à-vis de son commettant, des marchandises qu'il s'est chargé de transporter, et il est passible de dommages et intérêts, dans le cas où ces marchandises ne seraient pas transportées dans les délais déterminés.

Qu'est-ce qu'un courtier maritime ?

C'est celui qui est seul chargé du courtage des transports maritimes. C'est un officier ministériel, qui rédige les contrats intervenant entre les capitaines de navire et les chargeurs de marchandises (charte-partie, affrétement, etc.) Il joint généralement à ses fonctions de courtier celles d'interprète.

Quels rapports y a-t-il entre le courtier maritime et le commissionnaire de transport ?

Il n'existe aucun rapport entre le courtier maritime et le commissionnaire de transport. Le commissionnaire de transport est un simple négociant, dépourvu de tout caractère public et qui fait le commerce des transports comme d'autres font le commerce des sucres, des huiles ou des soies. Il est l'intermédiaire non obligatoire entre le négociant expéditeur et le voiturier; tous les actes qu'il fait n'ont aucun caractère authentique. Il en est autrement du courtier maritime, qui est un officier ministériel et dont tous les actes ont un caractère très-grand d'authenticité.

21

Du connaissement.

Dans le cas où le vendeur est obligé d'expédier la marchandise par la voie de mer, la lettre de voiture est remplacée par un connaissement.

Qu'est-ce qu'un connaissement ?

Le connaissement que je donne pour modèle est ce qu'on appelle un connaissement à personne dénommée. Si on voulait en faire un connaissement au porteur, au lieu des expressions à M... de... il faudrait mettre : *au porteur de l'un des quadruples du présent connaissement ;* si on voulait en faire un connaissement à ordre, on mettrait : *au porteur d'ordre du chargeur,* ou bien l'on ferait suivre les mots à M... de... de ceux-ci : *ou à son ordre.*

Le connaissement comme le warrant peut-il être soit au porteur, soit à ordre ?

Oui, le connaissement peut être au porteur ou à ordre.

Quelles sont les énonciations que doit contenir un connaissement ?

Le connaissement indique les noms du chargeur, du destinataire, celui du capitaine, celui du navire, la capacité de ce dernier ; il énonce en outre la quantité, la qualité et le poids des marchandises ; enfin, le lieu de départ du navire et le lieu de destination. Il énonce encore le prix ou fret par chaque chargement en tonneaux, caisses, ballots ; de plus, il est daté.

Un tonneau de mer pèse 1000 kilog.

Modèle d'un connaissement.

Colis	Marques	Nos
	A	345
	AB	346
	B	347
	BC	348
	C	349
	CD	350
	D	351
	DE	352
	E	353
	EF	354

No 155.

5000 kos.

La Ville d'Alexandrie.

Je soussigné, P.-F. Marcillac, capitaine du bateau à vapeur, la *Ville d'Alexandrie*, du port de 500 tonneaux, à présent dans le port de Marseille, pour, le 1er mai prochain, suivre mon voyage jusqu'à Alger,

Déclare avoir reçu de M. Béranger fils, dix barriques huile d'olive, du poids de 3,430 kilogrammes, le tout bien conditionné, marqué et numéroté comme ci-contre. Je m'oblige à transporter dans mon navire, sauf les périls de mer, à Alger et délivre à M. Deschamps neveu ou à son ordre, en me payant 5 fr. par 100 kilos pour mon fret.

En foi de quoi j'ai signé quatre connaissements d'une même teneur, dont l'un accompli, les autres demeureront sans valeur.

Marseille, le 20 avril 1873.

Signé : P.-F. MARCILLAC.

Il y a une restriction bien grave dans ces mots : *sauf les périls de mer*; cela veut dire que le capitaine ne garantit, en aucune façon, les marchandises que vous lui avez confiées contre les périls de mer, tels que tempêtes, chocs, abordages, écueils, etc. Remarquez encore que, une fois les marchandises déposées à bord, elles voyagent aux risques et périls de l'acheteur; mais, ordinairement le vendeur reçoit de l'acheteur la mission de les faire assurer.

Le connaissement se fait en quatre originaux :

Un pour le chargeur ;

Un pour le capitaine ;

Un pour le destinataire ;

Un pour l'armateur.

De l'assurance maritime.

L'assurance maritime est un contrat par lequel une des parties garantit et prend à son compte, moyennant une prime de tant %, les risques auxquels sont exposées les marchandises qui voyagent sur mer.

Le taux de la prime d'assurance s'élève en proportion de la distance, des lieux, des passages plus ou moins dangereux, etc. De Nice à Marseille, par exemple, c'est-à-dire pour un trajet de 120 à 130 kilomètres, le taux de la prime d'assurance est ordinairement de 1/2 %. Moyennant cette somme, l'assureur s'engage à supporter, à notre place, tous les dommages que nos marchandises pourraient éprouver pendant le voyage, c'est ce que l'on appelle régler les avaries.

Des avaries.

Les avaries sont les dommages qu'éprouvent les objets et le navire pendant le voyage.

Le Code de commerce, art. 397, range dans les avaries toutes les dépenses extraordinaires qui sont faites conjointement ou séparément ; tout dommage qui arrive au navire ou aux marchandises, depuis leur chargement et départ jusqu'à leur retour et déchargement.

Il y a deux sortes d'avaries : les avaries grosses ou communes, et les avaries simples ou particulières.

Les avaries grosses ou communes sont celles qui sont supportées, moitié par les marchandises, moitié par le navire.

Le Code de commerce range dans cette catégorie tout ce qui

a été sacrifié, ou les dépenses qui ont été faites pour le bien commun du navire et des marchandises.

Les avaries particulières sont définies par les dépenses faites pour le navire seul ou les marchandises seules ; elles sont payées par le propriétaire de la chose qui a souffert.

Les avaries qui proviennent du vice de la marchandise sont rangées dans la catégorie des avaries particulières.

Il n'y a pas d'actions à intenter pour les avaries qui n'excèdent pas 1 % de la valeur des marchandises.

A l'arrivée du navire à sa destination, on procède au règlement des avaries.

Du règlement des avaries.

Le règlement des avaries a lieu : 1° entre l'assureur et l'assuré ; 2° entre les divers propriétaires du chargement et le propriétaire du navire, en cas d'avaries communes.

L'assuré a le droit d'exiger de l'assureur le remboursement du dommage éprouvé par les marchandises assurées, si ce dommage excède 1 % ; et si la perte est telle que, d'après la loi ou la police d'assurance, il n'y ait pas lieu au règlement, l'assuré fait abandon des objets avariés à l'assureur, qui lui en rembourse la totalité.

Dans les avaries communes, le règlement est fait à la requête du capitaine, par la répartition en commun, et proportionnellement à la valeur des objets.

Cette répartition peut avoir lieu à l'amiable, et être faite par un négociant choisi par les parties.

Ce règlement est l'objet d'une règle de répartition, appelée vulgairement de proportion ou règle de société.

Afin de mieux faire comprendre comment on procède à cette opération, nous allons donner le modèle d'un règlement d'avaries communes : c'est-à-dire d'avaries supportées, moitié par le navire, et moitié par les objets qui en composent le chargement.

Modèle d'un règlement d'avaries.

Objets perdus ou avariés pendant le voyage.

1º Dommages causés au navire, voiles ancres, etc. 3.500.00
2º Dommages causés aux marchandises de Bernard 12.000.00
3º Dommages causés aux marchandises de Dupré 8.600.00
4º Jet de 5 barriques huile d'olive à Gauthier, estimées.................................. 2.500.00
5º Jet de 4 barriques huile d'olive à Laurent, estimées.................................. 2.000.00
6º Jet de 1 caisse sucre à Servan, estimée. 2.400.00
7º Jet de 3 caisses savon à Ponchon, estimées..... 1.500.00

Total.................. 32.500.00

Objets sujets à contribution.

1º marchandises de Chapuis, estimées à......... 10.500.00
2º   id.   Guérineau.................. 2.400.00
3º   id.   Gauthier, sauvées.......... 5.400.00
4º   id.   Laurent, sauvées.......... 9.000.00
5º   id.   Servan, sauvées........... 15.600.00
6º Le navire, estimé................. 110.000

Frêt et passage.................... 5.400

115.400

Dont la moitié est de.......... 57.700.00

Total.................. 100.600.00

On dira donc 100,600 : 32,500 :: chaque valeur : x; ou en d'autres termes, 100,600 : 32,500 :: 10,500 : $x = 3392,15$ et ainsi de suite pour chaque valeur des marchandises et du navire, sujette à contribution. On fera autant de règles de trois qu'il y a de valeurs.

Opération :

Valeur des marchandises de :

Chapuis........	10.500	part de Chapuis.....	3392.15
Guerineau.....	2.400	id. Guerineau ...	775.35
Gauthier.......	5.400	id. Gauthier	1744.55
Laurent........	9.000	id. Laurent.....	2907.55
Servan	15.600	id. Servan.......	5039.75
Navire par moitié	57.700	id. le navire.....	18640.65
	100.600		32.500.00

La perte totale s'est élevée à.......... 32.500 f.

La contribution totale s'est élevée à ..... 32.500 f.

Différence........ 00.000

De la tare.

Qu'est-ce que c'est que la tare ? La tare est une bonification que le vendeur fait à l'acheteur sur le poids brut de la marchandise, en compensation du poids de l'enveloppe ou des avaries inséparables du voyage, Cette bonification se fait à tant p. %.

La tare est le sujet d'une convention aussi bien que l'escompte, lequel se prélève également sur le total du prix de la marchandise, tare déduite.

Quelquefois l'enveloppe se pèse séparément avant l'emballage ou après l'emballage, et alors on déduit le poids de l'enveloppe du poids brut du ballot, de la caisse, du colis.

L'administration des douanes, afin de faciliter les mouvements commerciaux, a cru devoir adopter une manière régulière d'estimer la tare.

La tare est aussi une compensation que le

vendeur accorde à l'acheteur, à cause du déchet, cela a lieu particulièrement lorsqu'il s'agit de liquides tels que l'huile, l'eau-de-vie, le vin, etc.

Ici, la tare que nous accordons à nos correspondants de Lyon doit servir à compenser le déchet.

Magasins généraux. — Warrants.

Qu'entend-on par magasins généraux ?

Les magasins généraux sont des entrepôts qui reçoivent des matières premières, les marchandises et les objets fabriqués que les négociants ou industriels veulent bien y déposer.

Ces magasins sont ouverts avec l'autorisation du gouvernement, et sont placés sous sa surveillance. Cette autorisation n'est accordée que sur un rapport présenté par les chambres de commerce ou les chambres consultatives.

Des récépissés, délivrés aux déposants, énoncent leurs noms, professions et domiciles, ainsi que la nature de la marchandise déposée et les indications propres à en établir l'identité et à en déterminer la valeur.

Quelle est leur utilité ?

C'est de pouvoir procurer des ressources aux déposants qui ont des besoins d'argent par la délivrance de warrants. Les magasins généraux servent aussi d'entrepôts aux détenteurs étrangers et, moyennant un droit de magasinage, leur permettent de pouvoir attendre un moment favorable pour opérer, le plus avantageusement, le placement de leurs marchandises.

Quels titres ces magasins délivrent-ils aux déposants ?

Ces magasins délivrent aux déposants des récépissés et des warrants. Le warrant est un bulletin de gage annexé à chaque récépissé de marchandises et contenant les mêmes mentions que le récépissé.

Quelle différence y a-t-il entre le récépissé et le warrant ?

Il existe entre le warrant et le récépissé une très-grande différence. Le warrant n'est entre le mains du porteur d'ordre qu'un nantissement des sommes qu'il a avancées au propriétaire des marchandises déposées dans les magasins généraux, tandis que le récépissé est passé à l'ordre de celui qui achète ces mêmes marchandises ; mais ces marchandises ne peuvent lui être délivrées par les magasins généraux qu'autant qu'il peut justifier qu'il a remboursé, au porteur de warrants, les sommes que celui-ci a avancées sur ces marchandises, tout en tenant compte au vendeur de la différence qui existe entre les sommes prêtées et le prix de vente.

Comment ces titres peuvent-ils, se transmettre et quels droits donnent-ils au porteur ?

La Banque et les grands établissements financiers prêtent aux propriétaires de soies contre warrants jusqu'à 70 p. % de la valeur de ces marchandises.

Les récépissés et les warrants peuvent être transférés par voie d'endossement ensemble ou séparément.

L'endossement du warrant séparé du récépissé vaut nantissement de la marchandise au profit du cessionnaire du warrant.

Les établissements publics de crédit peuvent recevoir le warrant comme effets de commerce.

Les dépositaires de registres des magasins généraux sont tenus de les communiquer aux préposés de l'enregistrement, sous les peines énoncées par la loi.

De la Douane.

Qu'est-ce que la Douane ?

La douane est une administration chargée de percevoir, pour le compte du Gouvernement, les droits imposés sur l'entrée et la sortie des marchandises; elle a encore pour mission de veiller à ce que les importations ou les exportations prohibées n'aient pas lieu. Sont également soumis à elle : le cabotage, le transit, la collation des primes et l'encouragement des pêches.

Toute marchandise qui entre en France ou qui en sort doit être présentée au plus prochain bureau et déclarée en douane.

Un tarif officiel, tenu au courant, doit être déposé dans chaque bureau de douane et être mis à la disposition des redevables.

Les droits de douane doivent être acquittés dans les bureaux.

Les contraventions entre la douane et le commerce sur la nature des marchandises et l'application qui doit leur être faite du tarif ne peuvent être vidées que par les commissaires-experts institués par la loi. Leur décision a force de chose jugée.

La vérification des marchandises se fait dans les magasins de la douane ou dans tel lieu convenu avec le commerce, ou sur les quais, mais non dans dans les magasins des négociants.

La visite se fait en présence des déclarants.

S'ils se refusent d'y assister, la douane peut faire mettre les marchandises en dépôt et les traiter comme marchandises abandonnées. Les frais de transport, de déballage, de pesage, de réemballage des marchandises sont à la charge des propriétaires.

Si la douane le juge convenable, elle peut se dispenser de vérifier l'objet importé et s'en tenir à la déclaration du consignataire.

Les objets servant à l'emballage des marchandises sont admis en franchise, à moins qu'il ne soit notoire qu'il peut y avoir profit à les employer à un autre usage.

La Corse et nos possessions en Algérie sont soumises à des régimes particuliers, tant pour leurs relations avec la France que pour leurs relations avec l'étranger.

Quelle est son utilité ?

C'est de protéger le commerce français contre les importations de marchandises étrangères.

De la Régie.

Qu'est-ce que la régie ?

La régie est une administration chargée spécialement de la perception des impôts indirects, tels que l'impôt des vins, des esprits de vin, liqueurs, etc., et particulièrement à l'entrée des villes.

Quelle différence y a-t-il entre la douane et la régie ?

La différence qui existe entre la douane et la régie est celle-ci : la douane est chargée de faire payer les impôts dont se trouvent imposées certaines marchandises à leur entrée en France, tandis que la régie est chargée de percevoir les impôts indirects des villes.

Qu'est-ce que le droit de pavillon ?

Le droit de pavillon est un droit que doit acquitter un navire dans un port étranger à sa nationalité, eu égard précisément à sa nationalité.

Qu'est-ce que le droit de tonnage ?

Le droit de tonnage est un droit que paient les navires à l'entrée et à la sortie des ports et qui est en rapport avec leur capacité ou leur jaugeage.

De la Faillite.

Qu'est-ce que la faillite ?

La faillite est l'état d'un commerçant qui, par suite du dérangement de ses affaires, a cessé ses paiements.

Dans quel cas la faillite peut-elle être prononcée ?

En cas de cessation de paiement, tout commerçant est en état de faillite, et la faillite peut être prononcée contre lui.

Qu'est - ce que la banqueroute?

Tout commerçant failli qui se trouve dans l'un des cas de faute grave ou des fraudes prévues par la loi, est en état de banqueroute.

Lorsqu'il résulte de l'examen auquel se livre le Tribunal, de la conduite du failli, qu'il ne se trouve dans aucun cas de faute grave ou de fraude prévues par la loi, il est seulement en faillite. La loi compatit à son infortune, et elle ne prononce aucune peine contre lui.

Combien y a-t-il d'espèces de banque-routes ?

Il y a deux espèces de banqueroutes : la banqueroute simple, qui doit être jugée par les tribunaux correctionnels et la banqueroute frauduleuse, qui doit être jugée par les Cours d'assises.

Dans quels cas la banqueroute simple est-elle prononcée?

La banqueroute simple peut être prononcée dans les cas suivants contre le commerçant failli :

1o Si les dépenses de sa maison, qu'il est tenu d'inscrire, mois par mois, sur le livre-journal, sont jugées excessives ;

2o S'il est reconnu qu'il a consommé de fortes sommes au jeu ou à des opérations de pur hasard ;

3o S'il résulte de son dernier inventaire que son actif étant de 50 % au-dessous de son passif, il a fait des emprunts considérables, et s'il a revendu des marchandises à perte ou au-dessous du cours ;

4o S'il a donné des signatures de crédit ou de circulation pour une somme triple de son actif, selon son dernier inventaire ;

5o S'il n'a pas fait, au greffe du Tribunal de commerce, la déclaration prescrite par l'article 440 ;

6o Si, après s'être absenté, il ne s'est présenté en personne aux agents et aux syndics, dans les délais fixés, et sans empêchement légitime ;

7° S'il présente des livres irrégulièrement tenus, sans néanmoins que les irrégularités indiquent de fraude, ou s'il ne les présente pas tous ;

8° Si, ayant une société, il ne s'est pas conformé à l'art. 440.

Dans quel cas la banqueroute frauduleuse est-elle prononcée ?

La banqueroute frauduleuse sera prononcée dans les cas suivants contre le commerçant failli :

1° S'il a supposé des dépenses ou des pertes, ou ne justifie pas de l'emploi de toutes ses recettes;

2° S'il a détourné aucune somme d'argent, aucune dette active, aucunes marchandises, denrées ou effets mobiliers;

3° S'il a fait des ventes, négociations ou donations supposées ;

4° S'il a supposé des dettes passives et collusoires entre lui et ses créanciers fictifs, en faisant des *écritures simulées*, ou en se constituant débiteur, sans *cause*, ni *valeur*, par des actes publics ou par des engagements sous signature privée;

5° Si, ayant été chargé d'un mandat spécial, ou constitué dépositaire d'argent, d'effets de commerce, de denrées ou marchandises, il a, au préjudice du mandat ou du dépôt, appliqué à *son profit* les fonds ou la valeur des objets sur lesquels portait, soit le mandat, soit le dépôt;

6° S'il a acheté des immeubles ou des effets mobiliers à la faveur d'un prête-nom ;

7° S'il a caché ses livres ;

8° S'il n'a pas tenu de livres, ou si ses livres ne présentent pas sa véritable situation active et passive ;

9° Si, ayant obtenu un sauf conduit, il ne s'est pas représenté à la justice.

Qu'est-ce que le juge commissaire d'une faillite ?

Le tribunal de commerce nomme un de ses membres en qualité de juge-commissaire pour suivre et surveiller toutes les opérations et toutes les formalités que nécessite la faillite.

Quelle est l'utilité du juge-commissaire ?

Le juge-commissaire fera au tribunal de commerce le rapport de toutes les contestations que la faillite pourra faire naître et qui seront de la compétence de ce tribunal. Il sera chargé spécialement d'accélérer la confection du bilan, la convocation des créanciers et de surveiller la gestion de la faillite, soit pendant celle de l'administration des syndics provisoires ou définitifs.

Qu'est-ce que le syndic de la faillite ?

Le syndic de la faillite est nommé par les créanciers ; il doit recevoir le compte des syndics provisoires.

Quelle est l'utilité du syndic de la faillite ?

Le syndic représentera la masse des créanciers ; il procédera à la vérification du bilan, s'il y a lieu. — Il poursuivra en vertu du contrat d'union, et sans autres titres authentiques, la vente des immeubles du failli, celle de ses marchandises et effets mobiliers, et la liquidation de ses dettes actives et passives, le tout sous la surveillance du commissaire, et sans qu'il soit besoin d'appeler le failli.

Qu'est-ce qu'un concordat ?

Le concordat est le traité qui intervient entre le failli et ses créanciers.

Ce traité peut souvent offrir beaucoup plus d'avantages aux créanciers qu'un contrat d'union, qui presque toujours consomme la ruine du débiteur. Le concordat, rédigé d'après des bases raisonnables, permet quelquefois au failli, que des malheurs imprévus ont frappé, de rétablir son commerce, son crédit, sa réputation, et, par suite, de se libérer intégralement envers ses créanciers.

Qu'est-ce qu'un contrat d'union ?

Le contrat d'union est un acte par lequel les créanciers d'un failli, qui n'a pu obtenir un concordat, se réunissent pour recouvrer en commun ce qu'ils pourront retirer de leurs créances et prendre les mesures nécessaires pour arriver à une prompte liquidation.

Le contrat d'union a lieu s'il y a présomption de banqueroute ou condamnations sur poursuites pour ce délit ; si les créanciers assemblés n'ont pas voulu consentir un concordat, ou encore si le tribunal a refusé l'homologation du concordat. Il ne faut pas confondre le contrat d'union avec le contrat de société ; ce dernier repose sur une confiance commune et a pour but l'espoir d'un bénéfice commun ; le premier est le résultat d'une confiance déçue et a pour objet de recouvrer en commun les débris du naufrage des intérêts de tous.

TABLE DES MATIÈRES

FIN DE LA TABLE DES MATIÈRES

Lyon.— Imp. Schneider frères, quai de l'Hôpital, 12.

ÉCOLE DE COMMERCE

DIRIGÉE PAR

M. C. FLEURY

PROFESSEUR DE BELLE ÉCRITURE ET DE COMPTABILITÉ COMMERCIALE À L'ÉCOLE ***
EN RETRAITE

RUE DE L'HÔTEL-DE-VILLE, 106

LYON

Cet établissement, dont l'enseignement est spécialement commercial, recommande à la confiance des pères de famille par de nombreuses *** d'existence et par les nombreux élèves qui y ont été formés. Cet établissement convient particulièrement aux jeunes gens qui, ayant fini leurs études, se destinent au commerce.

L'enseignement comprend : la belle écriture (tous les genres), *** fique commercial, la tenue des livres en parties doubles, *** commercial nécessaires à la comptabilité, l'étude complète de *** méthodes de comptes courants et d'intérêts, les changes et arbitrages, *** et toutes les connaissances théoriques et pratiques propres à *** chef de commerce et un bon comptable.

Cours permanents de belle Écriture et de Comptabilité *** le matin, de 6 à 8 heures, et le soir, de 7 à 9 heures.

Cours particuliers depuis 8 heures du matin jusqu'à 7 heures du soir.

EN VENTE CHEZ L'AUTEUR.

Traité spécial des comptes courants et d'intérêts....

Tableau comparatif des monnaies de compte des
principaux États du monde..................
Sur toile, format de poche.................

Méthode de belle Écriture anglaise...........

Méthode de Ronde, Gothiques, Bâtarde, Coulée et
Topographie ....

*Tous les Modèles d'Écriture qui composent ces deux Méthodes
sont gravés par le Professeur lui-même.*

Lyon.— Imp. Schneider frères, quai de l'Hôpital, 12.

www.ingramcontent.com/pod-product-compliance
Lightning Source LLC
Chambersburg PA
CBHW071635270326
41928CB00010B/1929